本书由大连大学资助出版

国际投资：理论·政策·战略

以中国利用外资与对外投资为视角

郭波\著

中国社会科学出版社

图书在版编目（CIP）数据

国际投资：理论·政策·战略／郭波著.—北京：中国
社会科学出版社，2009.6（2015.8 重印）
ISBN 978－7－5004－8280－2

Ⅰ. 国…　Ⅱ. 郭…　Ⅲ. 对外投资－研究　Ⅳ. F831.6

中国版本图书馆 CIP 数据核字（2009）第 186200 号

出 版 人	赵剑英
责任编辑	任　明　陈　琨
责任校对	张　青
责任印制	何　艳

出　　版	中国社会科学出版社
社　　址	北京鼓楼西大街甲 158 号
邮　　编	100720
网　　址	http：//www. csspw. cn
发 行 部	010－84083685
门 市 部	010－84029450
经　　销	新华书店及其他书店

印刷装订	北京市兴怀印刷厂
版　　次	2009 年 6 月第 1 版
印　　次	2015 年 8 月第 2 次印刷

开　　本	880×1230　1/32
印　　张	10.25
插　　页	2
字　　数	274 千字
定　　价	28.00 元

目　录

第二篇　政策导向

第三篇　战略决策

前　　言

　　20世纪90年代以来，经济全球化浪潮以不可阻挡之势席卷整个世界。经济全球化是通过国际贸易、国际金融和国际投资三个领域来实现的，其中国际投资因推动了一揽子生产要素的流动并突破了单纯商品和金融资本的流动局限，从而使经济全球化进入了一个新的发展阶段。经济全球化给绝大多数国家和地区既带来重大的挑战又带来难逢的机遇，中国对外开放30年来，大量利用外资实现经济持续快速增长并走上对外投资之路就是证明。当然，其中既有成功的经验，也有失败的教训。

　　为了适应对外开放的形势需要，国内高校许多专业都开设了国际投资课程。但从现有教材看，大多存在两个主要问题：

　　第一，理论视角囿于西方发达国家。大多数国内教材介绍的国际投资理论基本来自西方发达国家，可称之为主流理论。这种理论以发达国家的大型跨国公司为研究对象，由于应用条件不同，所以其理论对发展中国家的跨国企业难以完全适用。

　　第二，内容阐述脱离中国实际。大多数国内教材对国际投资的内容介绍面面俱到，但唯独对中国涉及较少。因此学过之后对中国利用外资和对外投资的实际情况及政策变化还是茫然。当然，更谈不上如何利用国际投资的理论和政策去指导中国这方面的具体实践。

　　正因如此，我将多年来这门课程的讲授内容整理出来并加以充实，形成了这本还不成熟的书稿，希望能对以上存在的问题进行初步探讨。

　　本书的特点是：

1. 以中国双向投资为视角

中国是一个发展中大国，又是一个经济转轨国家，在国际投资的发展路径上与西方发达国家有很大的不同。本书尝试以中国利用外资和对外投资为视角，以发达国家和发展中国家投资理论与实践为对照来探讨国际投资的理论、政策和战略，以期为中国的双向投资寻找理论依据和政策借鉴。

2. 以中国投资实践为依据

本书对中国利用外资和对外投资两个方面的实际情况及政策变化进行了阐述。一是为了让人们根据中国实际情况，来分析其发生原因和发展规律；二是引导中国企业顺应国际投资政策的转变更好地"引进来"、"走出去"，早日成长为中国的跨国公司。

在本书的写作过程中，书后所列参考文献中许多作者的真知灼见给了我很大启示，在此谨对他们表示由衷的敬意。同时，我的学生万新欣、李适、吴采璇和申振杰做了大量的文稿打印工作；王艳霞女士帮助文稿初校，在此向他们致以诚挚的谢意。

本书不仅从学术角度探讨了国际投资的理论，也从政府和企业角度分析了国际投资的政策和战略。因此，本书既适合高校经济类专业的本科生和研究生作为国际投资课程的学习用书，也适合政府经济部门和涉外企业的管理人员作为业务参考书。

由于自身学识所限，书中肯定会有许多疏漏或不当之处，敬请读者给予指正。

作　者

2009 年 3 月

第一章 导论

这部分内容是学习国际投资不可缺少的入门知识，它将帮助我们弄清国际投资的研究对象、内容范围、产生背景和现实意义，从而为本书内容的展开和深化打下必要的专业知识基础。

第一节 国际投资的基本概念

国际投资是一个不断演化的经济范畴。随着国际经济活动内容和范围的变化，其含义与相关概念的解释也不是固定不变的。

一、国际投资的含义

在论述国际投资的含义之前，有必要先来讨论投资的概念。

投资（Investment）是指将资本投入运营以获取增值的经济行为。那么，什么是资本呢？最初，资本仅指为将来获利而投入的货币性资产①，后来随着经济活动范围的扩大和深入，资本也由货币性资产扩展到实物资产②和无形资产③。上述各类资产和劳动力一起构

---

① 货币性资产（Monetary assets）包括现金、银行存款、应收账款、国际债券、国际股票及衍生金融工具等货币形式。其中，股票、债券等有价证券本身具有资本属性，它们自身没有任何价值而仅表示有取得收益的权利，故称为虚拟资本（Fictitious capital）。

② 实物资产（Real assets）包括土地、建筑物、机械设备、零部件和原材料等。其中，建筑物和机械设备多用于投资，故称为资本货物（Capital goods）。货币性资产和实物资产都表现为有形资产（Tangible assets）。

③ 无形资产（Intangible assets）包括技术专利、技术诀窍、管理技术、商标、商誉、信息、供销渠道等可以带来经济利益的优势因素。这些因素很难用实物表示，但又真实存在并可以为企业创造很高的价值，故称为无形资产。

成了生产要素，投资就是将各种生产要素转化为产品并带来增值的经济行为。

当投资仅限于一国范围即为国内投资，而当投资超越国界发生在不同国家时则为国际投资（International Investment）。国际投资与国内投资相比，不仅在投资区域上有了扩展，而且在投资方式、投资主体、投资环境、投资战略等方面都有极大的不同（其内容将在后面陆续展开讨论）。国际投资的产生，表明国际经济发展已进入一个新的阶段。在这一新的发展阶段中，国际分工更加普遍和深化，使得不仅商品和货币可以在国际间流动，而且生产要素也可以在世界范围内重新组合与配置，国际投资正是资本国际化的途径和形式。

当然，在国际经济活动中，国际投资是一个宏观的、中性的概念，国际投资额只能反映资本在国际间流动的总体规模而不能反映其流向。因此，在涉及具体国家或地区与外部投资有关的活动时应有所变化：对投资国而言称为对外投资（Foreign Investment）；而对东道国而言则称为利用外资（Utilize Foreign Capital）。对外投资和利用外资实际上是构成国际投资不可或缺的两个方面，两者既有联系又有区别。两者的联系之处在于：一方面某些国家在大力对外投资的同时又大量利用外资，比如当今的美国；另一方面某些国家在利用外资壮大实力后也开始对外投资，比如当今的中国。可见，两者是可以互相弥补和转化的。而两者的区别之处在于：一是投资的流向不同；二是对于投资国和东道国而言，各自的目标是大不相同的。因此，东道国欲通过利用外资来实现本国的最大利益，对外资就不能盲目引进而必须实行正确的政策导向。

二、国际投资的类型

国际投资的类型按不同标准划分，主要有以下三种。

（一）国际间接投资与国际直接投资

这是以有无投资经营权划分的。国际间接投资与国际直接投资的主要区别就在于投资者是否对投资对象拥有实际控制权。

国际间接投资（International Indirect Investment）又称国际金融投资，是指以国外证券为投资对象，以获取利息、股息或价差等形式的资本增值为目的的国际投资方式。在这种投资方式中，投资者不参与国外募集资金企业的经营管理活动，其投资是通过国际金融市场进行的，其形态是货币资本在国际间的流动。

国际直接投资（International Direct Investment），是指以取得或拥有国外企业的经营管理权来获利的国际投资方式。在这种投资方式中，投资者直接参与所投资的国外企业经营管理活动，其形态是产业资本在国际间的流动。

与国际投资一样，国际间接投资和国际直接投资也是一个宏观的概念，当针对具体的投资国使用时亦应相应变为对外间接投资（Foreign Indirect Investment，FII）和对外直接投资（Foreign Direct Investment，FDI）。

（二）公共投资与私人投资

这是以资本来源与用途为标准划分的。

公共投资（Public Investment）又称官方国际投资，是指由某国政府或国际机构（如世界银行、国际货币基金组织等）对特定国家进行的投资。其投资目的主要有：一是为国际收支困难的国家提供援助，以避免连锁反应导致国际金融危机；二是以贷款方式帮助落后国家的经济恢复和发展；三是提供出口买方信贷促进出口国的产业发展。总体上看，这类投资主要用于社会公共利益，带有一定的国际经济援助性质。

私人投资（Private Investment）与公共投资相反，是指资本完全由私人筹集并以营利为目的对他国进行的投资。这类投资在国际投资中一直占据主要部分。

（三）长期投资和短期投资

这是以投资期限长短为标准划分的。

长期投资（Long-term Investment），大多指投资期限为一年以上的投资①。国际直接投资因投资期限较长，通常为长期投资；大多数公共投资（如政府贷款、国际金融机构贷款、中长期出口信贷等）的期限一般在一年以上，所以也属于长期投资。

短期投资（Short-term Investment），一般指一年期以内的国际资本流动，包括短期信贷、购买一年到期的汇票及债券等。作为短期投资，应当具备两个条件：一是能在公开市场交易并有明确市价；二是持有投资作为剩余资金的存放形式并保持其流动性和获利性。

在上述三种国际投资的类型中，本书从现实应用的广泛性出发，主要采用第一种划分方式，即按国际间接投资与国际直接投资两个方面展开论述。

三、国际投资的方式

国际投资的方式依类型划分而不同。

（一）国际直接投资的方式

国际直接投资的方式主要有两种：一是创建（Green Field），亦称为"绿地投资"，即在东道国建立一个新的企业；二是并购（Merger & Acquisition，M&A），亦称为"褐地投资"，即在东道国兼并和收购现有企业。如何在对外直接投资做出正确选择？一是要考虑这两种方式的自有特点；二是要考虑投资企业的内部因素；三是要考虑企业的外部因素。

从两种方式的自有特点看，两者的优缺点是互补的。以并购为例，其优点是可获取被并购企业的生产设备、技术、人才、供销渠道及品牌、商誉等，以迅速进入并扩占东道国市场；其缺点是受被并购企业原有的管理制度、契约关系②、区位、规模等束

---

① 也有另一种观点认为，应以五年为限作为划分长期投资和短期投资的标准。

② 被并购企业的契约关系主要包括两个方面：一是外部契约，指被并购企业与一些原有供应商和销售商存在长期的特殊关系，并购该企业后如果结束这些关系会产生很大的代价，而维持这些关系又会被其他客户认为是差别待遇；二是内部契约，指被并购企业与其员工存在的雇佣合同关系，并购该企业后如何处置剩余人员在法律和道义上也会遇到很大麻烦。

缚较大，可能导致失败率上升。而创建的优缺点与并购正好相反。

从投资企业的内部因素看，主要有：是否有专业技术和企业竞争战略①、是否多样化经营、是否有国际经营风险及企业增长率等。一般来说，如果投资企业只具备一般技术但有国际经营经验并实行多样化经营和追求高增长率，多选择并购方式，否则倾向选择创建方式。

而从企业外部因素看，主要有：东道国对外国企业并购是否限制、投资产业性质②、东道国工业化程度和经济增长率等。一般来说，如果东道国不限制外国企业并购，投资产业为技术标准化的成熟产业且东道国工业化程度和经济增长率较高时，投资企业多选择并购方式，否则宜选择创建方式。

（二）国际间接投资的方式

国际间接投资的方式主要有以下四种：

1. 国际股票投资

国际股票投资（International Stock Investment），即投资证券市场发行和流通的国际股票以获利的行为。国际股票按照发行地不同分为：海外上市股票③、在本国上市而以外币购买的股票④、存托

---

① 例如，在寡头竞争条件下，当一个寡头竞争者通过直接投资进入新的外国市场时，另几个寡头竞争者也会迅速跟随进入以取得战略平衡。在这种情况下，并购方式就成了跟随领先者最快捷的途径。这说明，通过并购方式而展开的国际寡头竞争是非常激烈的。

② 产业依据技术先进程度可分为高新技术产业和标准化技术的成熟产业。前者主要包括 IT、电子、通讯设备、生物制药、精细化工、航空航天等行业；后者主要包括纺织服装、食品加工、机械制造、建筑材料、化工等行业。

③ 海外上市股票，主要有美国股票市场发行的 N 股、英国股票市场发行的 L 股、日本股票市场发行的 T 股、香港股票市场发行的 H 股和新加坡股票市场发行的 S 股等。

④ 中国 B 股股票即为这种类型的股票，它是以人民币标明面值而以外币在国内（上海、深圳）证券交易所上市交易的。

凭证①和欧洲股权②。在这四类国际股票中，海外上市股票发行条件最严格，在国内上市以外币购买的股票次之，而存托凭证则较灵活，无论对筹资者还是对投资者都带来方便。对于筹资者而言，存托凭证可以避免直接到国外上市所面对的注册、信息披露、会计制度差异等障碍，同时又为筹集外资开辟了一条新的途径。筹资企业可以借此在相对低成本条件下间接进入外国市场，并为日后发行海外上市股票奠定基础。对于投资者而言，存托凭证以发行地的货币计价结算可以避免汇率风险，同时也解决了一些国家对购买外国公司股票的限制问题。

2. 国际债券投资

国际债券投资（International Bond Investment），即投资证券市场上发行和流通的国际债券以获利的行为。国际债券按照发行主体、发行地、债券面值货币三者关系一般分为：欧洲债券③、外国债券④和全球债券⑤。在这三类国际债券中，目前欧洲债券占据主导地位，而全球债券因发行成本较低，市场发展也较快。近年来，国际债

---

① 存托凭证（Depository Receipts，DR），是指由本国银行开出的外国公司股票的保管凭证，投资者通过购买存托凭证可以拥有外国公司的股权。存托凭证可以流通转让，是国际股票的一种创新形式，是为难以进入外国证券市场的国际投资者提供的外国公司股权的替代物。

② 欧洲股权（Euro Stock），是指在面值货币所属国以外的国家或国际金融市场上发行和流通的股票。其产生与欧洲债券市场的发展密切相关，20 世纪 80 年代初欧洲债券市场出现了与股权相联系的债券（可在一定期限内按约定条件转化为股票），这直接促成了欧洲股权的产生。

③ 欧洲债券（Euro Bonds），是以发行国和发行地所在国以外的第三国货币为面值的债券。由于这种方式发行的债券最早出现在欧洲，故称为欧洲债券。现在以这种方式在欧洲以外的国家发行的债券，也称为欧洲债券。如日本在英国发行的美元债券和美国在日本发行的欧元债券即是。总之，欧元债券的发行者、发行地和面值货币分属于不同国家。

④ 外国债券（Foreign Bonds），是发行者在外国发行的，以发行地所在国货币为面值的债券。例如在美国发行的扬基债券，在日本发行的武士债券，在英国发行的猛犬债券，在日本之外的亚洲地区发行的龙债券等。

⑤ 全球债券（Global Bonds），是 20 世纪 80 年代末产生的新型金融工具，指在世界各地金融中心同步发行的具有高度流动性的国际债券。

券又出现了许多创新形式，进一步促进了国际债券市场规模的扩大。

3. 国际投资基金

国际投资基金（International Investment Fund），是国际金融市场上一种新型的证券信托投资工具，即以国际金融资产保值和增值为目的的新型投资工具。与股票、债券相比，其主要特点是：第一，票据性质不同。股票体现的是一种产权关系，债券体现的是一种债权债务关系，而大多数基金体现的是一种信托关系；第二，经营方式不同，股票和债券都是由投资者根据自身判断独立操作，而基金是由专业人员操作管理，将基金分散投资于多种证券（即投资组合方式），因此在正常情况下收益高、风险小。投资基金种类繁多，但面向国际金融市场的主要有国际基金①、海外基金②和国家基金③，这些基金的发行将世界各国更多的投资者与国际金融市场联系起来。

4. 国际信贷投资

国际信贷投资（International Credit Investment），即利用国际商业银行贷款进行投资以获利行为。国际信贷按贷款银行的多少可分为独家银行贷款和银团贷款④；按贷款用途的不同可分为普通银行

---

① 国际基金是指面向国内投资者发行而用于境外金融市场上投资的基金。它将基金分散投资于世界各主要资本市场，从而为本国投资者带来更多的投资机会并最大限度地分散风险。

② 海外基金又称离岸基金，是指面向基金公司所在国以外的投资者发行并用于境外金融市场上投资的基金。海外基金的发行范围广，投资组合的选择性强。

③ 国家基金是指面向境外投资者发行而用于国内金融市场上投资的基金，基金发行结束其受益凭证可在境外证券市场上市交易。发行国家基金不仅基金公司所在国没有还本付息的压力，而且筹资成本低、风险小，可作为国家利用外资解决本国发展资金不足的重要手段。

④ 银团贷款也称辛迪加贷款，指多家商业银行组成一个集团，由一家或几家银行牵头向同一借款人提供巨额资金的一种贷款方式。银团贷款的特点是融资量大、风险小、专款专用。

贷款和项目贷款①；而按贷款期限的长短可分为短期信贷和中长期信贷。与前述的几种国际间接投资方式相比，国际信贷投资具有资金供应充足、办理手续简便和用途受限较少②的优点，因此应用较为普遍。但不应忽视的是，这种方式的利率和费用较高③。因此，在选择国际间接投资方式时，应权衡利弊，综合考虑。需要指出的是，20世纪70年代以来美国的金融机构为了扩大信贷投资规模，以金融创新的名义将银行贷款转化为各种债券和次级债券的衍生品向全世界推销，借助资金杠杆效应使全球各大金融机构信贷规模远远超过其实际资产规模，从而导致了巨大的金融风险。一旦资金链条某个环节断裂，就会引发严重的次贷危机并进而引发全球金融危机和经济危机。

四、国际投资的主体

国际投资主体指的是国际投资的承担者。根据承担方式和所起作用的不同，国际投资主体分为跨国公司、国际金融机构、国家与国际性组织和个人投资者四类。

（一）跨国公司

跨国公司（Transnational Corporations）又称多国公司（Multi-

---

national Corporations，MNC），是指从事国际化生产经营①的大型企业组织。与一般国内企业及其他国际经济组织相比，其主要特征是：第一，生产经营跨国化。跨国公司在多个国家拥有子公司并能实行有效控制，其生产经营活动跨越国界；第二，战略目标全球化。跨国公司以整个国际市场为目标，在世界范围内有效配置生产要素以实现整体利益最大化；第三，内部管理一体化。跨国公司以母公司或公司总部为中心，把分布在各国的子公司或公司总部分支机构统一为一个整体，实施全球性经营战略以充分利用企业内部的各种资源。正是凭借上述优势，跨国公司成为国际直接投资最重要的主体。

按照经营范围的不同，跨国公司分为资源开发型跨国公司②、

---

① 衡量企业国际化生产经营程度的指标主要有五个：

a. 跨国经营指数（Transnationality Index，TNI）

$$TNI = \frac{国外资产/总资产 + 国外销售额/总销售额 + 国外雇员数/雇员总数}{3} \times 100\%$$

b. 公司经营网络分布指数（Net Distribution Index，NDI）

$$NDI = \frac{N}{N^*} \times 100\%$$

式中，N 表示公司国外分支机构所在的国家数，N^* 由世界上现有已接受外国直接投资的国家数减去 1（排除母国）而得出。

c. 外向程度比例（Outward Significance Ratio，OSR）

$$OSR = \frac{企业在国外产量（或资产、销售额、雇员数）}{企业在母国产量（或资产、销售额、雇员数）}$$

d. 研究与开发支出的国内外比例（Research & Development Ratio，R&DR）

$$R\&DR = \frac{企业在国外的研究与开发费用支出}{企业在国内和国外的研究与开发费用支出总额}$$

e. 外销比例（Foreign Sales Ratio，FSR）

$$FSR = \frac{企业产品出口额}{企业产品在国内外销售总额}$$

显然，一个企业的国际化生产经营程度与上述五个指标的数值呈正相关。

② 资源开发型跨国公司主要是在国外从事资源开发，以获取母国所短缺的各种资源。这类跨国公司一般在自然资源丰富的国家进行直接投资，主要从事石油、天然气及各类矿产的开采。

产品制造型跨国公司①和服务型跨国公司②三类。而无论哪类跨国公司，从企业组织形态上基本可分为以下几种。

1. 母公司

跨国公司的母公司是指对设在国外的其他公司具有控制权的公司。母公司对国外其他公司的控制一般是通过两个途径实现的：一是参股和控股，即通过拥有其他公司一定比例的股权成为第一大股东③，从而获取公司决策权；二是非股权安排，主要通过各种契约或协议来控制其经营管理决策。

2. 分公司

跨国公司的分公司是指总公司根据战略需要在国外设立的不具备法人资格的分支机构。分公司的法律特征是：不具备法人资格，不能独立承担责任，也没有独立的财产。因此，分公司一般以总公司名义并受其委托进行业务活动，由总公司承担一切行为后果并对分公司的债务承担无限连带责任。实际上，分公司与总公司同为一个法律实体。设在东道国的分公司被视为"外国公司"，不受当地法律保护而受投资国的外交保护。它从东道国撤出时不能转让股权也不能与其他公司合并，而只能出售资产。

3. 子公司

跨国公司的子公司是指投资和生产经营活动受其母公司控制，但是在经济和法律上具有法人资格的经济实体。子公司拥有自己的公司名称和章程，实行独立的经济核算，可以独立从事业务活动和法律诉讼。子公司在东道国注册登记被视为当地公司，受东道国法

---

①　制造型跨国公司主要是在国外对制造业进行直接投资，利用东道国的技术优势或劳动力优势生产各种制成品或中间产品，以提高产品质量或降低生产成本。

②　服务型跨国公司主要是在国外对第三产业进行直接投资，在金融、保险、旅游、运输、通讯、房地产、信息、咨询等行业提供各种服务。

③　跨国公司的母公司对国外子公司需要拥有多大比例的股权，各国规定的标准是不同的。例如，美国规定只要拥有子公司10%以上的股权即可，而法国规定需要拥有子公司50%以上的股权。

律管辖。母公司对子公司的债务承担有限责任，即母公司对子公司以其出资额为限承担责任，不承担法律连带责任。

如果从所有权角度划分，子公司的企业形式又可分为国际合资企业、国际合作企业和国际独资企业三种基本形式。

（1）国际合资企业

国际合资企业（International Joint Venture）简称合资企业，是指由外国（地区）投资方与东道国投资方共同出资、共同经营的企业。其主要特征是：第一，共同出资，各投资方按约定比例以货币性资产、实物资产及无形资产形式出资；第二，共同经营，各投资方均参与经营管理并多按出资比例决定各方在企业中的权利和义务；第三，共负盈亏，各投资方一般按股权比例共担风险、共负盈亏。

国际合资企业的优势是可充分发挥各投资方的优势，分散投资风险并能较快进入东道国市场，但劣势是各投资方因战略目标和文化差异在企业经营中易产生摩擦并在利润分配上发生矛盾。因此，这种企业形式多为一些中小型跨国企业进入投资环境不稳定且经济发展水平不高的东道国时所选用。

（2）国际合作企业

国际合作企业（International Cooperative Enterprise）简称合作企业，是指由外国（地区）投资方与东道国投资方根据合作经营合同建立的合作经济组织，在生产、销售、服务、资源开发、工程建设或科学研究等领域开展活动。

国际合作企业与国际合资企业的相同之处是共同出资、共同经营和共负盈亏。而不同之处在于：第一，企业性质不同，合资企业是股权式合营企业，而合作企业是契约式合营企业；第二，组织形式不同，合资企业一般为具有法人地位的公司组织，而合作企业组织形式较灵活，既可以建立"法人式"的公司组织，又可建立"非法人式"的松散型合作经营联合体；第三，权益分配不同，在利润分配、风险分担、债务清偿、资产清算等方面，合资企业根据各方的出资比例确定，而合作企业则根据合作合同或共同商定的其他方式来确定。

国际合作企业的优势与国际合资企业相似，但在企业形式、利润分配、投资回报等方面较灵活，因此常在进入投资环境不明的东道国或高风险投资行业时选用。

（3）国际独资企业

国际独资企业（International Sole Proprietorship）简称独资企业，是指由外国（地区）投资方在东道国境内单独出资并独立经营的企业。其主要特征是：第一，外方单独出资，企业全部资本都由外国（地区）的投资方提供；第二，外方独立经营，企业的全部生产经营活动都由外国（地区）投资方实施；第三，外方自负盈亏，企业无论盈利或亏损都由外方自己承担。

国际独资企业的优势与国际合资企业正好相反。其优势是外方可完全按照自己的战略目标并移植母公司的企业管理制度实施生产经营，能够独享企业利润，但劣势是投资风险较大并难以在短期内打开东道国市场。因此，这种企业形式多为大型跨国公司进入投资环境稳定且经济发展水平较高的东道国时选用。

4. 避税地公司

避税地公司是指跨国公司在世界一些避税地设立的以利于财务调度和经营管理的公司。避税地一般需要具备三个条件：一是实行免税①、少税②或税收优惠③，以使外来注册企业享受税收减免的好处；二是社会政治稳定，以使外来注册企业确保财产和所得的安全；三是交通和通信条件便利，以利外来注册企业的利润和资金转移。正因避税地有以上优势，所以许多大型跨国公司往往将其管理总部

---

① 实行免税的避税地免征所得税、财产税、遗产税或赠与税，如巴哈马、百慕大等。

② 实行少税的避税地课征较少的所得税、财产税，同时实行许多涉外税收优惠，如巴林、澳门、新加坡等；而香港、马来西亚只免征源于境外收入的所得税。

③ 坚持正常税制但实行税收优惠的避税地有加拿大、希腊、荷兰、爱尔兰等国。

和结算中心设立在避税地,以获得资金转移便利和财务税收利益。

(二)国际金融机构

国际金融机构(International Financial Institution),是指由会员国认购股份组成的专门从事国际金融业务的跨国性机构。国际金融机构是国际间接投资和金融服务业直接投资最重要的主体。从组织形态上,国际金融机构基本上可分为跨国银行和非银行跨国金融机构两类。

1. 跨国银行

跨国银行(Transnational Bank),是指以国内银行为基础,通过其拥有和控制的国外分支机构从事国际金融业务,以实现全球化经营战略目标的银行。

跨国银行海外分支机构的组织形式主要有:

(1)代表处

代表处不直接经营银行业务,主要代表母行与东道国政府、企业联系,为母行招揽业务、开辟当地信息来源等。它是跨国银行海外分支机构中的最低层次。

(2)经理处

经理处既可以从母行调入资金,也可以在东道国向银行同业拆入资金对东道国客户发放贷款,但是不能接受东道国的国内存款。经理处的主要业务是从事母国与东道国之间的贸易融资,如办理信用证、汇票等。

(3)分行

分行虽然是跨国银行在海外设立的不具有独立法人地位的分支机构,但其业务范围有了进一步扩大。它不仅可以发放贷款,还可以接受东道国的国内存款并从事证券、信托等业务。

(4)附属行和联属行

附属行是跨国银行拥有大部分或全部股权并在东道国取得独立法人地位的分支机构,而联属行是跨国银行只拥有半数以下股权(其余股权由东道国或其他外国银行持有)并在东道国取得独立法人地位的分支机构。附属行和联属行在跨国银行海外机构中层次最高，可以开展其他分支机构所不允许经营的业务。

2. 非银行跨国金融机构

非银行跨国金融机构的组织形式目前主要有以下几种：

（1）跨国投资银行

跨国投资银行是指在世界各地设立分支机构进行跨国经营的投资银行。投资银行虽然名为银行，其主营业务却不是传统的存款和贷款，而是以证券承销、资本经纪为业务主体并同时从事并购策划、基金管理、咨询顾问等金融业务。

（2）其他非银行金融机构

20 世纪 80 年代以来，在各国证券市场上越来越多的个人投资者将证券投资业务委托给各种非银行金融机构，使得其在证券市场上所占份额和地位不断上升。这些机构日益向海外发展，由此也成为国际证券投资的重要主体。这些非银行金融机构主要有共同基金①、对冲基金②、养老基金和保险公司等。这类投资机构在发达国家控制着相当规模的投资基金③，加之往往大规模使用财务杠杆④，使得它们能在短期内聚集巨额资金以操纵市场并由此带来巨大的信贷风险。一旦资金链上某个环节断裂，就会导致一国甚至国际金融危机和经济危机。

（三）国家与国际性组织

国家与国际性组织是特殊的国际投资主体，是公益性国际投资

① 共同基金，是指通过公开发行基金证券募集社会闲散资金，委托专业人员进行组合投资并按出资比例分担损益的投资机构。

② 对冲基金，也叫套利基金或避险基金，其原意是利用期货、期权等金融衍生工具以及与其相关联的股票进行风险对冲，以规避和化解证券投资风险。目前已演变为利用各种金融衍生工具的杠杆效用，追求高风险、高收益投资模式的投资机构。

③ 据统计，1997 年仅世界各国养老基金资产规模已达 15 万亿美元，占当年世界 GDP 的 50%。而 2001 年世界各国保险资产总额也已达到 11.5 万亿美元。

④ 据估计，对冲基金资本的杠杆率多在 5—20 倍之间，它采用的手段主要是通过抵押贷款再投资政府债券。

的主要承担者，在双边和多边援助性投资中发挥着重要作用。

1. 国家

国家对外投资是指一国政府动用国库资金对其他国家或地区进行投资的经济行为。它主要包括政府贷款、出口信贷和储备资产经营。国家对外投资属于官方投资（公共投资），与私人投资相比，投资目的更着眼于国家利益和国际社会的利益协调。比如，政府贷款和出口信贷虽然带有一定的政治色彩和援助性质，但客观上能够带动本国的资本输出和商品输出，而储备资产经营则可以通过对外汇储备规模和结构的合理安排，从而达到其国际储备资产保值和增值的目的。

2. 国际性组织

参与国际投资的国际性组织主要包括国际货币基金组织（IMF）、世界银行集团①等全球性组织和区域性开发银行②。国际性组织的国际投资以项目贷款为主，其投资目的着眼于国际社会的共同发展，即通过提供资金帮助会员国尤其是发展中国家促进经济水平提高。因此，其贷款多为中长期贷款且条件往往十分优惠，但审批过程比较严格。

（四）个人投资者

个人作为国际投资的主体，一般多参与国际间接投资而参与国际直接投资较少。在国际间接投资方式中，适合个人投资的主要是各类国际投资基金、国际债券、国际股票及一些金融衍生品。这是因为国际间接投资相对国际直接投资而言，投资门槛要小得多。尤其是随着各类国际金融机构向世界各地迅速扩张和金融创新工具日益增多，个人在本国境内就可以方便地进行国际证券交易。而个人

① 世界银行集团目前有一百八十多个成员国，总部设在华盛顿，由五个机构组成：国际复兴开发银行（世界银行）、国际开发协会、国际金融公司、多边投资担保机构和解决投资争端国际中心。

② 亚洲开发银行为亚洲地区最重要的区域性开发银行，目前有六十多个成员国，总部设在马尼拉。其下辖两个重要的基金组织：一是亚洲开发基金，为成员国项目开发提供优惠贷款；二是技术援助基金，为向成员国技术援助提供资金。

参与国际直接投资除了要拥有较强的资本实力（包括各种有形资产和无形资产），还要面对国外不确定的投资环境，这就使个人参与国际直接投资受到很大限制。但不可否认的是，一些个人投资者随着自身实力的增强也逐渐走出国门寻求在国外直接投资，其选择的企业形式与跨国公司的国外子公司相同，亦酌情采用国际合资企业、国际合作企业和国际独资企业三种形式。

第二节　国际投资的历史发展

国际投资是国际经济发展的深化。从世界经济发展的历史角度看，国际贸易、国际金融的出现分别代表国际经济的初级和中级阶段，而国际投资的产生则代表国际经济进入到高级阶段。

国际投资的产生具有深刻的历史背景。18世纪中后期英国完成产业革命之后，生产力有了极大提高。一方面积累了巨额资本从而为对外投资提供了雄厚的资金来源；另一方面因生产规模扩大引发了国内原料供给和需求不足的矛盾，这就促使英国通过对外投资开辟海外的原料基地和市场空间，从而形成了一批从事掠夺性经营的殖民地公司（如东印度公司）。随着产业革命在其他主要资本主义国家的完成，同样也促使这些国家先后开始了对外投资。如1851年胜家缝纫机公司在苏格兰的格拉斯哥设厂生产缝纫机，开创了国际直接投资之先河。随后，德国西门子、巴斯夫、拜尔公司以及美国通用电气公司纷纷在国外设厂，成为国际直接投资之滥觞。

根据国际投资规模和形式的变化，国际投资的发展大体可以分为四个阶段。

一、蹒跚起步阶段

这一阶段从18世纪末到第一次世界大战（即1914年）前为止。作为蹒跚起步阶段，其主要特征如下。

（一）国际投资规模很小

自 18 世纪末到 1914 年为止，主要资本主义国家的对外投资总额仅 440 亿美元且主要为私人投资，官方投资很少。这说明，与商品输出相比，资本主义国家的资本输出比重还很小。

（二）国际间接投资占据主导地位

以国际股票、国际债券和国际信贷等形式的国际间接投资达国际投资总额的 90%，而国际直接投资仅占 10% 左右。这也从投资内容角度，说明了这一阶段国际投资的初级性。

（三）投资国限于少数资本主义国家

从事国际投资仅为少数资本主义工业化国家。如果按对外投资额排序，英国居首为 183 亿美元；其后依次为法国 87 亿美元，德国 56 亿美元，美国 35 亿美元，比利时、荷兰、瑞士等国共 55 亿美元[①]。

（四）投资多流向殖民地、半殖民地国家

第一次世界大战前，国际投资主要流向上述投资国各自的殖民地、半殖民地国家。如英国对外直接投资大部分在印度、加拿大、南非及其他英属殖民地；法国则大部分投向阿尔及利亚、摩洛哥、突尼斯、印度支那[②]；荷兰则投向荷属东印度。据统计，在上述地区的投资占当时投资总额的 70% 以上。

（五）投资行业集中于资源开发和铁路修建

由于当时对外投资的目的主要是为获取海外资源以弥补国内短缺，所以国际投资的行业集中于矿业、石油开采和一些初级产品生产，为了确保所需的原材料和初级产品能顺利运出，对铁路修建的投资也成为重点。

二、缓慢增长阶段

这一阶段的时间划分为两次世界大战期间，即以 1914—1945

① 引自〔美〕威尔金斯：《跨国企业的出现》，哈佛大学出版社 1920 年版。
② 印度支那指越南、老挝、柬埔寨三国所在地区。

年为界。作为缓慢增长阶段，其主要特征如下。

（一）投资规模缓慢增长

据统计，在1913—1938年的25年间，主要资本主义国家的对外投资总额仅增加了90亿美元，平均年增长率为0.6%。从投资主体看，虽然私人投资仍占主导地位，但政府对外投资的规模迅速扩大。出现这种情况的主要原因是两次世界大战和20世纪30年代经济危机导致主要资本主义国家资金短缺。同时，因战争影响一些国家（如德国、法国、美国等）实施限制对外投资的政策也阻碍了国际投资的发展。

（二）国际间接投资比重下降

这一阶段的国际投资虽然仍以间接投资为主，但是比重已发生了变化。据统计，这一期间国际投资总额中国际间接投资所占比重已从90%降至75%，而国际直接投资比重则由原来的10%增加到25%[①]。据对美国和欧洲一些资本主义国家大型跨国公司的调查，在两次世界大战之间，这些跨国公司共在国外设立子公司1441家。这表明，这一阶段的国际直接投资已具备了一定的规模和基础。

（三）投资国地位发生变化

这一阶段由于两次世界大战的影响，主要投资国的实力和地位发生了重大的变化：英国虽然仍位列第一，但对外投资额增长缓慢；第一次世界大战前原列第二位的法国对外投资额不升反降；原列第三位的德国因支付战争赔款和在协约国的投资被没收，由债权国沦为净债务国；而原列第四位的美国对外投资额大幅增长，一跃升至第二位，从而成为世界主要对外投资大国之一。

（四）投资流向经济落后国家比重下降

在东道国中，殖民地、半殖民地的经济落后国家所占比重下降而经济发达的资本主义国家比重上升。如英国1914—1938年在国

---

① 引自〔英〕尼尔·胡德等：《跨国企业经济学》，叶刚等译，经济科学出版社1994年版。

外建立的 244 家子公司中，有 161 家分布在欧洲、北美、澳大利亚和新西兰，占所建子公司的 66%；而美国 1940 年投资欧洲和加拿大占其当年对外投资额的 50.3%。但从总体来看，东道国以经济落后国家为主的大格局尚未发生根本变化。

（五）投资第一产业比重下降

在对外投资行业中，第一产业即资源开发和初级产品生产行业的比重下降，而第二产业即制造业比重上升。在这方面美国的变化最为明显：第一次世界大战前美国在国外制造业上的投资额仅占其 FDI 总额的 18%，同比只相当于在初级产品生产行业投资额的 33%；而到 1940 年，美国在国外制造业上的投资额占 FDI 总额的比重已上升至 27.5%，同比相当于在初级产品生产行业投资额的 77.3%。

三、高速增长阶段

这一阶段的时间划分以第二次世界大战结束至 20 世纪 90 年代中期为界。作为高速增长阶段，其主要特征如下。

（一）投资规模急剧扩大

第二次世界大战刚结束的几年内，世界经济尚处于恢复期。从 20 世纪 50 年代开始，随着各主要资本主义国家经济的恢复和发展，国际投资规模急剧扩大。仅以国际直接投资为例：在 1950 年时仅为 20 亿美元，而到 1995 年已高达 3390 亿美元，其增长速度一直高于同期国际生产和国际贸易的增长速度。

（二）国际直接投资大于间接投资

1945 年，国际直接投资额占国际投资总额的 39.2%，1978 年这一比重上升至 61.6%，目前已达到 80% 以上。之所以会发生这种变化，其内在原因是生产国际化促使生产要素在不同国家（地区）间流动，其外在原因则是经济一体化削弱或消除了生产要素流动的障碍，从而推动了国际直接投资的快速增长。跨国公司是国际直接投资最重要的主体，在经济全球化进程中已形成以跨国公司占主导地位的国际生产体系。

（三）投资国格局呈三足鼎立

第二次世界大战结束后，美国取代英国开始成为世界第一投资大国。在战后初期，美国几乎是唯一的对外投资国。20 世纪 60 年代初，英国、法国、德国恢复对外投资，随后迅速发展；70 年代初，日本也开始对外投资并以惊人速度增长。1973—1983 年，美国对外投资占世界投资总额的比重从 49% 下降到 43.9%，而英国同期从 13% 上升到 17.7%，德国从 5.7% 上升到 7.2%，日本从 5% 上升到 6.2%，形成美国、西欧、日本三足鼎立的国际投资格局。随着经济发展，石油输出国、新兴经济体和一些发展中国家也加入到投资国的行列。从总体上看，美国、日本、欧盟①对外投资额占国际投资总额的 85% 以上，处于第一层次，石油输出国和新兴经济体处于第二层次，而一些发展中国家处于第三层次。

（四）投资流向出现逆转

第二次世界大战前，国际投资主要流向经济落后的国家，而战后国际投资的流向发生了根本变化。发达国家不仅是主要投资国也成为主要的东道国，美国、日本、欧盟三大经济体之间的相互投资约占国际投资总额的 60% 以上。1993 年美国对外投资的 1/5 流入加拿大，而加拿大对外投资的 2/3 流入美国。在亚太地区，由发达国家组成的亚太经合组织 1994 年在区域内直接投资的比例高达 55.9%。同时一个不可忽视的现象是，一些发展中国家与转轨国家正在成为国际投资的热点，大量的国际投资被东亚、东南亚、中欧、东欧一些经济增长迅速的国家所吸收，而中国已成为发展中国家中吸引外资最多的国家。

（五）投资重心转向制造业

随着战后国际分工的深化和各主要资本主义国家产业结构调整和升级，这些国家一方面将劳动密集的制造业转移到发展中国家以获取低成本收益，另一方面又将资本、技术密集型制造业转移到其

---

① 欧盟于 1993 年 11 月 1 日《马斯特里赫特条约》生效后成立。

他发达国家以获取规模经济效益。这就导致了战后对外投资第一产业所占比重持续下降，而变为以第二产业即制造业为主。同时，随着第三产业在发达国家中的快速增长和在世界经济中的作用加强，对第三产业的投资比重处于上升态势。

四、调整发展阶段

这一阶段的时间划分大致以 20 世纪 90 年代中期开始至今。作为调整发展阶段，其主要特征是：

（一）投资规模大幅调整

这一阶段的国际投资规模起伏较大，20 世纪 90 年中后期国际投资规模仍保持快速增长态势。但进入 21 世纪，随着全球大部分国家和地区经济增长放缓，国际投资规模出现了升降交替的调整态势。以国际直接投资为例，2000 年的全球 FDI 总额达到 13880 亿美元；2001—2003 年逐年下降，分别为 8176 亿美元、6788 亿美元和 6378 亿美元；从 2004 年开始又呈快速增长趋势，2004 年为 7108 亿美元、2005 年为 9587 亿美元、2006 年为 14110 亿美元、2007 年达到 18333 亿美元。2008 年受全球金融危机影响降为 16000 亿美元，恐怕未来几年又要再现下降趋势。其变化趋势可由图 1－1 得以反映。

（二）国际间接投资超常发展

这一阶段，无论是直接投资还是间接投资在规模和方式上都有了明显的改变。从国际直接投资方面看，规模增长速度明显下降；跨国公司的主导地位进一步加强[①]；投资方式转向跨国并购为主[②]。而从国际间接投资方面看，由于近十余年来国际间接投资方式的证

---

　　① 据联合国贸易与发展会议（UNCTAD）2006 年统计资料，2005 年跨国公司数量为 7.7 万家，分支机构约 77 万家，其对外投资额累计达 10.7 万亿美元，控制了全球 FDI 的 90%，实现产值占世界 GDP 的 1/4。

　　② 进入新世纪以来，全球跨国公司并购案每年都在 7000 件以上。例如，2000 年和 2001 年全球跨国并购交易额就达到 11400 亿美元和 6010 亿美元，分别占当年全球 FDI 总额的 82% 和 73.5%。

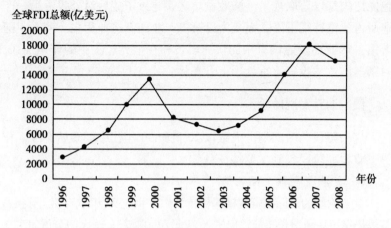

图 1-1　1996—2008 年全球 FDI 流量变化趋势

数据来源：UNCTAD FDI Statistical Database On-line；UNCTAD Investment Brief No.1，2008.

券化①、衍生化②和机构化③，其发展规模已远远超过国际直接投资和国际贸易（包括货物贸易、技术贸易和服务贸易）对资金融通的需求规模，呈现出泡沫化发展趋势，这从表 1-1 中可得到充分

---

①　国际间接投资的证券化，是指国际信贷在国际间接投资中的地位相对下降，而国际证券投资成为国际间接投资的主要方式。跨国股票交易的空前活跃、国际债券市场以及国际股权融资的迅速发展，是国际间接投资证券化的突出表现。

②　国际间接投资的衍生化，是指国际衍生证券投资在国际间接投资中的地位不断提高。在此之前，国际衍生证券的投资品种较少（主要限于某些商品期货）且市场规模有限。目前，国际衍生证券投资除了引进以货币、利率、股票及股票指数为标的物的创新投资品种外，大量的金融创新还不断涌现。同时在国际证券交易的二级市场即流通市场上，场内交易（即证券交易通过固定的证券交易所进行）和场外交易（即证券交易在证券所外进行，证券商既可作为经纪人与投资者达成交易，又可作为自营商直接利用自有资金进行证券投资以获利）同步发展。据相关资料表明，国际衍生证券投资场外交易的未偿本金额远远超过场内交易的未偿本金额，这就直接导致大量金融泡沫的产生。

③　国际间接投资的机构化，是指各种投资基金、对冲基金、养老基金、保险公司等机构投资者在国际间接投资中日益占据主导地位。以美国和英国为例，其机构投资者管理的金融资产在 1999 年分别为 190981 亿美元和 33103 亿美元，分别占本国当年 GDP 的 207.3% 和 226.7%。

反映。

全球外汇市场交易量与国际直接投资

表1-1 和国际贸易规模的比较

年份	全球外汇市场日均交易量 （亿美元）	国际直接投资年输出总量 （亿美元）	国际贸易年出口总额 （亿美元）
1995	11900	3390	63126
1998	14900	6490	38309
2001	12000	8176	76132

资料来源：WTO：International Trade Statistics 2002；UNCTAD：World Investment Report 2002.

需要指出的是，这一阶段的国际直接投资与国际间接投资互相依存并互相影响。这是因为跨国并购的资金主要是通过国际间接投资各种方式融资来的，因此国际间接投资投资规模的扩大直接推动了跨国并购的进行，从而促进了国际直接投资的发展。但这仅仅是积极的一面，其消极的一面同样也不应忽视，那就是国际间接投资中的金融泡沫一旦破灭，就会引发全球性的金融危机甚至经济危机，从而抑制国际直接投资的增长。2008年全球金融危机出现以来的种种影响和后果，充分证明了这一点。

（三）投资国格局有所变化

这一阶段的投资国虽然仍呈美国、日本、欧盟三足鼎立之势，但这一格局开始发生变化。这突出表现在：第一，美国、日本、欧盟三大经济实体对外投资规模均衡被打破。欧盟已超越美国和日本而位居世界第一位。2002年欧盟对外直接投资流出存量即达到3.4万亿美元，是美国（1.5万亿美元）的两倍以上。而日本因经济停滞对外投资规模增长缓慢，与欧盟和美国的差距日益拉大。第二，发展中（转轨）国家对外投资规模快速增长，特别是中国、俄罗斯、印度、巴西（又称"金砖四国"）等国随着经济实力日益增强开始大量对外投资，所占国际投资总额的比重持续上升。目前，对外投资存量超过50亿美元的发展中国家已增至25个，发展中国家对外直接投资 2005 年达到 1330 亿美元，占当年国际直接投资流量的 17%，其存量达到 14000 亿美元，占国际直接投资存量的 18%，这一比重还在不断提高，对未来投资国格局的演变将产生越来越大的影响。

（四）投资重心转向服务业和高新技术产业

随着世界各国经济结构的调整和升级，服务业在国际投资中的比重不断上升。20 世纪 70 年代，服务业仅占全球 FDI 存量的 1/4，90 年代增加到 1/2，2002 年则达到 65.3%。2000 年以来，发达国家在服务业方面的直接投资在总体上均占到对外直接投资总额的 60% 以上。在服务领域中，商业运输、电信服务、交通运输、贸易、房地产等成为对外投资的主要行业，而最为活跃的是金融保险业。近年来，仅发生在全球金融保险业的跨国并购案即达 300 多件，其活跃程度远高于其他行业。与此同时，发达国家对外转移产业的重点也日益向高新技术产业延伸。如德国将化工、汽车、能源、工业设备作为转移重点；法国的转移重点是核能和汽车制造；芬兰和瑞典的转移重点是通信；瑞士的转移重点是医药、电力、化工；日本的转移重点是家电、汽车、数码相机等。以发达国家为主导，以信息技术和生物技术为核心的高新技术产业正成为 21 世纪全球产业结构调整转移的重心。

另外，近年来由于各国经济发展加剧了世界能源和初级产品的供求矛盾，石油、矿产品、粮食的国际价格持续上涨，使得这些初级产品生产行业继服务业之后重新成为全球投资的热点。初级产品生产行业占国际投资比重多年来持续下滑的局面开始扭转，许多资源丰富的国家成为吸引外资的热土。

第三节　国际投资的经济影响

在当今的世界经济中，国际投资已成为经济全球化中最活跃的领域。它在经济发展中的作用可以从对投资国、东道国和世界经济

三个方面的影响来说明。下面，仅从国际直接投资角度①对三者的
影响展开分析。

一、对投资国的经济影响

国际直接投资对投资国的积极影响主要体现在以下四个方面：

（一）提高过剩资本收益

大多数对外投资国家资金充裕，因国内资本价格较低收益不高
呈现"过剩"状态，需要寻找出路。而其他缺乏资金的国家，资
本价格较高，同时人力成本、自然资源价格和环保费用远远低于投
资国，显然通过对外投资，投资国的剩余资本可以获得远高于国内
的收益率。当然，在短期内，对外投资导致投资国的资金流出会减
少该国国际收支平衡表中资本账户的余额，但长期内随着投资项目
进入盈利阶段大量利润回流，又会有利于该国国际收支状况的改
善。一般来说，发达国家对外投资盈利水平较高，投资收益对其国
际收支平衡影响很大。例如，美英两国在货物贸易项目下出现持续
逆差，但依靠资本收益项目下的持续顺差其国际收支仍然保持平
衡。但对于许多发展中国家的投资国而言，由于其对外投资的盈利
能力相对不高，主要还是依靠扩大贸易规模来改善本国的经常项目
收支状况。

（二）扩大本国出口规模

这可以通过三个途径来实现：一是利用对外直接投资绕开一些
国家的贸易壁垒，就地生产和销售以打开国外市场；二是对外直接
投资有利于带动货物出口，在国外的新建项目多需从投资国进口生
产设备、原材料，从而带动投资国的出口增长；三是对外直接投资
促进了国际分工的深化和专业化生产能力的提高，从而推动了中间
产品的出口。当然，对于不同类型的投资国和不同时期而言，其实

---

①　这是因为从内容上看，只有国际直接投资才是完整的，是真正意义上的国际投
资，而国际间接投资不过是国际金融向国际投资转变的过渡形式。

现途径是不同的，不能一概而论，对具体情况应具体分析。

（三）提高本国生产水平

这可以通过两个途径来实现：一是调整优化国内产业结构，即通过对外直接投资可以向国外转移已失去或即将失去比较优势的产业，从而为产业升级提供更多的资源和市场空间；二是利用对外直接投资，学习和引进国外先进技术。对于第一个途径的实践，美国为世界各国树立了榜样。从 20 世纪 60 年代起，美国不断将劳动密集型产业和低技术、低附加值的加工工序转移到国外，同时推进国内传统产业向高新技术产业和第三产业升级，从而使其长期保持世界第一经济大国的地位。而对于第二个途径的实践，日本亦称为这方面的典范。日本在美国的许多研究与开发领域进行大量投资，及时获取各种先进技术，从而使其在半导体、汽车、电子、高清晰平板电视等生产行业保持领先优势。

（四）确保国内资源供应

世界上的自然资源分布很不均衡，有些国家自然资源丰富而有些国家很少甚至没有。尤其是燃料（石油、天然气、煤炭等）和一些重要的矿产品，不仅对一国的经济发展甚至对其民生和国家安全都有着十分重要的影响。近年来，随着原油和许多矿产品的国际价格不断上涨，一些国家纷纷到产油国和某些矿产丰富的国家投资，或者直接收购当地企业参与生产，以确保相关资源供应价格的稳定和投资国生产、生活的需要。在这方面的对外投资，无论是发达国家（如美、日、欧）还是发展中国家（如中国）正呈上升态势。

虽然国际直接投资对投资国有着上述积极影响，但不可否认也存在一些消极影响，主要表现在：一是减少了转移到国外行业的国内就业机会；二是在某些行业会因替代效应[①]而减少本国出口；三是对外投

---

① 1957 年，蒙代尔（Mundell）最早提出了国际直接投资与国际贸易之间具有替代性。他认为，如果外国资本进入的是东道国的进口替代部门，意味着将原来需要进口的产品改在东道国生产，这必然使该部门产品的进口即投资国同类产品的出口减少。

资增长太快会提高国内利率，从而可能使国内投资增长放缓。

二、对东道国的经济影响

国际直接投资对东道国的积极性影响主要体现在以下四个方面。

（一）弥补国内资金不足

发展中国家在经济发展初期和经济起飞阶段，需要巨额的建设资金，而发展中国家由于资本积累水平较低和外汇储备不足，严重制约了经济发展。外国资本的流入直接增加了东道国资本的流量，使其生产规模扩大，产出增加。国际直接投资进入发展中国家，往往还能带动发达国家向发展中国家东道国提供援助和贷款。同时，外国资本流入可以增加东道国的资本存量。此外，大型跨国公司的直接投资还可能带动其他为其提供配套产品和服务的外国企业一起进行投资，进一步增加东道国的资本存量。

（二）扩大对外贸易规模

国际直接投资对东道国进口和出口的影响，取决于外国投资企业的原料来源和产品市场两个方面：如果生产原料来源和产品市场都在国外，那么进口和出口同时增加；如果生产原料主要来自国内而产品市场在国外，那么只有出口增加；如果生产原料主要来自国外而产品市场在国内，那么只有进口增加；如果生产原料和产品市场都在国内，则对进口和出口没有影响。在现实中，前三种情况居多。因此从总体上看，国际直接投资可以扩大东道国的对外贸易规模。以中国为例，由于外资企业中大多从事加工贸易，因此对中国外贸增长的带动作用非常显著。2007 年外商投资企业的进出口额达到 12549.3 亿美元，占当年中国进出口总额的 57.7%[①]。

---

① 引自赵晋平："改革开放 30 年我国利用外资的成就与基本经验"，《国际贸易》2008 年第 11 期。

（三）缩小经济发展差距

这同样可以通过两个途径来实现：一是国际直接投资能够形成一批新兴工业部门，促进东道国原有落后的产业结构升级，这对发展中国家的东道国来说影响尤其明显。二是国际直接投资能够使东道国借助两种方式获得国外先进技术：或是外国企业通过直接投资方式将先进技术转移给东道国的分支机构，这是对东道国技术进步的直接影响；或是通过外国企业在东道国分支机构的外溢效应[①]，对东道国技术进步产生间接影响。对于第一个途径的实践，巴西的经济起飞很有说服力。巴西原来是一个经济落后的农业国，通过引进外资建立钢铁、汽车、造船、石油化工、电子、航空工业等现代产业，使其迅速跨入新兴工业化国家行列。对于第二个途径的实践，中国的成功亦可证明。外商近年来在中国投资主要集中在通信设备、计算机制造、交通运输设备制造、机械电子制造等行业，这些行业正成为中国具有新的比较优势的行业。目前，中国高新技术产品出口的88%、机电产品出口的74%是由外资企业完成的[②]。

（四）提高就业水平和质量

国际直接投资对东道国的就业效应通常表现为创造新的就业机会并提高就业质量。从创造新的就业机会来说，国际直接投资一方面通过新建企业直接创造许多新的就业机会；另一方面通过投资乘数效应促进消费和经济增长，从而间接创造更多的就业机会。据2007年统计的数据表明，外资企业在中国直接吸收的劳动力已达1583万人，对中国城镇人口就业贡献率为9.5%。如果将为外资企

---

① FDI的外溢效应，是FDI所导致东道国企业生产效率的提高，而外国投资者并未将其从这种生产率提高中所获收益完全内部化。东道国企业获得这种外溢的途径主要有两种：一个是通过观察、模仿、学习或雇佣经外资企业培训的人员以获得外资企业的技术，从而提高生产率；另一个是外资企业进入加剧了东道国的市场竞争，迫使东道国企业利用、寻求和开发新的技术。

② 引自赵晋平："改革开放30年我国利用外资的成就与基本经验"，《国际贸易》2008年第11期。

业配套加工、服务等劳务人员计算在内，国外投资解决了中国2600万人的就业①。而提高就业质量主要表现在两个方面：一是外资企业对东道国雇员提供较高的报酬和工作条件；二是通过对雇员的培训提高了东道国就业人员素质。

当然，国际直接投资对东道国有着上述积极影响的同时，也存在一些消极影响，主要表现在：一是东道国某些行业易被外国资本所控制②；二是东道国的产业结构调整易被跨国公司左右③；三是东道国往往被动接受国外高能耗、高污染行业的转移④。

三、对世界经济的整体影响

国际直接投资对世界经济的积极影响主要体现在以下四个方面。

（一）推动生产国际化

经济全球化按照发展程度，分为三种形态或阶段：一是贸易国际化，表现为商品在国际范围内自由流动；二是金融国际化，表现为资本/资金在国际范围内自由流动；三是生产国际化，表现为除了土地和一般劳动力外的大部分生产要素在国际范围内自由流动。其中，生产国际化是经济全球化的最高级形态或阶段。在这一阶

---

① 引自赵晋平："改革开放30年我国利用外资的成就与基本经验"，《国际贸易》2008年第11期。

② 一些大型跨国公司为了获取垄断利润，往往利用自身实力优势通过各种途径形成了对东道国主导产业和新兴工业部门的控制。这在不少发展中国家的东道国普遍存在，从而加重了这些国家对外国资本的依赖。

③ 东道国往往希望通过引进外资来改善本国的产业结构，而跨国公司对外直接投资是根据其全球战略来安排投资区域和投资行业。如果两者产生冲突，跨国公司会设法阻挠东道国目标的实现。

④ 发达国家对环境实行较为严格的保护，对企业生产排放污染物制定很高的排放标准并征收排污费或环境税。为了降低成本，发达国家的一些高能耗、高污染企业极力设法转移到环境标准较低的发展中国家，而一些发展中国家往往重视眼前的经济利益而盲目引进。

段，除了生产要素在国际间流动的广度和深度上超越了贸易国际化和金融国际化，而且在经济发展的宏观（国家）和微观（企业）两个层次上开始走向一体化。

传统观念上的生产要素如土地、资本、劳动力及各种自然资源等禀赋的差异，被认为是决定各国生产率不同和国际贸易、国际金融产生的基础。随着经济发展，生产要素的范围也不断扩大，技术、管理、信息、销售渠道，甚至经济制度等新要素已成为决定各种生产率差异的关键因素，而传统自然要素的地位相对下降。在这种情况下，通过国际直接投资实现生产国际化，即将产品的生产过程分解成不同的生产环节安排在不同的国家或地区进行，以在全球范围内合理配置各种生产要素，最大程度地提高生产效率。由于跨国公司是国际直接投资最重要的行为主体，因此生产国际化也可以看作是在跨国公司控制下的整个价值增值链的全球区位安排，即跨国公司通过内部控制体系对设在不同国家或地区的分支机构的经济活动进行合理分工并有机整合，使之建立起高度依存关系的过程。在生产国际化阶段，各国经济被逐步纳入跨国公司所控制的国际生产体系之中。由此可见，国际直接投资是生产国际化的最大促进因素。

（二）促进国际贸易与国际金融增长

国际直接投资对国际贸易的影响并不全部是正面的。现有的研究认为，国际直接投资对国际贸易具有替代和互补两方面的作用，这主要源于外国投资流入东道国生产部门的差异。蒙代尔（Mundell）于 1957 年首先提出了国际直接投资与国际贸易之间具有替代性，他认为如果外国资本进入的是东道国进口替代部门，将使原来进口的产品改在国内生产而使其国际贸易量减少；马库森（Markuson）和斯文森（Svenson）于 1983 年对此作了进一步分析，提出国际直接投资与国际贸易之间不仅存在替代性还存在互补性，他认为如果外国资本进入的是东道国的出口部门，将加强出口产品的比较优势而扩大贸易规模。由于 20 世纪 20 年代以来，世界上绝大多数发展中国家由实行进口替代战略①转向出口导向战略②，加上发达国家跨国公司创造的公司内贸易方式，使国际直接投资对国际贸易的促进作用更加显著。这从全球 FDI 与国际出口贸易增长的对比中可以得到验证（见表1－2）。

表1－2　　1986—2003年全球 FDI 与国际出口贸易增长率关系　　（％）

项目\年份	1986—1990	1991—1995	1996—1999	2000	2001	2002	2003
FDI 流入存量	14.7	9.3	16.9	19.1	7.4	12.7	11.8
货物与服务出口	12.7	8.7	3.6	11.4	－3.3	4.7	16.6

资料来源：UNCTAD，World Investment Report 2004.

此外，国际直接投资对国际金融的促进作用同样显著。因为国际直接投资所需的资本和流动资金大部分来自国际金融市场，所以随着国际直接投资的推进，20世纪90年代以来国际金融的发展也出现了一个高潮。各类国际金融市场包括国际信贷市场、国际外汇市场、国际股票市场、国际债券市场及金融衍生工具市场蓬勃发展，成为各国储蓄迅速转化为国际投资的主要渠道，国际资本规模增长迅猛。随着金融深化和金融工具的不断创新，国际资本流动证券化趋势日趋明显，这不仅有助于跨国公司 FDI 的融资方便，同时数量庞大的短期投机性资本流动也给国际监管提出了重大挑战。

（三）提高世界福利水平

国际直接投资通过市场流动机制，在全球范围内合理配置各种生产要素，提高了社会生产效率和世界福利水平。分析国际直接投

① 进口替代战略（Import substitution strategy），是指发展中国家制定各种贸易保护措施推动国内制造业的建立和发展，以本国产品来替代进口的工业化战略。这一战略率先由拉美国家提出，20世纪60年代为发展中国家普遍采用，但随着实施中暴露的种种问题在20世纪70年代被取代。

② 出口导向战略（Expert orientation strategy）也称出口替代战略，是指发展中国家制定各种扶持措施生产工业制成品出口以替代初级产品出口，从而增加外汇收入推动工业化发展的战略。

资对世界福利水平的影响可借用标准福利模型。这一分析工具虽然存在一定的局限性①，但仍能直观地反映出基本事实。

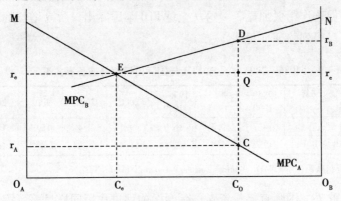

图1-2　国际直接投资对世界福利的影响

图1-2中，横轴表示资本、技术、管理、品牌等生产要素，纵轴表示投资收益率，涉及投资国和东道国。假定 A 国为投资国，该国资本、技术、管理、品牌等生产要素相对过剩，而劳动力、自然资源等生产要素相对短缺，MPC_A 表示 A 国的要素边际产出，$O_A C_O$ 表示 A 国的资本等要素存量；B 国为东道国，该国劳动力、自然资源等生产要素相对过剩，而资本、技术、管理、品牌等生产要素相对短缺，MPC_B 表示 B 国的要素边际产出，$O_B C_O$ 表示 B 国的资本等要素存量。如果没有国际直接投资发生，即 A、B 两国分别使用本国的要素进行生产时，A 国的资本等要素收益率为 r_A，其要素收益为 $O_A MCC_O$；B 国的资本等要素收益率为 r_B，其要素收益为 $O_B NDC_O$，世界资本等要素总收益为 $O_A MCC_O + O_B NDC_O$。当开展国际直接投资时 A 国的资本等要素流向 B 国，由于供求机制影响，A 国的资本等要素收益率上升而 B 国的资本等要素收益率下降，直

---

① 这一模型的局限性主要体现在其部分假定条件与现实不符：一是世界只由两个国家构成；二是资本等生产要素可以在国际范围内自由流动而无任何障碍；三是两国的生产要素市场都是完全竞争市场。

到 $r_A = r_B = r_e$ 时，资本等要素的转移停止，这时 A、B 两国的资本等要素存量分别为 $O_A C_e$ 和 $O_B C_e$。对于 A 国来说，向外转移的资本等要素数量为 $C_e C_0$，投资收益为 $C_e C_0 \times r_e$ 即 $C_e C_0 QE$，与此同时国内要素收益却减少了 $C_e C_0 CE$，[①] 缩小为 $O_A MEC_e$，前后对比 A 国对外投资后的净收益为 $C_e C_0 QE - C_e C_0 CE = EQC$；而对于 B 国来说，通过吸收国外的资本等要素 $C_e C_0$，使资本等要素收益由原来的 $O_B NDC_0$ 扩大到 $O_B NEC_e$，增加了 $C_e C_0 DE$，其中的 $C_e C_0 QE$ 转移到 A 国，B 国引进外资后的净收益为 $C_e C_0 DE - C_e C_0 QE = EQD$。此时，世界资本等要素总收益为 $O_A MEC_e + O_B NEC_e$，比国际直接投资前增加的净收益为 $(O_A MEC_e + O_B NEC_e) - (O_A MCC_0 + O_B NDC_0) = EDC$。可见，国际直接投资不仅使投资国和东道国双方受益，还会增加世界福利水平。

（四）加速全球经济体制融合

国际直接投资不仅可以带动生产要素的国际流动来提高生产效率和福利水平，并促进国际贸易与金融增长，而且可以从制度层面加速全球经济体制上的融合。国际直接投资对全球经济体制的融合作用主要体现在两个方面：第一，促进投资国与东道国在经济政策和经济体制上的融合。在投资国中占主导地位的是发达国家，其实行开放的经济政策并具有健全的市场经济体制。它们在选择投资区域时，为了避免或减少投资风险，东道国的经济政策和经济体制往往是首要考虑的因素。而发展中国家为了吸引外资来发展本国经济，则不得不放松国内各项管制，逐步推行开放的、自由的经济政策并加速向市场经济体制转变。这种"逼出来的市场经济"随着国际直接投资在全球的扩展，无疑加速了发展中国家与以市场经济为基础的全球经济体制相融合。第二，促进区域性或全球性经济组织的政策协调和体制建设。为了消

---

① 当投资国对国外直接投资时，是在输出转移产业的就业机会而导致国内相关产业失业增加和劳动者收入下降，这一点已引起许多发达国家民众对本国 FDI 的反对。与此相反，会给东道国带来就业增加和收入提高。可见，国际直接投资对不同国家就业和收入的影响是双重的。

除 FDI 的投资管制和障碍，无论是区域性经济组织还是全球性经济组织制定了一系列有关国际投资的条约或协定，如欧盟的《欧共体条约》、美加墨三国的《北美自由贸易协定》（其中专列一章对投资问题作出规定）、东盟的《东盟投资协定》、WTO 的《与贸易有关的投资措施协定》和《与贸易有关的知识产权协议》等。这些条约、协定使各国在区域和全球范围内的经济关系通过国际政策规范更紧密地联系在一起，从而加快了经济全球化的进程。

第四节　国际投资与中国对外开放

20 世纪 90 年代以来兴起了经济全球化的浪潮，这次浪潮以贸易自由化、金融自由化和投资自由化为基本内容，以各国经济活动规则趋于市场化为制度基础。从历史的角度看，如果说中国曾几次错失发展良机，那么在这次浪潮兴起的时候，中国牢牢地把握住了这一历史机遇，实现了历史性的变革和发展并成为经济全球化浪潮的重要推动者。

一、经济全球化与中国对外开放

从 1978 年开始，中国终于打破封闭状态，逐步推出了一系列对外开放政策。从发展进程看，中国的对外开放主要经历了试点探索阶段[①]、扩大深化阶段[②]和体制性开放阶段[③]。在短短的 30 年时

---

①　试点探索阶段，指 1978 年中共十一届三中全会宣布实施改革开放政策开始，至邓小平 1992 年南方谈话为止的时期。在这一阶段，中国先后通过建立深圳、珠海经济特区（1979—1980 年）、开放 14 个沿海港口城市（1984 年）、开辟沿海经济开发区（1985 年起）、浦东开发（1990 年）等试点，探索对外开放的道路。

②　扩大深化阶段，指从 1992 年邓小平南方谈话始至中国 2001 年加入世界贸易组织为止的时期。在这一阶段，中国进一步将对外开放扩展到沿江、沿边和内陆省会城市，从而形成全方位开放格局。同时，对外贸体制、外汇管理体制等开始改革。

③　体制性开放阶段，指从中国 2001 年加入世界贸易组织始至今。在这一阶段，中国严格履行承诺，按照 WTO 的要求对国内经济体制进行深入改革，以与国际市场经济体制接轨。

间里，中国已从一个经济封闭的国家变成开放程度较高的经济大国。随着中国对外开放的阶段性推进，特别是加入世界贸易组织以后，中国的对外贸易、外汇储备、吸引外资和对外直接投资等规模迅速扩大，在世界上的排名也不断提升。2007 年中国进出口总额突破 2 万亿美元，占全球贸易额比重由 1978 年的不足 1% 上升到约 8%，世界排名上升到第三位，其中出口总额已超过美国成为世界第二大出口国。由于连续多年的贸易顺差，中国外汇储备快速增加，2008 年底已达到 1.93 万亿美元跃居世界首位。中国对外商直接投资也一直保持较强的吸引力，2008 年实际吸收的外国直接投资达 923.96 亿美元，同时对外直接投资也达到 406.5 亿美元。中国 30 年来对外开放及世界排名的变化可由表 1-3 得到反映。

表 1-3　　　1978—2008 年中国对外开放及世界排名变化　（单位：亿美元）

指标	年份	1978	1980	1990	2000	2006	2008
外贸规模	外贸规模	206.4	381.4	1154.4	4743	17604	25616
	世界排名	27	25	16	8	3	3
外汇储备	储备规模	15.6	25.5	295.9	1682.8	10684.9	19500
	世界排名	40	37	7	2	1	1
吸收外资	外资规模	—	0.6	34.9	407.1	694.7	923.95
	世界排名		60	12	9	5	5
对外投资	投资规模	—	0.3	9	10	211.6	406.5
	世界排名	—	—	—	—	—	—

　　资料来源：《国际统计年鉴（2008）》、《中国统计年鉴（2007）》、《2007 年度中国对外直接投资统计公报》及 2009 年 1 月 22 日国家统计局公布数据。

　　在全方位对外开放的条件下，由于激活了国内要素市场和优化了资源配置，推动了中国经济快速发展。无论是国家经济总量增长还是人民生活水平提高都实现了历史性的跨越。1980—2000 年间，中国经济年均增长率达到 9.8%，比世界平均水平高出 6.7 个百分点，比发展中国家的平均水平也要高出 6.3 个百分点。2001—2008

年间，发展中国家年均增长率达 6.5%，发达国家的年均增长率下降了 0.7 个百分点，而中国的年均增长率高达 10%，形成鲜明对比。伴随经济的快速增长，中国的经济总量连续翻番：按汇率法计算 1978—2000 年，中国的 GDP 总量翻了三番，从 1473.21 亿美元上升到 11984.8 亿美元；2000—2006 年又翻了一番，增加到 26680.71 亿美元；2008 年进一步上升到 44216 亿美元，世界排名从 2007 年起已超越德国居第三位。《华盛顿邮报》认为，如果中国按目前的速度发展，将在 3 年后超过日本，18 年后超过美国成为世界第一大经济体。随着经济总量大幅增加，中国人均国民收入也逐步稳定提高，特别是自 2000 年以来呈加速上升态势：2000 年突破 1000 美元，2006 年增加到 2010 美元，2008 年进一步上升到 2236 美元，标志着向小康社会的目标越来越近。如果与印度相比，1978 年人均收入水平中国为 190 美元，印度为 200 美元；而到了 2006 年，中国达到了 2010 美元，增长了近 10 倍，而印度为 820 美元仅增长了 3 倍多。

从以上的情况可以看出，在世界经济一体化加速发展的背景下中国正以越来越开放的姿态融入经济全球化进程并与国际经济体系形成良性互动。中国科学院中国现代化战略研究课题组曾利用麦迪森的世界经济长期数据对一些世界大国 1700 年以来的经济实力指数进行比较，部分结果如图 1-3 所示：

图 1-3 直观地反映出对外开放对一国经济实力的重大影响。美国原来只是一个落后的经济弱国，但在南北战争后吸引大量移民和外资进入美国，及时地抓住了第二次科技革命的机遇，不仅在煤炭、钢铁等传统产业中后来居上，而且在电力、石化、通讯和汽车制造等新兴产业中也占据优势，终于在 19 世纪末超英赶德登上世界头号强国的宝座。日本虽然国土狭小、资源匮乏且起步较晚，但在战后以贸易立国，打造外向型经济和实施科技振兴，及时抓住了第三次科技革命的机遇，也迅速成为世界经济强国。反观中国虽然在历史上曾是世界上数一数二的经济强国，但由于实行了闭关锁国

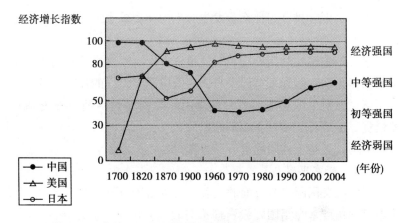

图 1-3 中美日三国经济实力变化的历史轨迹 (1700—2004)

资料来源：中国科学院中国现代化战略研究课题组：《中国现代化报告 (2008)》，北京大学出版社 2008 年版。

的政策，对影响世界经济进程的几次科技革命熟视无睹，国力很快衰落，直到改革开放以来才回归到中等强国水平。历史的教训向我们昭示：一个国家的进步与兴起和对外开放密切相关，只有坚持对外开放，积极参与经济全球化才是中国的强国之路。

二、本书目的、思路与框架

(一) 本书目的

一个国家参与经济全球化主要有国际贸易和国际投资[①]两个途径，能否成功利用世界市场和优化配置全球各种生产要素以加速本国经济发展，其贸易和投资政策的制定至关重要。在这本书中，主要对国际投资理论和中国双向投资政策进行探讨[②]。为此，需要弄清以下三个问题。

---

① 国际投资的广义概念包括国际直接投资和国际间接投资，国际金融的内容实际上已包含在国际间接投资中。

② 对国际贸易理论和中国外贸政策的探讨，在本人的另一拙作《国际贸易：理论与政策》(中国社会科学出版社 2009 年版) 中进行。

第一，国际投资为什么会发生？不同类型国家对外投资的动因是什么？

第二，中国在利用外资和对外投资方面有哪些进展和问题？从国家利益角度和国际规范约束看，中国应制定怎样的投资政策？

第三，对中国企业而言，参与国际投资（包括利用外资和对外投资）应当注意哪些重要问题？

本书试图对上述问题进行一番探讨。

（二）研究思路与基本框架

国内有关国际投资方面的论著，大多沿袭西方人的观点，从发达国家的角度来介绍国际投资理论与政策。由于其假定条件所限，因此无论是用于中国利用外资和对外投资方面的理论解释，还是用于指导投资政策的制定，都显得十分牵强。本书试图从中国的角度看世界，结合中国实际阐述国际投资的理论和政策。为此，本书首先对国际投资的基本概念、历史发展、经济影响等基本问题进行阐述，为全书内容的展开奠定理论前提和专业知识基础；在此基础上，从国际间接投资与国际直接投资两个方面对国际投资理论进行了梳理和评析；然后，对中国利用外资和对外投资方面的发展与问题展开分析并提出相应的政策建议；最后，对国际投资的区位选择和经营战略方面的内容进行了介绍。

本书基本框架主要由四部分构成：

第一章导论，对国际投资的基本概念、历史发展、经济影响等进行说明，从而为全书内容的展开奠定理论前提和专业知识基础。

第一篇理论借鉴，由第二章和第三章组成。这一篇从学术角度，从国际间接投资理论和国际直接投资理论两个方面，对国际投资理论的发展脉络进行了梳理并介绍了一些发展中国家的投资理论，从而为各类国家参与国际投资提供了合理的理论解释。

第二篇政策导向，由第四章、第五章、第六章、第七章和第八章组成。这一篇从政府角度，不仅对国际投资政策产生和演变的国际背景进行了介绍，而且对中国利用外资和对外投资两个方面的政策实施进行了深入分析，此外还对国际投资规范的外部约束进行了必要的介绍，从而有助于全面认识中国双向投资政策的内容和演变。

第三篇战略决策，由第九章和第十章组成。这一篇从企业角度，对中国企业应如何参与国际投资提供了经营战略方面的有益借鉴。

第一篇

理论借鉴

国际投资理论的形成和发展与国际投资实践密切相关。由于发展中国家开展对外投资较晚，所以现有的国际投资理论几乎都来自发达国家且以大型跨国公司为适用对象。本篇从国际间接投资理论和国际直接投资理论两个方面进行了梳理和评析，并从发展中国家角度补充介绍了一些投资理论，试图为各类国家开展国际投资提供合理的理论解释。

第二章　国际间接投资理论

由于国际间接投资产生于国际直接投资之前，所以先来介绍国际间接投资理论。按照发展阶段，可分为早期国际间接投资理论和现代国际间接投资理论。从内容上看，早期国际间接投资理论由一些政治经济学原理、金融学理论及发展经济学理论构成，主要用于解释国际间接投资的动因和流动规律；而现代国际间接投资理论由一些金融学、投资学理论构成，主要用于说明国际证券的选择和优化。

第一节　早期国际间接投资理论

一、资本积累和扩大再生产规律理论

这一理论由马克思（K. Marx）于 1867 年提出。马克思首次在《资本论》中对资本积累的来源和资本扩大再生产进行了科学论述。他纠正了古典经济学家的偏见[1]，指出剩余价值是资本积累的唯一源泉[2]，而资本积累是扩大再生产的重要源泉，并用简单的数学模型对资本扩大再生产的条件进行了概括。

1. 资本扩大再生产的前提条件是：

$$\text{I } (v + m) > \text{II } c$$

---

[1]　古典经济学家普遍把利润看作是资本积累的来源。马克思批判了他们认为利润既是来自劳动又是按所投资本比例取得的矛盾说法，指出剩余价值才是资本积累的唯一源泉，从而阐明了资本积累的实质。

[2]　马克思指出："把剩余价值当作资本使用，或者说把剩余价值转化为资本，叫做资本积累。"见马克思《资本论》第 1 卷，人民出版社 1975 年版，第 635 页。

$$\text{II}\ \left(c + m - \frac{m}{x}\right) > \text{I}\ \left(v + \frac{m}{x}\right)$$

2. 资本扩大再生产的实现条件是：

$$\text{I}\ \left(v + \triangle v + \frac{m}{x}\right) = \text{II}\ (c + \triangle v)$$

式中，c 是不变资本，v 是可变资本，m 是剩余价值，I 代表社会生产第一部类（生产生产资料），II 代表社会生产第二部类（生产消费资料）。

马克思提出的社会资本扩大再生产的前提条件和实现条件揭示了社会生产两大部类的内在联系，它表明两大部类的资本积累和生产扩大是互为条件、互相依赖、互相制约的。应当指出，这些条件不仅适用于国内投资，也同样适用于国际投资。

作为后凯恩斯主义新剑桥学派的代表人物罗宾逊（J. Robinson）于 1960 年提出："扩大再生产模式提供了一个研究储蓄和投资问题，以及研究资本品生产和消费品需求之间平衡关系的非常简单非常独立的理论。"[1] 她认为，马克思的资本积累和扩大再生产规律理论对于研究投资后的经济增长问题具有非常重要的意义。此外，经济学家布劳格、库兹等也认为，与哈罗德—多马经济增长模型相比，马克思的资本积累和扩大再生产规律理论简单明了，同样涉及了社会生产两大部类的经济而且提出时间较早，是当代国际投资学研究的基础。[2]

二、资本输出理论

这一理论由列宁（F. Lenin）于 1916 年提出。列宁所处的时代，资本主义已完成了从自由竞争阶段向垄断阶段的过渡。列宁研究了资本主义发展过程中的新变化，在《帝国主义是资本主义的最高阶段》

---

① Robinson J. "Marx, Marshall and Keyness", Collected Economics Papers, Vol. 2, Oxford, Basil Blackell, 1960, p. 7.

② 转引自朱钟隶：《当代国外马克思主义经济理论研究》，人民出版社 2004 年版。

一书中，用丰富而确切的资料证明，由于生产集中达到相当高的程度，资本主义经济自然而然地走向了垄断。随着工业垄断组织和银行垄断组织的混合成长，形成了金融资本和金融寡头。它们在资本主义国家中占据统治地位，是帝国主义的基本经济特征之一。

列宁根据金融资本统治的特征，论证了资本输出代替商品输出也是帝国主义的基本经济特征之一。列宁指出："自由竞争占完全统治地位的旧资本主义的特征是商品输出。垄断占统治地位的最新资本主义的特征是资本输出。"① 资本输出是将国内相对过剩的资本向国外输出以谋求高额垄断利润，是金融资本对外扩张的重要手段。资本输出的现象虽然在自由竞争的资本主义阶段已经存在，然而只有在垄断资本主义阶段才有了特别重要的意义。

列宁分析了资本输出之后，阐明国际金融资本在经济上瓜分世界是帝国主义的另一个基本经济特征。各国垄断资本集团首先是瓜分国内市场，但是随着资本输出的增长和最大的垄断集团在国际市场势力范围的扩张，自然地促使这些垄断资本集团之间达成瓜分世界市场的国际协定，以保证各自的垄断利润不受损失。于是，形成了国际卡特尔和托拉斯对世界的统治。列宁一针见血地指出："金融资本造成了垄断组织的时代。而垄断组织则到处实行垄断的原则：利用'联系'来订立有利的契约，以代替开放市场上的竞争。"② 可见，资本输出的发展必然导致资本在国际范围内的集中，最终形成国际垄断。显然，列宁的资本输出理论揭示了国际间接投资产生的深刻背景和根本动因，对发展中国家认清来自发达国家投资的本质有着非常重要的意义。

三、麦克道格尔—肯普国际资本流动模型

麦克道格尔—肯普模型用于分析国际资本流动的原因和格局，

---

① 列宁：《列宁选集》第2卷，人民出版社1972年版，第782页。
② 同上书，第786页。

是由英国经济学家麦克道格尔（G. D. A Macdougall）及其学生肯普（M. C. Kemp）于20世纪60年代先后提出的[①]，其原理与前面介绍的标准福利模型一致。该模型如图2-1所示。

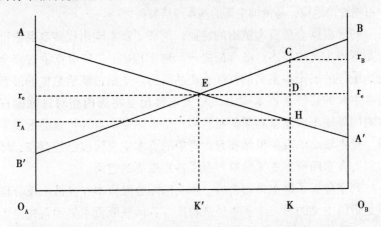

图2-1　麦克道格尔—肯普模型示意图

在图2-1中，横轴表示资本数量，纵轴分别表示A、B两国的资本利率，AA′和BB′分别是A、B两国的资本边际生产率曲线，$O_A K$为A国的资本数量，$O_B K$为B国的资本数量。如果A、B两国仅使用本国资本进行生产，A国因资本丰富利率r_A较低，其资本收益为$O_A AHK$；而B国资本短缺利率r_B较高，其资本收益为$O_B BCK$。由于B国的利率高于A国（$r_A < r_B$），所以吸引资本从A国流向B国，直至两国的利率相等（$r_A = r_B = r_e$）时为止。这时A、B两国的资本数量分别变化为$O_A K'$和$O_B K'$。对于A国来说，向B国流出的资本数量为KK'，对外投资收益为$KK' \times r_e$，即$KK'ED$。其资本收益增加到$O_A AEDK$，与原有资本收益相比，其增加的资本

① G. D. A Macdougall（1960），"The Benefits and Costs of Private Investment from Abroad: Theoretical Approach"，*Economic Record*. Vol. 36, pp. 13—15 and M. C. Kemp (1962)，"The Benefits and Costs of Private Investment from Abroad: Comment"，*Economic Record*. Vol. 38, pp. 108—110.

收益为 EDH。而对于 B 国来说，流入的资本数量为 KK′，其资本收益增加到 $O_B BEK′$，如果扣除对 A 国投资的回报 KK′ED，其增加的资本收益为 EDC。

所以该模型的结论是，国际间接投资发生的原因是各国存在的利率差别，而国际资本流动的格局是由资本丰富的国家流向资本短缺的国家，其结果将带来投资国和东道国双方共同受益。

四、双缺口理论

双缺口理论是由钱纳里（H. Chenery）和斯特劳特（A. Strout）于 1966 年提出的。[①] 该理论是发展经济学中一个很有影响力的理论。双缺口理论的基本观点是：发展中国家由于受到储蓄缺口和外汇缺口的双重约束，造成国内生产要素得不到充分利用从而遏制了经济发展。因此，利用外资是填补缺口的有效手段。

钱纳里和斯特劳特在对五十多个国家的近代经济发展史考察之后，认为从大多数国家经济发展所走过的道路来看，其经济发展主要受到三种约束：一是"储蓄约束"（或称投资约束），即国内储蓄不足以支持投资的扩大从而影响了经济发展；二是"外汇约束"（或称贸易约束），即出口收入小于进口支出，使外汇不足以支付资本品进口所需，从而阻碍了国内生产和出口的扩大；三是"吸收能力约束"（或称技术约束），即由于缺乏必要的技术、企业家和管理人才，无法有效地运用各种资源，从而影响生产率提高和经济增长。

钱纳里和斯特劳特重点考察的是储蓄约束和外汇约束。在国民收入核算体系中，储蓄约束是指投资超过了储蓄，而外汇约束是指进口支出超过了出口收入。利用均衡方法进行分析，两者在量上相等，用总量公式来表示就是

---

① H. Chenery & A. Strout (1966), "Foreign Assistance and Economic Development", *American Economic Review*, 56: pp. 679—733.

$$Y = C + I + (X - M)$$

式中，Y 代表国民收入，C 代表消费，I 代表投资，X 代表出口额，M 代表进口额，（X－M）代表外贸纯收入。此公式表示总产出或国民收入等于总支出。

上式移项后变为

$$Y - C = I + X - M$$

因为国民收入减去消费等于储蓄，即 Y－C＝S，代入上式得

$$S = I + X - M$$

移项后，得

$$S - I = X - M$$

两边同乘一个负号，得

$$I - S = M - X（即为两缺口模型）$$

在上式中，左端（I－S）是投资与储蓄之差，称为"储蓄缺口"；右端（M－X）是进口与出口之差，称为"外汇缺口"。从国民经济均衡发展的观点看，左右两端必须相等，即当国内出现储蓄缺口即投资大于储蓄时，必须用外汇缺口即进口大于出口（意味着从国外获得储蓄）来平衡。

由于两缺口模型中 I、S、X、M 四个要素是分别独立决定的，因此需要对这两个缺口进行大力调整，以实现国民经济的均衡发展。从调整方法看，可以有两种选择。

其一，内部挖潜进行调整。这种调整又分为两种情况：一是当（I－S）＞（M－X）时，可通过减少国内投资或增加国内储蓄来实现缺口平衡，但前者将导致经济增长率降低而后者在短期内又难以做到；二是（I－S）＜（M－X）时，可通过减少进口或增加出口来实现缺口平衡，但结果与第一种情况下的调整是一样的。显然，这是以牺牲经济发展为代价的消极调整。

其二，利用外资进行调整。利用外资来平衡量缺口可产生双重效应：一是从国外引进资金/资本，既增加了国内投资规模又减轻了国内储蓄不足的压力；二是利用外资进口技术、设备等，既可增

加出口生产能力又减轻了外汇不足的压力。显然，利用外资来平衡两个缺口是促进经济发展的积极调整。

所以该理论的结论是，对于国民经济存在双缺口的发展中国家来说，利用外资来填补缺口从而促进经济发展是具有重大意义的。

五、简要评析

早期国际间接投资理论总的来看，脉络很杂，思路也不清晰，只是从不同角度阐释了国际资本流动的动因。

马克思的资本积累和扩大再生产规律理论、列宁的资本输出理论都科学地揭示了资本来源和国际资本流动的本质，但由于其重心放在政治上，对国际资本流动的经济效应和客观规律分析明显不足。

麦克道格尔—肯普国际资本流动模型从经济学上证明了：在各国资本边际生产率不同的情况下，国际资本流动将提高投资国和东道国的生产率和资本收益，促进资本要素在国际范围内的优化配置并增加世界福利水平。这就为开展国际投资创立了经济学基础，但缺憾是理论假设与实际相悖。

钱纳里和斯特劳特的双缺口理论从经济学上进一步论证了：发展中国家应该实行对外开放，积极引进和利用外资以填补储蓄缺口和外汇缺口从而加速经济发展。其正确性已为包括中国在内的广大发展中国家的实践所证明。双缺口理论的局限性主要在于：第一，强调了利用外资的重要性，忽视了挖掘国内资源以填补两缺口的潜在力量；第二，只看到引进外资对经济发展的积极作用，忽视了外资在某些时候和某些条件下可能会对东道国的经济发展带来不利影响；第三，片面强调资本对经济发展的作用，忽视了技术、管理、经济体制等因素的作用。因此，发展中国家在大胆引进和利用外资的同时，应保持头脑清醒。一些发展中国家和地区在利用外资上的重大失误，同样证明了这一理论局限性所产生的消极影响，这是需要我们警惕的。

第二节　现代国际间接投资理论

一、资产选择理论

这一理论由詹姆斯·托宾（Jams Tobin）提出。他是美国最杰出的凯恩斯主义经济学家，是资产选择理论的创始人。资产选择理论是在权衡比较各种资产预期报酬率与风险程度基础上，合理选择其资产集合的投资理论。为了深刻说明这个理论，托宾把其中的主要观点发展成一个包括金融资产和实物资产的一般均衡模型，并提供了一套明确的论证方法，从而奠定了其在国际间接投资理论方面的重要地位。

（一）理论假设

一般来说，理论模型都具有一定的适用范围，因此需要通过理论假设来限定其研究和应用范围。托宾的资产选择理论基于以下假设：

1. 假设只有现金和债券两种货币资产，债券的年收益率为 r 而现金的收益率为零；

2. 假设财富中货币资产所占比例已定，且货币资产由现金比例 A_1 和债券比例 A_2 构成；

3. 假设债券预期收益率为 r_e，资本损益率为 g，是一个随机变量，期望值为零，且 $A_1 + A_2 = 1$，则此资产的报酬为 R，资产的预期报酬为 $E(R)$。

根据计算可得

$$R = A_2 (r + g)$$

$$E(R) = \mu = A_2 r$$

4. 假设标准差 δ_R 高表示偏离 μ_R 的幅度大，且偏离既可为正又可为负；标准差 δ_R 低表示偏离 μ_R 的幅度小；标准差 δ_R 为零表示一定可以得到 μ_R 的收益率。这意味着 δ_R 高的金融资产既可能带来较高的资本收益机会也可能带来较大的风险，而 δ_R 低的金融资产风险较小而获利机会也少。

（二）最佳资产组合的选择

托宾提出，投资者可利用无差异曲线和投资机会轨迹线的配合来选择资产最佳组合。

1. 无差异曲线

托宾认为，投资者根据其预期效用值的高低可以导出一系列无差异曲线，每条曲线上的点都代表相同的效用满足，任何低于该线或位于该线右边的资产组合都是没有效率的资产组合。而从任何一条有效的资产组合无差异曲线上，投资者都可以根据对风险的偏好进行资产组合的选择（见图2－2）。

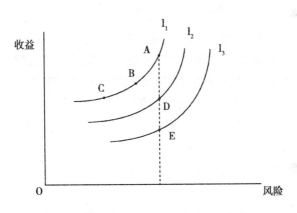

图2－2　资产组合的无差异曲线

从图2－2中可以看到，I_1、I_2和I_3这组无差异曲线中，位置较高的曲线代表较高的投资预期效用。而在曲线I_1上，A代表高收益高风险，B代表中等程度的收益和风险，C则代表低收益低风险。显然，A适合风险偏好型投资者，而C则适合风险规避型投资者。

2. 投资机会轨迹线

托宾在进一步的研究中提出了投资机会轨迹线，说明在市场利率一定的条件下收益和风险之间存在确定的线性关系，任何投资者都选择相同的资产组合。这可由图2－3证明。

在图2－3中可以看到，L_1、L_2和L_3是一组投资机会轨迹线，都

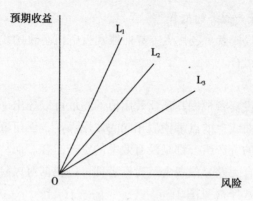

图2-3 投资机会轨迹线

始于原点，说明在原点债券的投资量为零，收益与风险也为零，投资余额的资产全部为现金。同时，越靠近纵轴的投资机会轨迹线代表在等量风险情况下，其收益最多或风险最小，因而也最具吸引力。

那么，如何根据无差异曲线和投资机会轨迹线来选择最佳资产组合呢？托宾提出，在利率 r、预期资本损益率 g 以及债券风险 δ_R 给定的情况下，投资应选择投资机会轨迹线与最高无差异曲线的切点 E，这才是在客观条件下能够实现资产最佳组合的均衡点（见图2-4）。

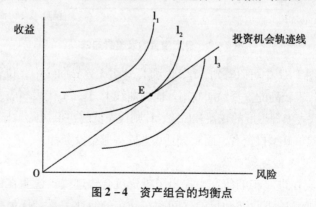

图2-4 资产组合的均衡点

二、资产组合理论

这一理论由美国经济学家哈利·马柯维茨（Harry Markowitz）

于 1952 年提出。他率先同时采用风险资产的预期收益率及用标准差代表的风险来研究资产的选择和组合问题，并提出了一条明确的风险—收益边界，从而奠定了现代资产组合理论的基础。马柯维茨由于这一理论的贡献而获得了诺贝尔经济学奖。资产组合理论有时也称为证券组合理论，因为现实中证券是各种风险资产最典型的代表。这一理论阐明了如何衡量与不同资产相关的风险以及用什么方法选择资产组合，以便在风险最小情况下实现整体最大效益。其理论核心是"风险分散原理"，即不要把所有鸡蛋都放在一个篮子里。马柯维茨的理论用数学方法向人们阐明，投资应该进行最佳组合，从而达到风险最小收益最大。

（一）最佳资产组合的选择

马柯维茨认为，首先应根据收益与风险的概率对各种资产进行分类，来决定如何持有各种资产以使收益最大。例如，通用汽车公司的股票每股每年可获得 3 美元红利，但存在 10% 的风险，即红利可能高达 3.3 美元或低至 2.7 美元。由于存在风险，就不能只持有通用汽车公司一种股票而应持有多种股票。但是，如何选择不同的股票呢？如果选择同类公司，假如福特汽车公司的股票，因为汽车制造商都面临同样的市场风险，这两种股票的组合并没有改变风险—收益前景，因此不是最佳资产组合。但是如果选择埃克森石油公司的股票和通用汽车公司的股票作为资产组合，风险—收益前景就会大为不同：当石油价格提高时，对通用汽车公司的股票不利但对埃克森石油公司的股票有利；而当石油价格下降时，对埃克森石油公司的股票不利而对通用汽车公司的股票有利。这样，无论市场出现什么情况，投资者都可以得到同样的收益而不会有过大的风险。显然，后一种资产组合是一种最佳的资产组合。

（二）衡量单一证券及证券组合收益和风险的方法

马柯维茨分析了含有多种证券的资产组合，提出了衡量单一证券及证券组合收益和风险的方法，主要有：

1. 单一证券的收益率

单一证券的收益率 = （本年收盘价格 - 上年收盘价格 + 本年股利）／上年收盘价格

2. 单一证券的风险

由于证券的风险和其实际收益率与预期收益率的偏差呈正相关，因此通常用方差或标准差来表示单一证券的风险。用公式表示为：

$$\delta = \sqrt{\sum_{i=1}^{n} (R_i - \overline{R})^2 \cdot P_i}$$

式中，δ 为标准差；R_i 为第 i 种可能的收益率；$\overline{R}$ 为预期收益率；P_i 为收益率 R_i 发生的概率。

3. 证券组合的收益率

可以通过对其包含的各种证券收益率加权平均求得。用公式表示为：

$$R_p = \sum_{i=1}^{n} X_i \cdot R_i$$

式中 R_p 为证券组合的收益率；X_i 为投资于证券 i 的资金占总投资额的比例（作为权数）；R_i 为证券 i 的收益率；n 为证券组合中不同证券的种类。

4. 证券组合的风险

证券组合风险的计算不能简单地对组合中每种证券的标准差进行加权平均而得到。马柯维茨指出，证券组合的风险取决于三个因素：一是每种证券的标准差；二是各种证券的相关性；三是每种证券的投资额占总投资额的比例。他认为，一个有效率的资产组合必须符合两个条件：第一，在一定的标准差下，此资产组合有最高的平均收益；第二，在一定的平均收益下，此资产组合有最大的标准差。

三、资本资产定价理论

这一理论由美国经济学家威廉·夏普（William Sharpe）提出。

马柯维茨提出的资产组合理论虽然使金融资本投资的理论问题基本得到解决，但计算起来非常复杂。1964 年，夏普在资产组合理论的基础上分析了证券组合的预期收益与预期风险之间的关系，从而提出资本资产定价理论（Capital Asset Pricing Model，CAPM）。这一理论是通过建立一种适合于资本资产的定价模型来论证风险与收益率之间的关系，对证券均衡价格的确定作出了系统的解释，因此也被称为资本资产定价模型。这一模型的重大贡献就在于发现证券预期收益率与 β 系数风险值的相关性，从而解决了资产组合理论的实际应用困难。

（一）理论假设

夏普建立的资本资产定价模型与马柯维茨的理论假设相同，主要有。

1. 证券市场的投资者

市场由厌恶风险的投资者组成，投资者均根据证券的预期收益率和方差来选择证券组合。

2. 证券投资的选择依据

投资者对各种证券收益率的分布情况看法一致且投资选择相同，投资者之所以选择不同的证券组合是因其对风险的偏好不同。

3. 证券市场的基本要求

资本市场是有效的，所有资产可以细分，既不存在交易成本和差别税收，也不存在妨碍资本自由流动和信息不对称的现象。

（二）资本资产定价模型

假定 A、B 两个人都有 5 万元资产，A 是风险的爱好者而 B 是风险的厌恶者，这样他们的资产组合就会不同：A 的资产组合是 4 万元购买股票，1 万元用于存款；而 B 的资产组合是 4 万元用于存款，1 万元购买股票。这样，因投资者对资产风险的不同偏好形成了不同的资产组合。而对不同资产组合的选择可以用资本市场线（Capital Market Line，CML）表示（见图 2-5）。

资本市场线是一条反映有效证券组合的期望收益率与风险之间

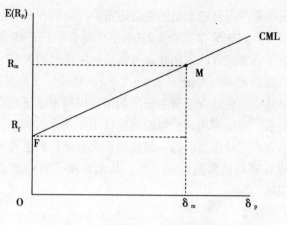

图 2 - 5　资本市场线

关系的射线。在图 2 - 5 中，$E(R_p)$ 代表资产组合的预期收益；R_f 为无风险资产的收益；R_m 为市场预期收益；δ_p 代表投资风险，为投资组合的标准差；δ_m 为市场组合的标准差。不论哪种偏好的投资者都要将其资金在无风险资产 F 与市场组合 M 之间进行分配，将 FM 用一条射线连接起来可以表示任何一个投资者的最佳组合，所有投资者的最佳组合则构成了资本市场线，它实际上反映了在市场均衡状态下投资者选择资产组合的风险大小。

夏普在论述对不同资产组合的选择时，提出了一个指数 "β"，β 是衡量资产组合风险大小是否合理的尺度。如果一种股票的 β 为 1.3，这就表明当股票市场价格上升或下降 10% 时，这种资产组合的收益会增加或减少 13%。在各种资产的价格确定之后，预期收益大致与 β 同比例变动。

夏普用数学方法说明了证券市场上各种资产价格的决定与变动，其定价公式为：

$$E(R_p) = R_f + \beta_p[E(R_m) - R_f]$$

式中，$E(R_p)$、$E(R_m)$ 是资产组合的预期收益和市场的预期收益；R_f 是无风险资产的收益；β_p 为资产组合的风险系数。此公式表明，资产组合的预期收益在无风险资产收益的基础上，与 β 值密切相关。

如果将预期收益率作为纵轴，β 值作为横轴，则上式表示一条斜率为 $E(R_m) - R_f$ 的直线，它表示证券市场均衡时资产组合的预期收益率与 β 值的关系，这条直线称为证券市场线。该线显示，当 β = 0 时，因资金都投资在无风险资产上，资产组合的预期收益等于无风险资产的收益（R_f）；当 β = 1 时，资产组合的预期收益等于证券市场的预期收益（R_m）；当 0 < β < 1 时，资产组合的预期收益率在 R_f 和 R_m 之间（见图 2–6）。

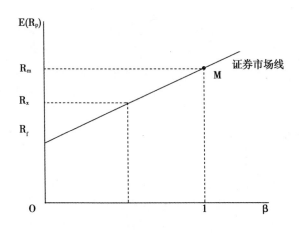

图 2–6　证券市场线

四、套利定价理论

这一理论由美国经济学家斯蒂芬·罗斯（Stephen Ross）提出，也是研究证券市场中证券或证券组合的期望收益率与风险之间关系的理论。罗斯认为，无论是资产组合理论还是资本资产定价理论，严格的假设条件在现实的证券市场上都难以满足，使其难以应用，所以提出了套利定价理论（Arbitrage Pricing Theory，APT），这一理论认为，在完全竞争的证券市场上所有证券的收益率应是相同的，如果不同就应通过贱买贵卖来套利。这是从另一个角度，来探讨证券资产的定价问题。

（一）理论假设

1. 证券市场上存在的证券数量是无限的；

2. 套利组合要求投资者不得追加资金；

3. 套利组合对任何影响因素的敏感度为零；

4. 套利组合的期望收益率大于零；

5. 证券市场允许买空卖空。

（二）套利定价模型

套利是指利用同一种资产在不同时间和地点的价格差异进行交易以获利的市场活动。套利的结果会使原来收益率偏高的证券价格上升导致收益下降，而使原来收益率偏低的证券价格下降导致收益上升，从而使套利机会消失。套利定价理论认为，投资者为了利润最大化，会连续不断地进行套利操作直至证券价格恢复均衡为止。

假定影响证券价格的因素有 K 个，则定价公式为：

$$E_j = r + r_{j1}(E_1 - r) + \cdots r_{jk}(E_k - r) + \varepsilon_j$$

式中，E_j 为资产组合的预期收益率；r 为无风险资产利息率；r_{jk}（k = 1，2，3，…k）代表每个影响资产价格因素的风险收益率，也是资产 j 的反应度（j = 1，2，3，…）；ε_j 为第 j 项资产固有的风险。此公式表明，资产 j 的预期收益率等于每个影响资产价格因素的风险收益率或反应度与该资产总收益率与无风险资产利率之差的乘积，再加上无风险资产利率。

五、期权定价理论

这一理论由美国经济学家费舍尔·布莱克（Ficher Black）和迈伦·斯克尔斯（Myron Scholes）提出。20 世纪 70 年代以后，由于石油危机、越南战争等影响，美国出现了高通货膨胀率、高失业率和低经济增长率的"两高一低"滞胀现象。由此引起了美国金融市场的一系列创新，包括期权①、地方政府债券、房地产抵押贷款的证券化等，对这些衍生证券的风险管理成为当务之急。因此，对这些衍生证券的定价成为金融市场能否健康发展的核心问题。布莱克和斯克尔斯以最简单的股票期权为基础，提出了他们的期权定价理论（Option Pricing Theory，OPT）及模型（B－S Model）。该模型表达的经济学含义是：在一系列合理的假设下，期权的价值可以通过某些变量②得到精确求解。这样在风险中性的条件下，不仅是期权而且绝大多数衍生证券的定价难题都可以迎刃而解。因为股票、贷款和其他同样依附于公司整体价值之上的金融工具从根本上与股权价值是一致的。另外，商业银行和投资银行也可以用该模型来估算新的金融工具价值，并为其面临特定风险的顾客提供特定的金融工具。

（一）理论假设

期权定价模型是建立在七个假设条件之上的，它们是：

1. 短期利率已知且在期权的有效期内保持不变；

2. 不存在无风险套利机会；

3. 不存在影响收益的外部因素，即没有税收、交易成本等额外费用；

4. 期权标的物为有风险资产，可自由买卖，即允许买空卖空证券；

5. 所有的证券交易都是连续的；

6. 期权只有在到期日才被执行；

---

①　期权，是以合约为标的物的交易权利。期权购买者也称期权持有者，为了取得这种权利，必须向期权出售者支付一定金额，即期权的价格。与一般交易不同，期权持有者在期权合约规定的时间内不承担必须买入或卖出合约标的资产（商品及各类证券等）的义务，而期权出售者则必须无条件履行该义务。在国际间接投资中，金融期权就是以金融商品（股票、债券等）或金融期货合约为标的物的期权交易形式。

②　这些变量包括可观测的诸如合约标的资产（如股票）的时价、期权期限、期权合同所标注的执行价格、无风险资产的利率、标的物收益率的方差或标准差等。

7. 在期权的有效期内不支付红利。

（二）期权定价模型

以上述假设为前提，布莱克和斯克尔斯提出了他们的期权定价模型。该模型是建立在无风险对冲基础上的，通过买入股票并同时卖出期权，使交易处于无风险状态，然后利用对冲使期权价格达到模型所要求的均衡状态。其定价公式为：

$$C = SN（d_1）- X_e^{-R_fT}N（d_2）$$

$$d_1 = \frac{\ln（\frac{s}{x}）+ R_fT}{\delta\sqrt{T}} + \frac{1}{2}\delta\sqrt{T}$$

$$d_2 = d_1 - \delta\sqrt{T}$$

式中，C 表示欧式看涨期权的价格；

S 表示标的资产的现行市场价格；

N（d_1）、N（d_2）表示 d_1、d_2 处的标准正态分布变量的累积概率，即

$$N(d_1) = \int_{-\infty}^{d1} f(Z)dZ，其中 f（Z）表示均值和标准差$$

均为零的正态分布函数；

X 表示期权执行价格；

R_f 表示无风险资产的利率；

T 表示期权期限（以年表示）；

δ 表示证券预期报酬标准差，即标的资产价格的波动性。

期权定价模型成功地给出了欧式期权定价的解析表达式，为衍生金融工具的合理定价奠定了基础，同时也促进了衍生金融工具的不断创新和衍生品种的不断增加。

六、简要评析

现代国际间接投资理论主要是围绕国际证券的选择优化和金融工具的创新而展开的。尽管流派纷呈，观点不一，但与早期的国际

间接投资理论比较，其共同的特点是几乎都采用了计量统计学方法和数学模型作为分析工具，因此使理论的论证更加深入和细化。

托宾的资产选择理论第一次从投资者避免风险的行为动机出发，解释了对风险性资产和安全性资产的合理选择。虽然托宾的理论在指导现实经济的运行中具有一定局限性，但对所有经济实体（包括个人、企业、国家等）都具有启发意义。托宾的分析，事实上为股票市场作为一个信息来源对国民经济、国际经济中储蓄和投资的分配机制所起的重要作用，提供了简单而又令人信服的教学图示。为此，借鉴托宾的理论指导国际金融市场及我国金融市场健康有序地发展具有重大的现实意义。

马柯维茨的资产组合理论应用数学方法，阐明投资应该而且能够进行不同资产的最佳组合，从而为各种投资决策提供了理论原则和可实用的模型。马柯维茨的理论虽然突出了风险在资产组合中的中心地位，但在实践中如何根据风险进行合理地分散投资的问题还远未解决。这主要是因为金融证券市场是一个最变化无常的市场①，因此相对于复杂的证券市场的极多变量，其理论模型应用的可靠性不免要打很大的折扣。尽管如此，马柯维茨毕竟为投资者提供了一套资产组合的"菜单"，指导人们如何在高预期收益和高风险之间实现不同资产的完美组合。

夏普的资本资产定价理论，第一次建立了对资本资产进行定价的模型。这一定价模型为评价不同投资的风险与报酬以及对公司的股票和债券进行估价，提供了一种新的工具。该理论已被认为是金融市场现代价格理论的核心内容，对投资理论与实践都有重大影响。目前，它已成为投资者在证券市场上进行投资活动的主要工具。但这一理论也有不足之处，主要是只注意证券组合因素对资本收益的影响而忽视了其他影响因素。在现实的证券市场上，即使投

---

① 在证券市场上，每种证券的价格时刻处在波动之中，其引起的原因各自不同，因而各种证券间的相互关系也会随时改变。

资者非常理智，证券的有效组合也很难既落在资本市场线上又落在证券市场线上，这是因为投机程度和人们对未来各种事物的预期是存在很大差异的。夏普在设计理论模型时，对此显然考虑不足。

罗斯的套利定价理论也是描述证券组合中期望收益率与风险之间关系的理论。这一理论简化了资本资产定价理论的负载程序，因此是对资本资产定价理论的一大改进。罗斯的理论主要用于指导投资者如何寻找价值被低估的证券和估计每种证券受相关因素影响的程度，据此建立套利组合以获取超额利润。这一理论没有深入分析影响证券收益的具体因素，从而对正确进行套利估价构成重大的内在缺陷。

布莱克和斯克尔斯定价理论通过股票期权交易定价的数学模型，在股票价格等相关因素与股票期权价格之间建立了确定的函数关系，使股票期权的交易建立在相对明确的价值分析与价格竞争战略之上，大大促进了股票期权交易的发展和衍生金融工具的不断创新。由于布莱克—斯克尔斯期权定价模型只能对不支付红利的欧式股票期权进行定价分析，这就使得该模型对后来不断衍生的金融工具进行定价分析受到很大的限制。

第三章　国际直接投资理论

国际直接投资理论主要阐释国际直接投资产生的动因和条件。根据研究内容和适用对象的不同，国际直接投资理论分为两大流派：一是主流的国际直接投资理论，由美国为主的经济学家研究提出，主要适用于欧美的大型跨国公司；二是其他的国际直接投资理论，由日本和其他国家的经济学家研究提出，主要适用于日本和发展中国家的跨国企业。目前，国际直接投资理论尚缺乏一个统一的理论框架，因此这两个理论流派仅是从不同角度对不同类型国家国际直接投资的动因和条件进行探讨。

第一节　主流的国际直接投资理论

主流的国际直接投资理论产生于 20 世纪 60 年代。由于第二次世界大战以来美国在国际直接投资中一直居于前列，在这方面的理论研究也处于领先地位。主流的国际直接投资理论特点，主要是以美国跨国公司为研究对象，因此其理论适用也限于欧美的大型跨国公司。在主流的国际直接投资理论中，具有重要影响的主要是垄断优势论、产品生命周期理论、内部化理论和国际生产折中理论。这些理论因其研究对象和适用主体都是发达国家的跨国公司，所以主流的国际直接投资理论有时也称为跨国公司理论。

一、垄断优势理论

国际直接投资理论的研究兴起于 20 世纪 60 年代初，美国学者海默（Stephen. H. Hymer）首先提出的垄断优势论，标志着独立的国际直接投资理论开始形成。海默的垄断优势论以产业组织理论为基础，成为后来众多研究跨国公司理论的出发点。

20世纪60年代初，美国学者海默在他的博士论文《国内企业的国际经营：关于对外直接投资的研究》中提出了垄断优势论，并在1976年由麻省理工学院出版的《国内公司和国际化经营：一项国际直接投资的研究》中，较系统地提出了美国公司国际直接投资的理论。这一理论是在批判传统国际资本流动理论的基础上形成的。传统的国际资本流动理论认为：各国产品和生产要素市场是完全竞争的市场，各国生产要素的边际产值或价格由各国生产要素禀赋的相对差异决定；资本从资本供给丰裕从而利率低的国家流向资本供给稀缺从而利率高的国家；国际资本流动的原因在于各国利率的差异。海默认为传统国际资本流动理论说明的是证券资本的国际流动，它不能解释第二次世界大战后发达国家企业的国际直接投资以及与投资相联系的企业技术和管理才能的转移。这是因为：第一，一旦存在外汇风险或外汇交易的不确定性，则市场的不完全可能会改变公司的行为模式，尤其是其服务国外市场的战略。第二，海默认为国际直接投资包括各种资源的一揽子转移，如技术、管理技能、企业家精神等，而不纯粹是金融资本的移动。公司到国外生产的目的在于通过利用这些资源及对资源实施不同的组织方式以获得更大的利润。第三，海默认为国际直接投资最基本的特征是在资源的所有权或权利的转移方面不发生变化，而间接投资则是通过市场进行的交易，其行为必然涉及所有权方面的变化。因此，这两种投资方式中，资源的交易（如中间产品）和与这些交易相关的增值业务的组织模式是不同的。

在分析了间接投资理论在解释国际直接投资方面的局限性后，海默提出了"垄断优势论"。他认为，跨国公司国际直接投资应具备东道国公司所没有的垄断优势才有利可图，而跨国公司的垄断优势又源于市场的不完全性。

（一）垄断优势根源于市场的不完全竞争

海默垄断优势论的主要价值在于他从产业组织理论出发，借助微观经济理论在市场结构与公司行为方面研究的成果来分析公司从事海外生产的倾向。他认为在完全竞争的市场结构下，任何公司都拥有获取所需生产要素的平等权利，它们生产同类产品，任何公司都不具有强大的市场控制力量。所以，任何公司都不具备垄断优势，不会产生跨国公司，这样国际直接投资无利可图，也就不会发生。

在市场竞争处于不完全竞争状态时，由于存在着产品市场或要素市场的不完全性，或者存在着造成市场竞争不完全的政府行为，从而使跨国公司在国内获得了某些优势、特权而产生垄断权利，并通过扩大国内、甚至国外的生产而加以充分利用。为寻求对市场不完全竞争的解释，海默转向借助乔·贝恩（Joe. Bain）关于国内市场竞争障碍的经典文献，提出了导致市场不完全竞争的几种情况。

1. 产品市场的不完全竞争。由于公司生产的产品具有差异性，商品商标的差异、公司市场营销能力或价格联盟等形成了公司的自然垄断力，这会导致跨国公司在海外生产的垄断力量。

2. 生产要素市场的不完全竞争。跨国公司拥有的特殊管理技能，能以较低的成本在资本市场上筹集资本，同时知识产权的保护等使公司具有对生产要素市场某种程度的垄断力量。

3. 政府经济贸易政策形成的不完全竞争。各国政府所实施的贸易保护政策、积极推进区域经济一体化的努力、货币政策等会导致对某些产业、公司的倾斜，导致市场竞争的不完全。

4. 规模经济的实现使公司在市场竞争中处于较有利的地位。跨国公司利用专业化和大规模生产可以降低生产经营成本，从而使跨国公司在与东道国公司的市场竞争中处于垄断竞争的地位。

（二）垄断优势是跨国公司国际直接投资的重要原因

海默认为，跨国公司拥有的技术优势、资金优势、管理优势、原材料优势、规模经济优势等为其国际直接投资提供了必要的条件。

1. 技术优势。指跨国公司对专利、信息、无形资产、专有技术等方面拥有的优势。跨国公司拥有研究与开发新产品、新技术、新工艺的投资能力，并通过知识产权对这些技术优势加以充分保护。这种技术优势在公司间进行转换时其交易成本较高。反之，若跨国公司进行国际直接投资，通过公司内部的交易实现这种转移则其成本较低。这样既使公司的技术优势得以保护，又使公司获得了垄断利润。

2. 筹集资本的优势。跨国公司一般拥有巨额资本，同时也可凭借其资金实力、无形资产及信用等级在国内外金融市场上以较低的成本筹集大量资本，使其经营成本降低。

3. 管理技能优势。跨国公司拥有较强的公司组织与管理技能，拥有经验丰富的高级管理人员和素质良好的员工。通过国际直接投资可以使这些优势得以进一步发挥。

4. 规模经济优势。规模经济与公司生产规模、市场的垄断程度密切相关。一旦公司实现规模经济，则能降低研究与开发成本，实现对技术的垄断，防止其技术优势丧失。通过国际直接投资还可以使公司绕过东道国的贸易壁垒，同时避免在母国的经营规模扩大而与反托拉斯法相抵触。

海默以垄断优势理论解释了美国企业选择直接投资方式，而不是通过出口和技术转让方式来利用其垄断优势的原因。海默认为，美国企业从事直接投资的原因：一是东道国关税壁垒阻碍企业通过出口扩大市场，因此企业必须以直接投资方式绕过关税壁垒，维持占领并扩大市场；二是技术等资产不能像其他商品那样通过销售获得全部收益，而直接投资可以保证企业对国外经营及技术运用的控制，因此可以获得技术资产的全部收益。所以，海默认为美国企业海外直接投资应以独资经营为主要形式。

海默提出垄断优势理论之后，西方学者沿着他的思路，进一步论述跨国公司的各种垄断优势，论证跨国公司在出口、直接投资与技术转让三种方式中选择直接投资的依据。美国学者尼科波克（Knicker Bocker）沿着与海默不同的思路，对美国跨国公司国际直接投资提出了新的见解。尼科波克认为垄断优势理论不足以全面解释国际直接投资的决定因素，因而提出寡占行为理论加以补充，详尽说明了寡占反应行为与企业国际直接投资行为的关系及影响寡占行为的种种因素。他认为第二次世界大战后美国企业国际直接投资主要是由寡占行业几家寡头公司进行的。所谓寡占是指，由少数国家大企业组成，或者几家大企业占统治地位的行业或市场结构。在这种行业或市场中，每一家大企业都占有举足轻重的地位，它们的任何行动都会影响到其他几家企业，因此在寡占市场结构中，寡头企业的行为具有相互依赖性，寡占反应即指这种行为。其目的在于抵消竞争对手首先采取行动所得到的好处，避免对方的行动给自己带来的风险，保持彼此之间的力量均衡。尼科波克的理论被称为"寡占反应论"。而日本学者阿哈罗奈提出生产和技术因素也是促使国际直接投资产生的原因，他认为跨国公司国际直接投资是源于公司内部或外部一系列刺激因素引发的投资机会。这些刺激因素包括战略因素、公司拥有的技术优势、分摊研究与开发（R&D）巨额成本的需要、公司在国内外市场的竞争以及东道国的贸易政策等。

二、产品生命周期理论

美国哈佛大学教授维农（R. Vernon）1966 年提出了产品生命周期理论。他在 1974 年出版的《经济分析与跨国公司》一书中，发表了一篇题为"经济活动的区位"的文章，对这一理论作了修正。1979 年，他又在《哈佛经济学·统计周报》上发表题为"一个新的国际环境下产品生命周期假说"的文章，进一步完善了该理论。这一理论的核心观点就是利用产品生命周期的变化，来解释美国企业第二次世界大战后国际直接投资的动机、时机和区位选择。

一般来说，产品生命周期是产品市场运动的普遍现象。当企业在市场上推出一种新产品时，该产品的生命周期就开始了。产品生命周期可分为产品创新、成长与标准化三个阶段。维农认为，企业实施国际直接投资是企业在产品周期运动中，对生产条件和竞争条件变动而作出的决策。

（一）产品创新阶段

这一阶段生产一般集中在国内进行，因为这时产品尚未标准化，产品需要不断改进设计从而适应消费者的需求与偏好。产品所需的生产要素投入和加工工艺及规格的变化也很大，企业需要同供应商甚至竞争对手保持联系，以便迅速了解市场动态，距离市场越近，通讯成本也就越低，这些原因导致生产集中在国内进行。而且此时企业的产品差别程度较高，需求弹性低，产品成本不是企业最关心的因素。美国拥有世界上最多的科学家、技术人才和专利，加之人均收入水平较高，因此美国往往成为新产品的主要研发国。这一阶段，美国的跨国企业拥有一定的垄断优势，主要以国内市场的高收入阶层为销售对象，同时也将产品出口到需求水平与经济结构都与美国相似的较发达国家。这一阶段，一般不会出现企业的国际直接投资行为。

（二）产品成长阶段

这一阶段国内外需求增加，产品趋于标准化，消费者能从不同商标、型号的同类产品中进行价格和质量上的选择，产品的需求弹性增加。对企业来说，成本和价格问题变得日益重要。企业主要是通过增加投资来扩大生产规模，以有效降低生产成本取得规模效益。此时，由于替代品、仿制品增多，企业的垄断地位被削弱，在国内市场趋于饱和时，企业将日益重视国外市场。由于出口贸易中的运输能力以及关税壁垒的限制，迫使企业考虑对一些高收入国家投资，直接进入这些国家市场。因此，选择国际直接投资，即到国外建立子公司就地生产和就地销售，就成为保证企业经济利益的最佳途径。

（三）产品标准化阶段

这一阶段产品的生产技术、规模与式样等都已完全标准化，企业的垄断或寡占地位已不复存在，企业之间的竞争基础是价格和成本。这时企业最关心的是寻找成本低的产品生产区位，于是劳动力成本低的发展中国家便成为跨国公司选择的最佳生产区位。维农认为，那些生产过程需要大量劳动投入，对外部条件依赖较小，产品需求弹性高的标准化产品最有可能转移到发展中国家生产。为此，在这一阶段发达国家的跨国公司对发展中国家投资，并从发展中国家进口部分该产品供国内消费。

在上述产品生命周期中，跨国公司实施国际直接投资发生在第二阶段（在其他发达国家）和第三阶段（在发展中国家）。按照维农的理论，国际直接投资的跨国公司一般都拥有技术和产品垄断优势。这种优势是当地企业所没有的，或许也不能在市场上买到。它们对外直接投资往往是在出口受到阻碍或出口难以满足当地市场才会出现，其目的是为了保护并充分利用其垄断优势，以谋取利润最大化。该理论还力图对美国企业第二次世界大战后出口和投资格局及流向进行统一的解释，并认为第二次世界大战后美国企业出口与投资是在产品生命周期不同阶段上作出的选择，以此解释了第二次世界大战后美国制造业在西欧大量投资的原因。但是，这一理论并未解释发达国家之间的相互投资，同时也不能解释当代跨国公司的国际直接投资行为。因为当代众多跨国公司是从全球战略出发，在世界各地建立了生产和销售网络，各子公司可以根据当地市场需求研制不同的新产品，这种新产品的研制不一定非在母国。另外，由于科技迅速发展，产品更新换代加速，产品生命周期缩短，使得产品生命周期的三个阶段并非依次在最发达国家、较发达国家和发展中国家进行。许多跨国公司往往根据世界各地的技术条件和专业分工来统一安排国内外的投资和生产。另外，产品生命周期理论只适于说明企业最初作为一个投资者进入国外市场的情况，但不能说明跨国公司的投资行为，因为跨国公司的全球国际生产体系形成之后并不遵循产品周期的模式。例如，企业对国外原材料产品的投资以及非出口替代的投资就与产品周期无关。因此，20 世纪 70 年代维农教授修正了他的理论，将产品周期重新定义为以创新为基础的寡占、成熟的寡占以及老化的寡占三个阶段。在这三个阶段中，跨国公司将依据不同的进入障碍来建立和维护寡占地位，不同的进入障碍对跨国公司的生产区位选择具有重要意义。

三、内部化理论

内部化理论是目前解释国际直接投资动因的一种比较流行的理论。内部化理论是英国里丁大学学者巴克利（Peter J. Buckley）和卡森（M. Casson）在 1978 年出版的《跨国公司的未来》一书中首次提出。加拿大学者拉格曼（Alan M. Rugmen）于 1981 年出版《跨国公司内幕》一书，进一步发展了这一理论。内部化理论形成之时，正是跨国公司在世界范围内广泛组织其国际分工与生产之日。该理论的出发点是解释跨国公司为什么不利用既存的世界市场实现国际分工，而是通过国际直接投资建立企业内部市场，通过企业内部贸易来协调公司的国际分工。这一理论的思想渊源可以追溯到"科斯定理"。美国学者罗纳德·科斯（R. H. Coase）1937 年在《企业的性质》一文中提出了内部化理论的雏形。他的基本观点是：市场机制的运行是有成本的，这种成本就是交易成本。当企业在内部组织交易的成本低于通过市场交易的交易成本时，企业就会倾向于内部化交易，第二次世界大战后，西方的一些学者将科斯的理论直接导入国际直接投资理论，用以解释国际直接投资的动因。内部化理论研究了世界市场的不完全性以及跨国公司的性质，并由此解释了跨国公司国际直接投资的动机及决定因素，其核心是市场的不完全性及不同企业行为的交易成本。该理论的要点如下。

（一）内部化理论中的市场不完全与内部化的动机

内部化理论的市场不完全是指，由于某些市场失效以及由于某些产品的特殊性质或垄断势力的存在，导致企业市场交易成本增加。这个解释实际上是沿用了美国学者科斯的观点。科斯在他1937 年发表的《企业的性质》一文中曾经指出，由于市场失效、市场不完全导致企业交易成本增加，企业可以组织内部交易来减少市场交易成本。借用这一理论，内部化理论认为，知识等中间产品市场具有不完全性，中间产品包括半成品以及各种技术、专利、管理技能等知识市场信息，知识产品的市场交易成本非常高，因此阻碍了国际贸易的发展和运行。跨国公司对知识产品要控制在企业内部使用，以减少较高的市场交易成本，这就是公司通过国际直接投资演变为跨国公司的原因。

（二）内部化的收益与成本

交易内部化的目的是为了取得内部化本身的收益。但内部化过程也会使企业的成本增加。因此，只有在内部化的边际收益大于边际成本时，内部化才会变为现实，跨国公司才会产生。内部化的收益主要有：统一协调不同生产阶段的长期供需关系获得的收益；利用差别价格维持其在中间产品市场上的市场势力获得的收益；消除双边垄断的不确定性带来的收益；实行内部划拨价格，可以逃避税负、转移资金、回避干预等。内部化的成本包括：资源成本，即企业不能达到最优经营规模的潜在损失；通讯成本；国际风险成本，即在东道国可能发生的损失等。根据内部化理论，以下四个要素促成了内部化：第一，行业特殊要素，即产品的特性、外部市场结构和规模经济；第二，地区特殊要素，即地理上的距离和文化差异；第三，国家特殊要素，即政治和金融因素；第四，企业特殊要素，即专门管理知识。在这四种因素中，最重要的是包括知识要素在内的行业特殊要素。因为在生产过程中，排除外部市场对中间产品供求引起的需求波动，克服中间产品的市场不完整性，其有效的解决办法就是实现交易内部化。

内部化理论有助于说明各种类型跨国公司形成的基础。例如，知识产品市场内部化形成了研究与发展同生产与销售一体化的跨国公司，原料加工及提炼等多阶段生产过程的内部化形成垂直一体化的跨国公司。内部化理论还解释了跨国公司在出口、直接投资与技术转让这三种方式之间选择的依据：在这三种方式中，国际直接投资占主要地位，原因在于国际直接投资可使跨国公司在世界范围利用其技术优势维持技术垄断，从而获得最大利润。出口方式由于关税壁垒等存在而不宜采取。技术转让则使公司面临技术扩散的危险，仅当技术进入技术生命周期的最后阶段才可实行。

内部化理论对跨国公司国际直接投资的动机提出了一种综合性的解释，因此被认为是跨国公司的一般理论，而其他跨国公司理论仅仅是从产品或要素市场的某些方面来分析和解释跨国公司国际直接投资的决定因素。但是，内部化理论仅仅是从技术经济角度来说明跨国公司国际直接投资的决定因素，而未能考虑到世界经济现存结构中非生产要素或非经济要素的影响。

四、国际生产折中理论

国际生产折中理论是国际直接投资研究领域中最有影响的理论。这一理论试图对跨国公司的整个国际经济活动，诸如出口贸易、技术转让和国际直接投资作出统一的解释，而不仅局限于对跨国公司从事国际生产这一问题的讨论，因此该理论属于跨国公司理论中的综合理论。

（一）静态理论

邓宁（John. H. Dunning），英国里丁大学经济学教授，曾任联合国跨国公司研究中心主任、顾问，后为联合国贸发会议跨国公司与投资司顾问。1976 年他发表了"贸易、经济活动的区位与多国公司：折中理论的探索"一文，提出了国际生产折中理论。在此以前的国际生产理论可以分为以下三种类型：第一，工业组织理论，研究跨国企业为什么能够进行海外生产；第二，厂商理论，说明厂商如何由单一国家的企业发展为多国企业；第三，区位理论，研究跨国企业如何选择投资场所。这三种理论只对国际生产作出部分解释，没有把国际生产、贸易和资源转让联系起来。邓宁把上述理论结合起来形成一种新的理论，因此又叫国际生产折中理论。

1997 年，邓宁在《新全球主义与发展中国家》一书中较全面地分析了跨国公司进行国际直接投资的动机、区位选择及组织形式，并较好地将科斯的"公司理论"、俄林的"区位贸易理论"、产业组织理论相结合，提出了跨国公司进行国际化经营的三项特定优势，综合解释了国际直接投资、商品出口、技术转让等行为。这三项特定优势是：

1. 特定所有权优势

特定所有权优势（The specific ownership advantage）是指一国企业能获得或拥有外国企业所没有或无法获得的资产及其所有权。它主要包括两大类：一是对有价值资产的拥有或独占，即资产性所有权优势（Asset ownership Advantage）。例如公司对某些原材料的垄断、对先进生产技术的独占等。二是跨国公司拥有的无形资产，诸如技术和信息、管理、营销和企业家精神以及进入中间和最终产品市场的渠道，即交易性所有权优势（Transactional ownership Advantage）。这些特定所有权优势表现为：

（1）公司规模、商誉、商品多样化程度、生产过程多样化程度、获取利润能力、市场垄断力、公司拥有的生产要素及其运用充分与否的程度；

（2）公司拥有的技术、商标、无形资产；

（3）生产的管理、组织、市场、研究与开发能力、人力资源等；

（4）各种投入品的收益及成本；

（5）公司市场营销能力；

（6）政府鼓励与限制方面的政策法规；

（7）跨国公司的母公司与子公司、子公司与子公司之间共同采购商品、服务的程度；

（8）跨国公司在东道国当地化的程度；

（9）对不同国家和地区市场差异的利用能力；

（10）跨国公司分散风险的能力。

2. 内部化优势

内部化优势（The Internalization Advantage）是指企业在通过国际直接投资将其资产或所有权优势内部化过程中所拥有的优势。它主要包括：

（1）可以避免寻找贸易伙伴和谈判的费用；

（2）可以避免行使资产权利的费用；

（3）可以避免投入品（包括原材料、技术）买方的不确定性带来的风险；

（4）市场不允许价格歧视的存在；

（5）卖方需要确保中间产品或最终产品的品质；

（6）通过外部规模经济或经济方面的相互依存而减少风险；

（7）在跨国公司内部弥补外部交易市场中缺乏的交易标的物；

（8）可回避或利用政府的干预，如政府的经贸政策；

（9）控制供应和流入品的销售条件；

（10）可控制市场销路（包括竞争对手可使用的）；

（11）能够运用交叉补贴、暴利定价、转移定价、竞争性或反竞争性策略等。

3. 区位特定优势

区位特定优势（The specific location advantage）是指在进行投资区位要素选择上是否具有优势。它主要包括：

（1）自然条件优势，主要包括东道国的自然资源禀赋、劳动力资源、地理条件、气候等优势；

（2）经济条件，主要包括东道国的经济发展水平、产业结构、经济发展速度、投入品的价格与品质、运输与保险费、政府经济政策等；

（3）社会与制度因素，主要涉及东道国的经济开放度、对外资政策及连续性、政治稳定性、文化习俗、宗教信仰及文化差异等。

国际生产折中理论如果用一个简单的公式来概括就是：国际直

接投资的决定＝所有权优势＋内部化优势＋区位优势。邓宁认为，在以上等式右边的三大因素中，前两项是决定一个企业能否对外投资的因素，即国际投资动力因素，而后一项即区位优势则是国际投资引力因素。

邓宁还认为，所有权优势、内部化优势和区位优势的组合，不仅可以解释国际直接投资，而且可以解释一国企业对从事国际经济活动途径所作的选择。三种不同优势的组合，决定了企业究竟是选择直接投资，还是选择出口贸易或非股权安排（如许可转让贸易、技术服务协议等）的途径进入国际市场。对直接投资而言，要求企业拥有所有权优势、内部化优势和区位优势；对出口贸易而言，只需要拥有所有权优势和内部化优势，因为出口商品只在国内生产，无需对国外区位禀赋进行选择；对于非股权安排而言，企业只要拥有一定的所有权优势即可。

（二）动态理论

国际直接投资有两种方式：新建（Green field）与并购（M&A）。从20世纪80年代中期开始，并购逐渐取代新建，成为FDI的主要方式。邓宁尝试着将不同的国际直接投资理论结合在一起，建立了一个更为一般和广泛适用的理论模式。因为该理论模式涉及所有权（Ownership）、区位（Location）、内部化（Internalization）三个要素，所以又被称为OLI范式。

邓宁的OLI模型概括起来就是，所有权优势、区位优势和内部化优势决定了企业国际直接投资的能力。该范式容纳了国际生产领域大多数不完全的微观和宏观理论，曾经是解释国际直接投资的通用理论。然而，随着国际环境的巨大变化，OLI范式对国际生产活动中一些新现象的分析也显示出某种程度的局限性。这主要表现在，当初此范式主要是针对新建投资而不是跨国并购提出来的。因此，要分析跨国并购的决定因素，就需要考虑并购特定的OLI要素，并将合并与并购及其各自的三种方式分开考虑，参见表3-1。

表 3－1　　　　　　　　**OLI 范式与跨国并购的内在联系**

并购类型		所有权优势	区位优势	内部化优势
横向并购	合并	双方都在规模、财务、效率及市场力量上拥有互补的"O"优势。	当两个国家公司合并其在全球的生产体系时，与标准的区位因素无关。	双方都通过内部化联合优势寻求获得规模经济。
	并购	并购方倾向于比被并购方有更强的"O"优势，或是寻求特定的新"O"优势（技术、联系等）。	如同新建投资，不同的是许多优势内含在被并购企业中。	如同新建投资，并购企业通过内部化加强其竞争位置。
纵向并购	合并	企业双方在生产链的不同工序中具有互补的"O"优势。	与新建投资相同，但也能看到类似横向合并的特征。	合并企业双方寻求获得安全、信息、财务或市场优势，以降低交易成本。
	并购	并购企业有较强的财务或管理基础，这使它们得以并购外国纵向关联企业。	同横向并购。	同新建投资一样，并购企业通过内部化加强其竞争位置。
混合并购	合并	企业双方在不相关的领域都具有"O"优势，在这些领域中，或许有范围经济，但没有技术上的补充。合并可能仅仅涉及获得融资渠道，而不是基于通常的"O"优势。	主要是市场规模、增长或资本增值的前景，不是 OLI 意义上的区位优势。	合并企业双方寻求更大的资本基础或范围经济，而不是内部化它们的"O"资产来降低交易成本。
	并购	并购方有较强的财务或管理资源，但没有通常意义上的"O"优势。	主要是市场规模和增长以及资本增值的预期，没有区位优势。	并购方寻求多样化或范围经济，但不是 OLI 意义上的内部化。

注：目前全球的跨国并购中有 2/3 是横向并购。

　　合并发生在规模与能力大致相当的企业之间，企业双方将它们的所有权优势联合内部化①，以获得协同经济、规模经济和范围经济。并购是指规模较大、更有实力或资本化更强的企业接管规模较小或实力更弱一些的企业。通过并购可以迅速获得后者的所有权资产和区位资产，并将这些资产通过内部化整合到并购企业中去。

随着国际竞争环境的不断变化，邓宁已经认识到将 OLI 范式进行修正和扩展以适应新形势需要的必要性。在最近的一些研究中，邓宁分析了近 20 年来国际直接投资三种决定因素的动态发展。

1. 所有权优势的动态发展

在 20 世纪 70 年代，企业的所有权优势主要是反映投资企业的资源和能力。到了 80 年代中期以后，越来越多的国际直接投资是通过并购方式出现的，投资的目的并不是通过外国生产开发企业现存的所有权优势，而是要获得和组织全世界的知识密集型资产，联合其他企业的优势来补充并购企业本身的竞争优势。因此，邓宁把"O"优势分成两类：静态"O"优势和动态"O"优势。静态"O"优势是指企业在某一时点上所拥有的产生收益的资源和能力；动态"O"优势是指随着时间变化企业维持和增加这种产生收益的资产的能力。这两种优势通常与特定的背景有关，例如产业或国家的特定因素，并与企业寻求获得或维持的竞争优势相联系。随着世界经济环境的变化和跨国公司活动知识性的增强，市场寻求型和资源寻求型的 FDI 相对下降，这两种 FDI 都是以投资企业的静态"O"优势为基础的。而基于拥有或获得动态"O"优势的效率寻求型和战略资产寻求型 FDI 的重要性在不断增长。

2. 区位优势的动态发展

过去认为一个国家或地区区位优势是基于不流动的自然资源和

---

① 这里的联合内部化与 OLI 范式中的内部化是不同的，OLI 范式中的内部化是所有权优势从投资企业流向新建的外国子公司，而联合内部化是合并双方企业的所有权优势同时流向合并后的联合企业。然而，两种内部化的决定因素是相同的，在某种意义上都是交易成本。

能力，而现在转变为能提供独特的和不能模仿的区位资产的能力，包括为跨国公司提供补充性所有权资产的当地企业。在跨国并购中，被并购资产及其所处的经营环境对并购企业竞争优势和竞争战略的提升程度，成为最关键的区位决定因素。而当地政府也越来越认识到，需要提供合适的经济和社会的基础设施，既为本国企业创造满足世界市场需求的"O"优势资产，同时也为外国投资者提高当地不流动性资产的动态比较优势创造条件。

3. 内部化优势的动态发展

用于解释为什么企业选择从事 FDI，而不是采用一些其他的途径。创新活动在当代全球经济中的重要性不断增加，企业到国外去获得或吸收资源及能力的需要，要求对扩展企业边界的基本原理和经济学理论进行重新评价，也要求在评价管理者的战略是否成功时，少一些短期的盈利性标准，多一些长期的资产增值标准。在动态的经济背景下，内部化优势在解释为什么企业特定的交易成本低于市场特定的交易成本时，除了应考虑现有资源和能力的利用，也要考虑如何建立这些优势资产。另外，大多数的战略伙伴关系也不能用独立交易来解释，因为合作双方存在持续的知识共享关系。联合资本经营的出现为企业之间新的组织模式提供了机会，而内部化理论只能部分地解释这种模式的机理。

在以上对三种优势的动态分析中，邓宁模型进行了扩展和补充，将跨国并购和跨国联盟等国际生产的新形式纳入到分析框架之中。邓宁认为，经过动态化和扩展后的 OLI 范式，在以经济全球化、知识密集型和联盟为基础的市场背景下，依然可以作为解释国际生产决定因素的主导分析框架。

五、简要评析

概括地说，国际直接投资理论就是要回答企业为什么要到国外去生产，企业为什么能到国外去生产以及企业到国外什么地方去生产这三个基本问题。第二次世界大战以后，西方经济学家对此进行了大量研究，对国际投资理论体系的建立、发展和完善作出了不可低估的贡献。他们从批判传统的国际贸易理论着手，摆脱了传统国际资本流动理论的束缚，从资本流通领域转向生产领域，从微观经济分析方法转向尝试利用宏观或长期的分析方法，从静态研究转向动态研究，比较客观地反映和分析了战后国际投资领域的一些现象。

垄断优势理论与产品生命周期理论反映了当时美国在国际直接投资领域独占鳌头的事实。这两种理论解释和说明了战后美国企业急剧向海外扩张的动机和原因，但由于这两种理论多以美国跨国公司为研究对象，经验的分析与描述较多而缺乏抽象的实证分析，因此其结论缺乏普遍意义，但这为后来的理论发展奠定了基础。

内部化理论是西方学者国际直接投资理论研究的一个重要转折。它解释了企业为什么要到国外进行直接投资——为了克服市场不完全给企业带来的损失；企业为什么能到国外进行直接投资——因为企业拥有独特的技术、管理知识、信息和人力资本优势。至于企业在具备上述条件后该到哪儿去投资，这一理论未能加以说明。

邓宁开创的国际生产折中理论又将国际直接投资领域的研究推进了一大步。他综合吸收了其他理论关于跨国公司国际直接投资决定因素的分析，从中归纳出三组变量，并利用这些变量解释跨国公司国际直接投资应具有的各种条件。该理论不仅分析了跨国公司国际投资的决定因素，还对跨国公司的整个国际经济活动，即国际贸易，直接投资与技术转让作出统一解释，这一点具有重要的理论意义。但是，主流的国际直接投资理论还存在着如下一些缺陷和局限性。

第一，不能解释发展中国家的国际直接投资。

首先，西方学者提出的国际直接投资理论将垄断优势和所有权优势看成是国际直接投资的决定因素，而当前许多进行国际直接投资的发展中国家大都不具有这些优势。其次，按西方国际直接投资理论，投资的流向应是从发达国家流向发展中国家或在发达国家之间交叉进行，然而现实中发展中国家在引进外资的同时，也在积极向发达国家或其他发展中国家进行投资，并且有逐渐加强的趋势。

第二，没有从世界产业结构变化来分析投资的决定因素。

长期以来，西方学者大都把寡头垄断市场结构、垄断行为及技术因素看成是国际直接投资的决定因素。国际生产折中理论中虽然引进了区位概念，但也只是考虑了东道国的环境条件，而没有从全球宏观经济角度来考虑。显然经济国际化和区域经济一体化趋势对国际投资产生的巨大影响，现有的主流理论都没有涉及。

第三，把利润最大化作为跨国公司国际直接投资的唯一目的。

现代国际直接投资的动因实际上是多方面的，利润最大化的动机显得过于单一。一方面，投资有经济上盈利的追求，另一方面也存在其他因素刺激，如以减少贸易摩擦，改善两国关系为目的的投资。

对上述主流国际直接投资理论存在的缺陷和局限性，很多经济学者已有所察觉。在新的国际经济条件下，能否建立起一种新的国际直接投资一般理论来科学分析当前各类国家国际直接投资的动机和发展状况，尤其是能对发展中国家的国际直接投资现象给予正确的解释，这是国际直接投资理论领域里面临的一项重大课题。

第二节　其他的国际直接投资理论

其他的国际直接投资理论由小岛清模型和发展中国家对外直接投资理论构成。这些理论分别对日本和发展中国家的对外直接投资作出了一定的解释，补充了主流国际直接投资理论的不足。

一、小岛清模型

小岛清模型，即比较优势理论，是由日本一桥大学教授小岛清（K. Kojima）提出来的。1978 年，小岛清在其代表作《对外直接投资》一书中系统地阐述了他的理论。20 世纪 70 年代日本经济迅速崛起，随之对外直接投资快速增长。日本的对外直接投资与美欧跨国公司相比，无论是投资动因还是投资条件都有很大的不同。小岛清认为主流的国际直接投资理论不能解释日本的对外直接投资，在对日本企业对外投资进行大量调查研究基础上，提出了符合日本国情的对外直接投资理论，该理论被称为"小岛清模型"。他详细分析和比较了日本与美国对外直接投资的不同，指出了日本对外直接投资发展的独特道路。小岛清的理论既促进了日本出口贸易的高速发展，又推动了日本对外直接投资的巨大增长。

小岛清比较优势理论的核心是：国际直接投资应该从本国已经处于或即将处于比较劣势的产业，即边际产业开始，并依次进行。所谓边际产业，不仅包括已趋于比较劣势的劳动力密集行业，还可包括某些行业中装配或生产特定部件的劳动力密集的生产工序或部门。他认为国际贸易是按既定的比较成本进行的，而国际直接投资由于按照从趋于比较劣势的行业开始的原则，因此可以扩大投资国与东道国的比较成本差距，使两类国家在直接投资中形成新的互补格局。因此，他的理论将国际贸易与国际直接投资建立在共同的综合理论基础之上。

小岛清比较优势理论的核心内容由三个基本命题、四种投资类型以及日美企业直接投资的三大差别所组成。所谓三个基本命题是指：

第一，赫克歇尔—俄林模型中的劳动与资本要素可以用劳动与经营资源来代替。经营资源是一种特殊要素，既包括有形资本也包括技术与技能等人力资本。如果两国的劳动与经营资源的比率存在差异，它们在两种商品中的密集程度也有差异，结果将导致比较成本的差异。

第二，比较利润率的差异与比较成本的差异有关。国际分工原则和比较成本或比较利润率的原则是一致的，所以以国际分工既能解释国际贸易，又能解释国际直接投资，日本的对外直接投资就是根据比较利益的原则进行的。

第三，与日本型的国际直接投资不同，美国型国际直接投资把经营资源作为一种特殊生产要素，在此基础上产生了寡头垄断性质的国际直接投资。小岛清的理论就是围绕这三个基本命题展开的。

小岛清又根据动机将日本的对外直接投资分为以下四种类型。

1. 自然资源导向型

这种类型的直接投资也是顺贸易导向的投资。投资的目的是开发国外自然资源以增加国内供应，其结果是促进制成品与初级产品生产国之间的垂直专业化分工。

2. 劳动成本导向型

由于发达国家劳动成本不断提高，发达国家往往把本国传统的劳动密集型行业转移到劳动成本低的国家，这类转移与比较优势的动态变化相一致。因此，这种类型的国际直接投资可能促进国际分工的重新调整以及劳动力丰裕国家和劳动力稀缺国家之间的贸易增长。

3. 市场导向型

一类是为避开东道国贸易壁垒的顺贸易导向投资；另一类是寡头垄断性质的国际直接投资，在美国的新兴制造业中表现尤为明显，这是逆贸易导向的投资。

4. 生产与销售国际化型

这是大型跨国公司的水平与垂直一体化所进行的直接投资，它是否属于逆贸易导向型取决于这类投资是否构成寡头垄断性质的直接投资。

小岛清还揭示了日本对外直接投资与美国对外直接投资的三大差别：一是日本投资行业以已失去或即将失去比较优势的行业为主，如自然资源的开发、纺织品和标准化零部件的生产等劳动力密集型行业；二是日本投资主体多为中小企业，一般采用合资形式；三是日本对外直接投资与其对外贸易互补，直接投资扩大了贸易，因而可称为顺贸易导向型的对外直接投资。而美国的对外直接投资集中在技术密集行业，投资主体多为这些行业中的寡头垄断企业，投资主要流向西欧等发达国家，大多采用独资形式，目的在于通过海外扩张维持其垄断地位，占领东道国市场。因而美国的对外投资违反了比较成本与比较利润率对应的原则，直接投资的结果使双方的比较成本差距缩小，不利于贸易的扩大，与贸易是替代关系，因此可称为逆贸易导向型国际直接投资。这两种类型的国际直接投资对投资国与东道国均有不同的影响：日本对外直接投资促进了投资国的产业结构调整和东道国劳动密集型行业的发展，因此对双方均产生有利的影响。美国对外直接投资对投资国将产生国际收支逆差和失业的严重后果，而且又不符合发展中国家的比较优势，对发展中国家经济的促进效应较小。后来，日本学者赤松要（Akamatsu）据此又提出"雁行形态理论"，即利用生产要素和国际转移来推进本国产业结构和贸易结构优化发展。

二、发展中国家对外直接投资理论

传统的国际直接投资理论是以发达国家大型跨国公司为研究对象的。20 世纪 80 年代以来，发展中国家对外直接投资发展迅猛。与发达国家的大型跨国公司相比，发展中国家对外直接投资的动因、条件和方式有很大的不同，从而对传统的国际直接投资理论提出了挑战并吸引许多学者对此开展研究。学术界一般认为，勒克罗（Lecraw）1977 年发表的"来自欠发达国家企业的直接投资"一文标志着发展中国家对外直接投资理论的研究开始。在 20 世纪 70 年代末至 90 年代，这方面的研究形成了小小的高潮。这一时期产生的代表性成果主要有小规模技术理论、技术地方化理论、技术创新产业升级理论、投资发展周期理论等。

（一）小规模技术理论

传统的国际直接投资理论把技术优势和规模经济作为企业对外直接投资的前提条件，但这对不具备这方面条件的发展中国家的企业对外直接投资无法作出合理的解释。美国哈佛大学教授威尔斯（Louis T. Wells）对此进行了深入研究后，于 1977 年发表了"发展中国家企业的国际化"一文，提出了小规模技术理论。1983 年他出版了《第三世界跨国公司》一书，对此理论又作了补充。

这一理论的主要内容是，发展中国家企业的技术优势与发达国家的跨国公司不同，其竞争性主要来自生产的低成本，而且这种技术优势与母国的市场结构密切相关。具体而言，发展中国家对外直接投资的相对比较优势主要体现在①：

1. 拥有为小市场需求的小规模技术

由于发展中国家收入低，制成品市场需求有限，发达国家跨国公司的大规模生产技术很难发挥作用。而发展中国家投资企业的生产技术适合小规模生产，更适应发展中国家东道国的市场需求。

2. 在民族产品的海外生产上具有优势

一个突出的例子是，华人社团在食品加工、餐饮、新闻出版等方面的需求，带动了东亚、东南亚国家和地区的海外投资。

3. 低价产品营销战略

小规模生产技术多属于实用技术，往往稍加改进就可以利用东道国的原材料进行生产，不必依赖进口；同时因技术难度不大，易于被东道国劳动者掌握。这就大大降低了生产成本，为产品低价促销战略的实施提供了成本保障。

显然，对于发展中国家的东道国而言，由于投资国与东道国在市场结构和产业结构的相似性，小规模技术以其实用价低，在对外直接投资中具有相对比较优势。这充分表明，因东道国经济发展水平的层次差异，对直接投资的需求是多层次的，发展中国家可以凭借自身的相对比较优势在特定区位开展对外直接投资。

（二）技术地方化理论

几乎在小规模技术理论产生的同期，英国经济学家拉尔（Sanjaya Lall）提出了技术地方化理论②。他在对印度跨国企业的竞争

---

① 见刘易斯·威尔斯：《第三世界跨国公司》，上海翻译出版社1986年版。

② Lall, Sanjaya (1983), The New Multinationals: The Spread of Third World Enterprises (chichester wiley).

优势和投资动因进行了深入研究之后，从另一个角度对发展中国家企业的比较优势提出了理论解释。

这一理论认为，发展中国家对外投资企业的比较优势是由以下条件决定的。

1. 易实现技术地方化

技术地方化是指发展中国家企业对发达国家的先进技术进行吸收消化和改进以适合本国的需求，技术地方化与一国要素的价格和质量密切相关。由于发展中国家投资国和东道国在经济环境的相似性，来自发展中国家投资国的技术比发达国家技术较易实现地方化。

2. 适合发展中国家东道国需求

发达国家的技术专业程度高，对生产条件要求严格，而来自发展中国家的生产技术比较实用，只要稍加改进生产的产品就可满足东道国的市场需求，技术引进成本较低。

3. 小规模生产技术具有较高的经济效益

因小规模生产技术可利用当地原材料并易于为当地人所掌握，可以大幅降低生产成本，因而比发达国家生产技术具有更高的经济效益。

4. 廉价产品在发展中国家拥有较大的市场

小规模技术生产的产品，因成本低其售价也低。虽然无法与发达国家的品牌产品相比，但由于受消费能力的限制，在发展中国家拥有较大的市场。

与小规模技术理论相比，拉尔进一步分析了发展中国家对外直接投资比较优势的产生原因。他认为发展中国家企业的技术特征虽然表现为规模小、标准技术和劳动密集型，但这种技术不是对发达国家技术的被动模仿和复制，而是包含了创新活动的吸收和改进。正是这种创新活动，给发展中国家的投资企业带来新的竞争优势。

（三）技术创新产业升级理论

20 世纪 90 年代，英国学者坎特威尔（John Cantwell）与其学生托伦惕诺（Paz E. Tolentino），在对一些新兴工业化国家对外直接投资的产业特征和地理特征进行了系统考察的基础上，提出了技术创新产业升级理论①，从另一个角度分析了发展中国家对外直接投资的条件和规律。

这一理论的主要内容是：

1. 技术创新为发展中国家对外直接投资带来竞争优势

发展中国家通过引进外资，对国外先进技术进行吸收、消化和改造创新，使之更加适合发展中国家的经济水平和市场需求，从而在对其他发展中国家投资时会带来竞争优势。

2. 发展中国家对外直接投资有助于本国产业升级

发展中国家对外直接投资在产业布局上的演变规律是从资源依赖型到技术依赖型，而在地理布局上的演变规律是从发展中国家到发达国家。这种演变有助于本国产业的转换和升级，从而形成利用外资和对外投资的良性互动，促进本国经济可持续发展。

这一理论可以由亚洲"四小龙"的经济发展得到验证。亚洲"四小龙"的经济发展与利用外资和对外投资有着密不可分的联系。从 20 世纪 60 年代起，随着日本产业结构的调整，亚洲"四小龙"通过引进日本等国的外资在本地区形成了相互依存、相互赶超的良性经济发展和国际分工机制。70 年代后，日本经济进入稳定增长时期，将劳动、资本密集型产业纷纷向亚洲"四小龙"转移，亚洲"四小龙"利用外资提高了技术水平，促进了出口主导型经济的发展，在短时间内实现了工业化，经济取得飞速发展。80 年代中期，日本产业结构又发生大调整，亚洲"四小龙"大规模吸收日本直接投资，并将吸引外资的重点逐渐从劳动密集型产业转向技术密集型产业；同时，由于本国地区成本增加、竞争力上升等原因，亚洲"四小龙"不断扩大对外投资，将劳动密集型产业和

---

① John Cantwell & Paz Estrelia Tolentino (1990), *Technological Accumulation and Third World Multinationals Discussion Paper in International Investment and Business Studies*, University of Reading.

部门转移到成本更低的国家，而在本国地区大力发展高技术、高附加值的产业。亚洲"四小龙"的这一发展过程充分显示了互动关系，从中可以看出：（1）利用外资与对外投资对本国经济增长和产业升级的作用十分重要；（2）对外投资是利用外资与经济增长发展到一定阶段的必然产物，及时进行对外投资对推动投资阶段的转化十分重要；（3）两者的互动共同推动了经济发展，并与经济发展形成良好的循环机制。

三、投资发展周期理论

这一理论是由英国经济学家邓宁（John. H. Dunning）于1982年在《国际资本流动》一书中提出的。邓宁在研究国际生产折中理论的基础上，对各国在国际直接投资中地位的变化进行了动态分析。他通过跨部门比较研究的方式，将67个国家在1967—1975年外国直接投资的流入和流出与其人均国民生产总值（GNP）进行分析，结果发现：对外直接投资与一国所处的经济阶段和发展模式密切相关。

这一理论的主要内容是：一国的投资发展过程可以划分为五个阶段，每一阶段的投资由于经济发展水平不同而具有鲜明的特征。发展中国家在工业化过程中，其投资发展仅仅经历其中的四个阶段，第五个阶段只适用于发达国家。这四个阶段的划分标准和投资特征是：

第一阶段：资源与能力基础较低，属于欠发达的国内市场，人均GNP不足400美元。这一阶段有适量的外国直接投资流入，主要集中在劳动密集型和资源密集型行业；同时，有少量的资金输出到周边国家。

第二阶段：资源与能力基础有所改进，国内市场呈上升趋势，人均GNP在400—2000美元之间。这一阶段有更多的外国直接投资流入，主要集中在中等技术和消费品行业，也有部分服务业（如旅游业）；同时对外投资开始，主要集中在劳动密集型和资源密集型行业。但净对外直接投资为负数且绝对值较大。

第三阶段：人力资本和当地创新能力变得十分重要，国内市场继续呈上升趋势，人均 GNP 在 2000—4750 美元之间。这一阶段外国直接投资不断升级，以提供更多的技术密集型产品和服务；同时，对外投资增加，主要集中在中等技术密集型行业，也有部分资本寻求型的对外投资，主要集中在技术密集型行业。净对外直接投资虽仍为负数，但是绝对值日渐缩小。

第四阶段：工业化接近成熟，国内市场相对丰富和成熟，人均 GNP 达到 4750 美元以上或在 2600—5600 美元之间[①]。这一阶段外国直接投资继续升级，主要集中在技术密集型产品和信息密集型服务业；同时，对外投资迅速上升，投资主要集中在高技术产品和服务领域，资本寻求型的对外投资继续增加。对外投资超过外资流入，净对外直接投资大于零且不断增大。

在后续研究中，邓宁又提出投资发展周期的第五阶段。在该阶段，随着该国经济的进一步发展，其净对外直接投资绝对值开始下降并逐步趋于零。上述过程，可以用图 3-1 示意如下。

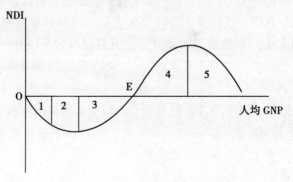

图 3-1　一国投资发展周期示意图

---

　① 第三阶段和第四阶段的人均 GNP 有交叉，因为一些同等人均 GNP 的国家在国际直接投资流入和流出的特点并不相同。例如英国和新西兰的人均 GNP 相似，但英国是国际直接投资净流出大国，而新西兰是国际直接投资净流入大国。

在图 3 – 1 中，横轴表示经济发展水平（以人均 GNP 代表）；纵轴表示净对外直接投资（NDI）；序号 1—5 分别代表投资发展周期的五个阶段；曲线则表示一国的外资流入与对外投资结构随经济水平的提高而动态演进；E 点为平衡点，表示外资流入与对外投资在数量上相等。从图中可见，在第一至第三阶段，处于净对外直接投资额为负的偏向结构；而在第四、五阶段，则转变为净对外直接投资额为正的偏向结构。

邓宁认为，经济发展水平之所以能决定对外直接投资的水平，是因为在这四个阶段中决定对外直接投资的三种优势发生了变化。其变化可概括如表 3 – 2。

表 3 – 2　　经济发展阶段与国际直接投资流入和流出的优势变化

经济发展阶段	国际直接投资流入	国际直接投资流出
第一阶段	外国企业所有权优势大 内部化优势大 境内没有区位优势	境内企业没有所有权优势 没有内部化优势 没有境外区位优势
第二阶段	外国企业所有权优势大 内部化优势减弱 境内区位优势增强	境内企业所有权优势很小 内部化优势很小 境外区位优势开始呈现
第三阶段	外国企业所有权优势减少 内部化优势增强 境内区位优势减弱	境内企业所有权优势增加 内部化优势有限 境外区位优势增加
第四阶段	外国企业所有权优势减少 内部化优势大 境内区位优势减弱	境内企业所有权优势增加 内部化优势增强 境外区位优势增强

从表 3 – 2 中可以看出，在一般情况下，一个国家的经济发展水平对它的对外直接投资有决定性的影响。根据投资发展阶段模式，当一个国家的人均 GNP 发展到一定水平后，该国的直接投资流出量和流入量将伴随人均 GNP 的增长而增长，但直接投资的净流出量增长最显著。

当然，在上述投资发展阶段演变过程中，由于各种情况的差异，投资的形式、范围、内容不尽相同，同时，各个阶段发展的周期也不是固定不变的。

四、投资诱发要素组合理论

投资诱发要素组合理论，是指任何类型对外直接投资的产生都是由直接诱发要素和间接诱发要素的组合所诱发产生的。

所谓直接诱发要素，主要是指生产要素，包括劳动力、资源、资本、技术、管理及信息知识等。由于对外直接投资本身就是上述生产要素或资源的移动，因此直接诱发要素是对外直接投资的主要诱发因素。需要指出的是，直接诱发要素既包括投资国的，也包括东道国的直接诱发要素。也就是说，如果投资国拥有某种直接诱发要素的优势，那么它们将通过对外直接投资将该要素转移出去。反过来，如果投资国没有而东道国有这种要素的优势，那么投资国可以利用东道国的这种要素进行对外直接投资，如兴办合资合营企业、在东道国筹措投资资金等。因此，我们说东道国的直接诱发要素同样也能诱发和刺激投资国的对外直接投资。

但是仅从直接诱发要素单方面来解释对外直接投资，还存在一定的局限性。因为下列几种情况无法解释：第一，如果投资国拥有某种直接诱发要素的优势（垄断优势或所有权优势），并非一定要选择对外直接投资；第二，如果投资国只在直接诱发要素方面具有相对优势，而海外投资风险也大，则不一定要在境外进行对外直接投资；第三，如果投资国本身不拥有直接诱发要素的优势或相对优势，是否就不可能对外直接投资？

看来，单纯的直接诱发要素尚不能完全解释对外直接投资的动机和行为。因此，有必要考虑引入另一组诱发对外直接投资产生的因素，这就是间接诱发要素。间接诱发要素指除直接诱发要素之外的其他诱发对外直接投资的要素，主要包括：

1. 投资国政府诱发和影响对外直接投资的因素

主要有：（1）鼓励性投资政策和法规；（2）政治稳定性及投

资国政府与东道国的协议和合作关系。

2. 东道国诱发和影响对外直接投资的因素

主要有：（1）投资硬环境状况（交通设施、通讯条件、水电及原料供应、市场规模及前景、劳动力成本）；（2）投资软环境状况（政治气候、贸易障碍、吸引外资政策、融资条件、外汇管制、法律和教育状况）；（3）东道国政府与投资国的协议与合作关系。

3. 世界性诱发和影响对外直接投资的因素

主要有：（1）经济活动国际化以及经济一体化、区域化、集团化；（2）科技革命的发展及其影响；（3）世界经济危机及经济周期性变化；（4）国际金融市场利率以及汇率波动；（5）世界性战争、灾害及不可抗力的危害；（6）国际协议及法规。

总之，对外直接投资就是建立在上述直接诱发要素和间接诱发要素的组合之上的（见图3－2）。

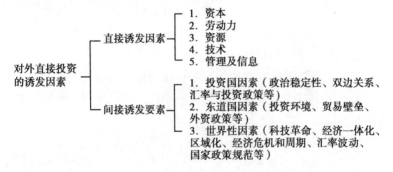

图3－2 直接诱发因素和间接诱发因素的组合

在对外直接投资的两组诱发要素中，如何具体分析和解释对外直接投资的诱因和类型以及哪组或哪种要素起主要诱因作用，就要看投资者的本身情况以及它的投资目的。发达国家的对外直接投资主要是直接诱发要素在起作用，这与它们拥有这种要素的优势有关，如资本、技术及管理知识。而发展中国家则相反，由于它们并没有直接诱发要素优势，因此在很大程度上受间接诱发要素的影响。应该注意的是，间接诱发要素在影响当代对外直接投资上已起着重要作用。

五、简要评析

国际直接投资的动因和条件由于投资国的差异存在很大的不同，其他的国际直接投资理论正是从不同方面弥补了主流理论的局限。

（一）关于比较优势理论

日本虽然是发达国家，但在投资方式上却与欧美国家相反。其原因何在？比较优势理论从国际分工和比较利益角度很好地解释了日本20世纪60—70年代对外直接投资的实践。与主流理论相比，其理论意义是：

其一，否定垄断优势在对外直接投资中的决定性作用，论证了采用适合东道国的技术进行直接投资更合理，这就较好地解释了发达国家20世纪70年代后出现的众多中小企业对外直接投资的现象，突破了主流理论仅适用于发达国家大型跨国公司的局限。

其二，首次从产业层次研究对外投资，比以前着眼于企业微观层次的国际直接投资理论其研究视野有所扩大。

其三，将国际投资理论与国际贸易理论在比较优势的基础上统一起来，提出对外直接投资与国际贸易是互相促进而不是互相替代的观点。

但是，这一理论与垄断优势理论和产品生命周期理论一样，也是立足于本国企业的研究，因此不可避免地存在很大的局限性。主要是：

第一，这一理论符合20世纪80年代以前日本大量向发展中国家直接投资的情况，却无法解释20世纪80年代以后日本大量向欧美国家投资的现象。因为随着日本企业垄断优势的加强和产业结构的变化，日本对外直接投资与欧美投资方式日益趋同。

第二，这一理论难以指导发展中国家对外直接投资。因为按照这一理论，发展中国家只能永远跟在发达国家后面调整结构而没有资格对外直接投资。显然，这与现实不符，因为越来越多的发展中国家不仅积极扩大对外直接投资，而且开始向发达国家投资。

（二）关于发展中国家对外直接投资理论

小规模技术理论、技术地方化理论和技术创新产业升级理论是专门针对发展中国家对外直接投资的研究，从而把国际直接投资理论的研究对象从发达国家扩大到发展中国家，扩大了理论的解释范围。

其中，小规模技术理论的贡献在于将投资企业的自身优势与发展中国家东道国市场特征结合起来，抛弃了只能以技术垄断优势进行对外投资的主流观点。但该理论也存在明显缺陷，威尔斯始终认为发展中国家投资企业采用的是降级技术，这会导致发展中国家在国际直接投资中被边缘化，同时也不能解释一些发展中国家高新技术企业对外直接投资的现象。与小规模技术理论相比，技术地方化理论不再认为发展中国家投资企业是被动接受发达国家的降级技术或一味模仿现有技术，而是对吸收的技术不断改造和创新以适应东道国的实际需求，从而形成向其他发展中国家投资的一种竞争优势。显然，技术地方化理论是对小规模技术理论的一种提升。技术创新产业升级理论则不仅揭示了发展中国家技术创新的途径是对引进外来技术的学习和经验积累，而且还证明发展中国家对外直接投资有助于本国的产业升级，这对发展中国家开展对外直接投资有一定的指导意义。

由于发展中国家数量众多，情况又千差万别，上述理论也仅仅是根据部分发展中国家所做的研究结果，并不能对所有发展中国家的对外直接投资作出普遍解释。比如，一些发展中国家为获得特定资源的战略性投资和对发达国家进行的直接投资，就很难用以上理论作出解释。

（三）关于投资周期理论和投资诱发要素组合理论

投资周期理论和投资诱发要素组合理论并不是专门针对发展中国家所做的研究，包容性较强，都是对国际直接投资产生条件的宏观分析。邓宁的投资周期理论首次将一国的对外直接投资与其国民生产总值联系起来，论证了一国的对外投资地位是随着其竞争优势的消长而变化，揭示了国际直接投资与经济发展的辩证关系。该理论的最大启示在于，指明了引进外资和对外投资是发展中国家发展经济和提高国际地位的重要途径。而存在的缺陷在于：一是不能单纯用人均 GNP 水平解释对外直接投资的变化，因为人均 GNP 水平相同的国家由于其他情况影响对外直接投资差异很大；二是这一理论难以解释发达国家之间的相互投资。

投资诱发要素组合理论从投资国与东道国的双方需求、双方所需条件关联角度阐释国际直接投资的决定因素，是对以往国际直接投资理论的创新。该理论强调东道国环境和国际环境对直接投资的重大影响，克服了以往理论的不足。该理论的缺陷在于，采用静态分析而忽视国际直接投资的动态发展过程，因此有一定的局限性。

第二篇

政策导向

国际投资政策是国际投资理论的应用和对投资实践的指导原则，它决定了一国参与国际投资的态度及其经济发展的成败。国际投资政策包括利用外资和对外投资两个方面的政策。本篇以中国为视角，以发展中国家与发达国家国际投资的实践和政策为对照，分析了中国双向投资政策的演变与实施，并介绍了国际投资的政策规范，以便深刻认识中国双向投资政策的产生背景、经济影响和调整方向。

第四章 国际双向投资：
来自发展中国家的政策启示

国际双向投资，即利用外资与对外投资，伴随着经济全球化的迅猛发展正在成为越来越多国家的战略选择。双向投资对于发达国家而言早已有之，但在第二次世界大战以后，一些发展中国家通过双向投资迅速摆脱贫困并实现了经济起飞。这一事实对于中国，无论是囿于封闭自守的过去，还是转向全面开放的现在，都具有重要的政策启示。

第一节 发展中国家利用外资

对世界上大多数发展中国家来说，发展本国经济所面临的首要问题便是缺乏资金。因此，要不要利用外资和怎样利用外资便成为其面临的现实选择。由于在利用外资方面的选择不同，众多发展中国家目前在经济发展水平上出现了巨大的落差：有的经济高速发展，已经步入新兴工业化国家的行列；有的经济停滞甚至倒退，最后竟沦为最不发达国家。其原因何在？下面我们对此进行分析。

一、发展中国家利用外资概况

在第二次世界大战后相当长时期，由于担心发达国家会利用国际投资进行政治颠覆，使本国经济遭到外国资本的控制，许多发展中国家对外资的进入都持怀疑甚至敌视的态度，于是对国际投资多采取限制性政策，一些国家甚至采取没收、征用等极端措施。随着世界经济的发展，发展中国家开始认识到国际投资对促进本国经济增长具有推动作用。20 世纪 60 年代后期以来，发展中国家逐渐放宽了对外国投资进入本国的限制，转而采取积极鼓励的政策。由于各发展中国家所具有的优势不同，采取的投资政策和措施亦有差别，所以在利用外资方面的进展和成效也大不相同。

（一）拉美地区

拉丁美洲发展中国家在全球利用外资最早，1950 年即达 77 亿美元。拉美国家独立较早，其基础设施和劳动力素质较高，所以外资进入也早。拉美国家在利用外资方面有两种类型：以安第斯集团①成员国为代表的国家倾向于对外资采用利用与控制并重的政策；而以巴西和阿根廷为代表的国家倾向于采用积极鼓励并对外资控制较少的政策。

20 世纪 70 年代以前，拉美国家普遍侧重于利用国际借贷资本。大举向国外借债使拉美国家背上了沉重的债务负担。80 年代初，许多国家相继爆发了债务危机，这次债务危机使这些国家认识到吸收国外直接投资比向国外借款更安全，于是纷纷转向注重吸收国外直接投资。从 20 世纪 90 年代起，流向拉丁美洲及加勒比地区的国际直接投资大幅增加。1993—1998 年均 FDI 流入达 479 亿美元；1999 年更高达 1086 亿美元，此后逐年下降，2004 年为 675 亿美元。拉美地区吸收 FDI 很不均衡，巴西、墨西哥、智利、阿根廷为拉美地区吸收国际直接投资增长较快的国家，这主要归因于这些国家的私有化计划、对投资行业的法规修订及优惠的金融条件。

从拉美地区国际直接投资的来源看，美国是该地区最大的投资者，占该地区外资流入总量的 60% 左右。美国对巴西的投资比在其他国家都多，而且仍将继续充当该国的主要投资者。加拿大的投资主要集中于拉美及加勒比地区的采矿业。

最近的有关调查表明，由于国际金融危机的影响，流向拉美和

---

① 安第斯集团为南美的一体化组织，于 1969 年 10 月成立。其成员国包括秘鲁、玻利维亚、厄瓜多尔、哥伦比亚和委内瑞拉。

加勒比地区的国际直接投资正在下降。而且从总体上看，拉美国家利用外资的效益是不高的。

（二）亚洲地区

亚洲发展中国家在利用外资方面表现突出。亚洲是发展中国家中吸收外资较为密集的地区。20 世纪 70 年代后，一些亚洲发展中经济体实行出口导向型的经济发展战略，通过大量吸收外资，取得了巨大成就。新加坡积极引进外资在本国生产，注重从国外投资中获得先进技术和管理经验。中国香港地区奉行"积极不干预"的典型自由投资政策，积极改善基础设施，为外资的进入提供优质服务。东亚各国普遍对外国投资限制较少，在税收、金融和财政信贷方面给予外资优惠待遇，且由国家积极投资完善本国的交通、能源等基础设施，引导外资投向本国重点发展的产业部门。许多亚洲国家允许外商拥有其投资企业的全部股权，消除对进口外国产品的限制，这对外资有很大吸引力。1993—1998 年亚洲地区年均 FDI 流入为 834 亿美元，以后逐年上升，2004 年增加到 1475 亿美元，占当年发展中国家 FDI 流入的 63%。亚洲地区吸收 FDI 并不均衡，引进外资前 10 位经济体（中国、中国香港地区、新加坡、韩国、印度、马来西亚、土耳其、中国台湾地区、沙特阿拉伯和越南）就占了本地区 FDI 流入的 90% 以上。从投资区域看，流入东亚、东南亚和南亚的国际直接投资增加，而流向西亚的国际直接投资变化很大。1999 年，FDI 流入西亚地区为 19 亿美元，2004 年则上升到 98 亿美元，随后又下降。其主要原因是石油开采和其他自然资源投资受国际经济形势影响很大。

从亚洲地区国际直接投资的来源看，尽管来自发达国家跨国公司的国际直接投资增长很快，但除西亚外，地区内部的相互投资也占相当比重。

（三）非洲地区

非洲国家在利用外资方面的表现较差。尽管非洲国家拥有相当丰富的自然资源，从而可以获得大量可选择的投资机会，但由于许多非洲国家投资环境恶劣，政局动荡不定，劳动力素质较低，其国际投资流入规模一直不大，处于"边缘化"地位。

1996年，流入非洲的国际直接投资达到50亿美元。2004年达到181亿美元。从投资区域看，一些自然资源丰富的国家如安哥拉、赤道几内亚、苏丹、尼日利亚、埃及和摩洛哥为非洲接受外资最多的国家。2004年，非洲占发展中国家接受的国际直接投资的份额仅为7.8%。近年来，受经济发展影响FDI流入又逐年下降。

从非洲地区国际直接投资的来源看，欧美发达国家是非洲国际直接投资的主要来源地。20世纪90年代上半期，法国和英国便占了西欧在非洲投资的88%，美国则占了发达国家对非洲直接投资的15%。现在，一些亚洲新兴经济体开始对非洲直接投资。在投资行业中，第一产业始终占有重要地位。

二、发展中国家利用外资的目标选择

从以上各地区利用外资的进展和成效来看，亚洲最好，拉美次之，非洲最差。究其原因主要在于各地区发展中国家利用外资政策的不同，而政策制定又取决于政策目标的选择。发展中国家之所以愿意接受来自国外的投资，是认为利用外资能实现它们的某些目标。然而，东道国利用外资的目标常与外国投资者投资的目标产生矛盾，从而影响到一国利用外资。为此，应使两者达到一定的相容性，从而推动利用外资规模和水平的提高。

（一）外国投资者对外直接投资的目标

总的来讲，外国投资者进行国际直接投资所希望达到的目标主要有：

1. 开拓海外市场

产品成熟期到来之后如果转移到国外生产可以延长其生命周期，同时也可以开拓海外市场。这种投资旨在维护和开拓商品的出口市场，以求占领国外市场或在国外市场上占有较大的份额。

2. 寻求自然资源

随着各国经济的发展，各国对各种原材料的需求也在不断增长，而自然资源在世界各地的分布又是不均衡的。故投资开发这些自然资源不管是满足国内市场需求，还是向第三国出口都是有利可图的。通过这种投资开发，投资者不仅可以节约生产和经营成本，更可以取得长期稳定的原料供应，从而有利于其生产发展。

3. 寻求技术与管理方法

世界各国出于种种考虑，一般都对先进的技术出口加以严格的限制。同时，某些先进的管理方法如果不是身临其境，往往很难全面地学习。有的国家投资者往往通过向他国的高新技术产业部门投资，以获取一般技术转让所得不到的先进技术和管理方法。

4. 降低劳动成本

有的国家由于国内劳动力费用高昂，谋求降低生产成本成了这一类国际投资的主要目标。通过将其在国内劳动密集的生产转移到那些劳动成本相对较低的地方，从而保持其产品的竞争力。

5. 回避市场风险

由于垄断导致的市场不完全竞争，一些企业实行生产经营国际化，即采用内部化交易，以获取竞争优势，回避市场风险。

6. 寻求国际合作

有些开发研究项目由于投资巨大，单靠一国和单个企业的力量难以实现，所以也需要进行国际合作研究。这种类型的国际投资目前在发达国家高新技术产业的跨国公司之间越来越普遍。

当然，投资者的上述投资目标往往不是孤立的，而是相互联系和相互补充的。外国投资者进行对外投资时往往怀有多个目标。

（二）发展中国家东道国利用外资的目标

一般来说，发展中国家在利用外资时所希望达到的目标主要有：

1. 促进国内产业升级

许多发展中国家由于产业结构落后，导致整体经济水平低下。

作为接受外国投资的东道国，通过制定适合本国经济发展的产业政策，将外资引导到本国优先发展的产业部门，可以使外资投入与本国经济发展战略相配合，从而带动本国的产业结构调整，使本国的整体生产能力得到提高，以促进本国产业升级换代。

2. 弥补建设资金不足

许多发展中国家资金严重缺乏，于是通过大量吸收外资来弥补国内资金不足的缺口。也有一些国家外汇严重缺乏，无力进口先进的技术和设备，也大量吸收外国投资以求增加其外汇来源，促进其经济建设。不管是哪一种类型的国家，吸引外资的目标都是为了获取更多的建设资金，而外国投资是这些国家建设资金的一个主要来源。

3. 获取先进技术与管理方法

外国投资者为了开辟市场，在东道国投资建厂生产时，往往会将一些先进的实用技术一起带来。而在当地建厂生产，外国投资者通过积极参与企业的经营管理，又会带来他们行之有效的经营管理方法。对于发展中国家而言，这些先进的技术与管理方法往往是通过其他渠道很难获得的。

4. 扩大国内就业

一些外国投资者往往将本国劳动密集型行业转移到发展中国家，以便利用当地廉价劳动力，降低生产成本。在东道国投资设厂就要大量雇佣当地劳动力，这扩大了东道国的就业机会，缓和了当地的就业压力；有些间接投资被当地政府用于生产建设，也从侧面扩大了社会就业机会。国际投资对增加当地就业机会有很大的现实意义，而那些国内就业压力大的国家，通过大量吸收国外投资也不失为缓解就业压力的一个行之有效的办法。

5. 进入国际市场

有些国家由于原来与国外经济联系较少，或者单凭本国的力量一时还难以进入国际市场，于是希望通过引进外国投资创办合营企业，利用外国投资者已有的销售渠道进入国际市场。有些国家希望通过大规模地利用外国投资将本国经济与世界经济联为一体，从而使本国在国际分工体系中的地位得到改善。

当然，和国外投资者一样，东道国所希望达到的目标也不是彼此孤立的，而是相互联系和相互补充的。

从上述分析我们可以看出，外国投资者与东道国各自所希望达到的目标有些是相容的，有些是不相容的。例如，对于外国投资者来说，在收入和成本驱使下的市场目标是其投资的首要动机，它要求当地开放市场；但对于东道国来说，获取资金、技术和管理方法才是其利用外资的首位目标。这两者之间存在着一定的矛盾，这就要求东道国与外国投资者寻求一种能在平等互利的基础之上实现各自目标的办法，也就是使两者所希望达到的目标能有一定的相容性。否则，如果双方的目标差异过大，那么对外投资和利用外资都不能实现。为了能使这两种目标具有一定的相容性，许多发展中国家纷纷改善本国的投资环境，以使外国投资者的投资动机能够在特定的环境下有条件地转化为现实。同时，在良好的投资环境下，本国利用外资所希望达到的目标也能实现。世界上许多国家在利用外资方面都采取了一系列的积极措施，以实现双方共赢，从而能够更多地利用外资为本国经济建设服务。

三、发展中国家利用外资的政策调整

从 20 世纪 90 年代以来，发展中国家对利用外资的政策作了积极调整，积极推进国际直接投资的自由化进程，减少或消除对跨国公司实施的限制，废除导致市场扭曲的贸易歧视，以吸引更多国际直接投资的流入。主要措施包括以下三个方面。

（一）放宽对外资流入的限制

1. 减少对外资进入行业的限制

发展中国家为了保护国内工业，对外国直接投资进入国内一些行业及外资公司建立一般都制定了一系列的政策法规加以限制。从某种程度上讲，任何对外国直接投资的限制都带有一定的主观性。

因为特定的政策和措施往往具有一个以上的目的和效果，而在实施中并不一定能实现其政策目标。为此，发展中国家也充分认识到消除这类限制是国际直接投资自由化的重要标志，于是开始放宽甚至取消对外国直接投资流入一些行业的限制。主要措施是：

（1）只保留少数行业限制外资流入

这些行业大多涉及国家安全、公共利益和重大的国家利益。一般这些考虑被视为国际直接投资自由化一般原则的合理例外，并且在近期也不可能会消除。以此为目标实施限制的领域较少，主要有广播、电视以及少数资源开采业。

（2）制造业及农业中出口导向型的部门对外资全面开放

一些发展中国家对以前实行国有化的部门又重新私有化，并以此吸引外国直接投资的流入。韩国政府于1993年6月发表了《开放外国人投资五年计划》，进一步向外国人开放韩国的投资市场。到1997年，韩国将禁止和限制外商投资的项目由224个减少到92个，外国人投资自由化比率由1993年的83%提高到93.4%。

（3）对服务业逐步开放

大多数发展中国家打破对服务业的保护限制，允许外商投资金融、保险、交通运输、房地产、信息服务等领域。

2. 放宽对外资所有权的控制

20世纪90年代以来，以强制拥有多数或少数股权作为限制外国直接投资进入的做法逐渐减少，目前许多发展中国家基本上允许外国公司拥有全部股权。但是，股权限制仍然是限制国际直接投资进入某些特定行业的一种手段。发展中国家对外国直接投资进入银行、保险、专业服务、通讯、航空及广播等领域往往规定股权限制或规定外国公司数目。

3. 放松对外资企业经营的限制

过去，一些发展中国家东道国在外国公司建立后，对其经营活动实施限制，其目的是为了减少外国公司从经营活动中获得的收益。这些限制主要包括：（1）对雇佣外国管理人员、技术人员或其他人员的限制，要求优先雇佣当地人员；（2）限制公司在当地获取原料和零部件供应；（3）外国公司需扩大出口、实现进口替代或鼓励当地生产；（4）东道国政府提出业绩要求（如当地成分要求）。这些要求有的是作为外资进入的前提条件实施的，有的与引进外资的激励措施相联系。现在这些发展中国家已作了相应的政策调整，大大放宽了这些方面的限制。

4. 建立各类经济特区

早在20世纪六七十年代，许多发展中经济体通过兴办特区来吸引外资。近年来又出现了"再造特区"的强劲趋势，以通过良好的基础条件、宽松的管理方式和优惠的政策措施扩大吸收外资和提高投资水平。

（二）规范投资鼓励措施

投资鼓励是政府通过影响投资的相对成本或投资风险来影响外国直接投资规模、区位或行业的措施。投资鼓励可以针对外国公司、国内公司，或二者兼而有之。如果这些鼓励只适用于外国投资者，则从一定程度上讲对本国企业构成了歧视并对市场机制造成了扭曲。目前，投资鼓励主要内容包括税收鼓励（如免税、投资补贴、税收抵免、低税率及其他的财政鼓励，如赠与、优惠的贷款利率、贷款担保、关税减让，优先获得贷款权）、非财政措施（包括提供基础设施和经营服务）。

投资鼓励的成本——效益概算是由引入的外国直接投资增量减去政府为此支付的成本。据联合国贸易与发展会议的研究表明，所有的鼓励措施并没有导致投资的有效配置。事实上，鼓励措施在吸引外国直接投资方面能否成功并且富有效率，仍是一个有广泛争议的问题。20世纪90年代以来，许多发展中国家认识到投资鼓励措施仅是吸引外国直接投资的"次优"办法，因为各东道国在提供鼓励方面普遍展开竞争，结果是鼓励措施的作用彼此抵消，并没有增加有关国家投资项目的社会经济效益，而仅提高了私人投资者的收益。所以一些发展中国家或地区开始逐渐减少对流入一般行业外资的鼓励措施，而加大了对流入高新技术产业外资的优惠。如中国台湾省已从 1991 年起实施了《促进产业升级的条例》，实行加速折旧、减税、免税以及税收缓征等一系列税收优惠政策，加大对高新技术产业税收优惠的力度。新加坡在审批外国直接投资时，对过时的技术一般不予审批，而对于新兴工业部门、生产出口产品的外资企业，从生产日期算起免征 5—10 年的所得税。韩国提出"科技立国"并从 1995 年开始扩大对战略性高技术产业的税收优惠，符合条件的公司可以享有公司税或所得税优惠，由原规定的自项目开始年度起 3 年免税以后 3 年减半征收，改为自获利年度起 5 年免税以后 3 年减半征收。

在减少对外国直接投资优惠鼓励措施的同时，许多国家都在不断地规范政策措施，引导外资企业与内资企业进行公平竞争，而把优惠措施集中于改善投资硬环境。在利用外国直接投资过程中，许多发展中国家采取了一些新的引资方式。例如，在大中型基础设施项目的建设上，如港口、铁路、机场、电站等渐渐开始应用"BOT"方式引进外资。此外，一些发展中国家的政府还对重大项目，特别是基础设施项目给予扶植，并对外国投资提供担保。如印度、菲律宾等国政府对投资该国电力工业的外国公司提供年收益率 16%—17% 的担保，这一措施极大地刺激了欧美等发达国家对这些国家的电力工业投资。目前，阿根廷、智利、巴基斯坦等国为消除经济发展的"瓶颈"，进一步加强了对电力、通讯、供排水等基础设施的引资力度，并且相继制定了一些优惠措施。

（三）改善外商投资待遇

外商投资待遇通常包括对外国投资者及其投资的待遇。发展中国家的国内立法一般规定了对外国投资者和外国投资的待遇，但各国差别较大。联合国跨国公司委员会将待遇标准分为两大类：一类是一般待遇标准，包括公平和公正待遇、国民待遇、最惠国待遇等；另一类是关于特定问题的特定待遇标准，如货币转移、国有化、征收等。

1. 国民待遇是发展中国家政策调整的目标

东道国向本国国民和外国侨民，特别是外国公司提供同等待遇，即实施国民待遇标准是外资政策自由化进程中不可缺少的一个因素。目前，发展中国家正在以下几个方面改善外国投资企业的国民待遇。

（1）对外资公司设立的限制逐渐减少。非洲国家开始对外国投资采取自由的态度，大部分国家的外资法都以鼓励与保证措施来欢迎外国投资，其"外资法典"的规定都无差别地适用于国内和外资公司，以促进国内和外国的投资，并对所有的投资提供一般保证。当外国直接投资者符合某些规定时，无论内资或外资公司、公营或私营公司，在给予投资许可、特许和便利方面没有任何区别。

（2）对外汇和资金转移的限制逐渐放松。20世纪80年代以来，许多发展中国家纷纷加入国际货币基金组织和一些区域经济组织，这些都有力地促进了发展中国家努力实现在经常项目下本币与外币的自由兑换，放宽了对资金转移的限制。不过，在一些发展中国家，为了维持国际收支平衡，防止外资大量汇出影响本国经济发展，仍对外国直接投资的利润和资本汇回保留不同程度的限制。

总之，实行国民待遇已成为发展中国家政策的重要目标。给外国投资者一定的税收优惠是发展中国家在利用外国直接投资过程中的一种普遍做法。目前，许多发展中国家的政府已意识到，利用外资成功的关键不在于给外国投资者多少优惠，而在于：第一，本国宏观经济的稳定；第二，健全的外资法律保护；第三，能否在东道国享有国民待遇。从国际税收协定角度看，外国投资者应享受与本国投资者相同的、无差别的税收待遇。因此，很多发展中国家的政府开始把对国内和国外投资者给予同等待遇作为政策调整的目标。

2. 提高法律、法规及政策的透明度

20世纪90年代以来，各发展中国家政府都尽快公布与国际直接投资政策相关的信息及财政管理措施，以保证潜在的外国投资者能得到这些信息，政府审批外国直接投资也尽可能采取"一站式"

服务，以增强审批程序的透明度并提高效率。政府设立一些机构承担着审查和促进利用外资的双重任务，并向外国投资者提供有关信息，为外国投资者的进入和经营活动提供帮助。可以说，发展中国家在国际直接投资政策的透明度方面已取得了较大进展，但少数发展中国家在这方面仍然表现较差。

第二节 发展中国家对外直接投资

20 世纪 60 年代以后，随着工业化水平的提高和资本集中度的加强，一批发展中国家也先后走上了对外直接投资的道路。目前，发展中国家和地区的对外直接投资无论是企业数量还是投资规模都已相当可观。但与发达国家相比，发展中国家的对外直接投资在许多方面都有很大的不同。

一、发展中国家对外直接投资概况

发展中国家对外直接投资的发展远远晚于发达国家，但增长速度较快。与发达国家相比，发展中国家在对外投资的动机、条件和区位选择等方面都有很大的区别。

（一）发展历程

从 20 世纪 60 年代起，拉丁美洲、亚洲一些发展中国家和地区先后开始对外直接投资。以后，其他地区的发展中国家也加入了这一行列。到 70 年代，发展中国家和地区对外直接投资的步伐明显加快。70 年代后期，由于一些石油输出国把石油美元从单纯贷款转向间接投资以至直接投资，更扩大了发展中国家对外直接投资的规模。据联合国跨国公司中心资料，在 1970—1972 年间，发展中国家和地区的年均 FDI 为 4300 万美元，到 1978—1980 年，它们的年均 FDI 增加到 6.82 亿美元。这就是说，近 10 年增加了 15 倍。

20 世纪 80 年代以后，发展中国家对外直接投资的增长速度更快。1983—1987 年期间的年均增长率为 24%，1988—1992 年期间为 16%。1983 年，联合国跨国公司中心在报告中指出，到 1980 年已有 41 个发展中国家在国外有直接投资。事实上，实际国家要超出 41 国，因为有些国家并没有向该组织提供这方面的数据。到了 1985 年，发展中国家和地区的对外直接投资总额增加到 200 亿美元，占世界对外直接投资累计总额的 3.2%。1993—1998 年的年均 FDI 达到 566 亿美元；2005 年进一步增加到 1330 亿美元。占世界 FDI 比重已由 1990 年的 7% 上升到 2004 年的 17%。目前，对外投资最大的五个发展中经济体为中国、中国香港地区、新加坡、中国台湾地区和巴西，其投资额占发展中经济体 FDI 的 71% 以上。

（二）基本特征

发展中国家和地区的对外投资是从 1960 年左右开始的。尽管历史很短，但 20 世纪 70 年代以来发展已具相当规模，成为对外投资的重要来源。发展中国家的对外直接投资与发达国家相比，具有许多不同的特点。

1. 投资额所占比重不大但增长速度较快

20 世界 60 年代起，拉丁美洲（阿根廷、委内瑞拉、墨西哥和巴西）、亚洲（中国香港、韩国、新加坡、菲律宾和中国台湾等）的一些新兴工业化国家和地区，随着工业化水平的提高和资本集中程度的加强，先后开始对外投资。70 年代后期，一些石油输出国把石油美元从单纯贷款转向间接投资和直接投资，更扩大了发展中国家对外投资的规模。据联合国跨国公司中心的统计资料表明：1970—1972 年间，发展中国家和地区年均对外直接投资额为 4300 万美元，相当于同期发达国家的 0.3%；1978—1980 年间，其年均对外直接投资额已增至 6.82 亿美元，相当于同期发达国家的 1.6%。90 年代以来，发展中国家对外直接投资额在国际直接投资总额中所占比重，尽管有些反复但总的趋势是不断提高的，从表 4-1 中的数据变化可以得到说明。

表 4 - 1　　　发展中国家和地区对外直接投资额与所占比重变化

项目 ＼ 年份	1993—1998（年均）	1999	2000	2001	2002	2003	2004	2005
对外直接投资额（亿美元）	566.0	882	1432	786	478	290	832	1330
占国际直接投资比重（%）	13.8	8.0	11.6	10.6	7.3	4.7	11.4	17

资料来源：根据联合国贸易与发展会议：《世界投资报告》（2006）数据整理。

2. 投资主体以中小企业为主，但大企业近年来开始出现

发展中国家跨国企业大多规模较小，以中小型企业为主，在国外的分支机构也少。但据统计，到 1985 年，中国台湾在境外的企业共 219 家，平均投资额 98 万美元，从国际范围看，规模较小。近年来，从事对外投资的大型企业开始出现。联合国有关机构编写的《世界投资报告》，列出了发展中国家 50 家最大跨国公司的名单，从 1993—1995 年，这 50 家公司境外资产的增长速度高达 280%，比世界 100 家大型跨国公司快 10 倍。1995 年，这 50 家公司的境外资产总额为 790 亿美元。1996 年，发展中国家有两家跨国公司进入世界 100 家大型跨国公司行列，分别列第 52 位和第 88 位。目前韩国的大型跨国公司中，已有十多家进入美国《财富》杂志公布的世界 500 家大型跨国公司之列。2005 年，发展中国家企业进入世界 500 强的已达 32 家。

3. 投资主要流向发展中国家

对外直接投资的发展中国家和地区有三类：一是石油输出国；二是新兴工业化国家和地区；三是国内市场广阔、劳动力资源丰富的大国。这些国家和地区的跨国公司对外直接投资大多投向邻近区域且技术水平较低的发展中国家和地区。如新加坡 4/5 的海外投资在东南亚，阿根廷绝大部分直接投资分布在拉美地区，中国香港的绝大部分对外直接投资是在亚洲。据汇丰银行月报显示，到 1989 年底，中国香港当局批准在亚洲各地的投资占亚洲外来投资总额的 1/4—2/7，主要集中在东南亚和中国。印度的对外直接投资有

64.1%在亚洲，另有28.8%在非洲。

4. 对外投资行业以劳动密集型和应用中间技术制造业为主

发展中国家和地区的对外投资集中在纺织、食品、服装、玩具、电子产品等劳动密集型行业。发展中国家和地区对外直接投资起步晚，并没有像西方发达国家对外直接投资初期那样从公共工程和采矿业开始，因为这些行业大多是资本密集行业，需投入巨额资金，发展中国家难以承担。中国香港在国外制造业的投资特点在发展中国家和地区对外投资中具有典型性。它主要使用劳动密集和规模较小的技术，这种技术适合于发展中东道国需要，因而受到欢迎，它在国外的投资工业部门结构就是一个很好的佐证。其投资部门结构详见表4-2。

表4-2　　中国香港在一些国家和地区直接投资的行业结构比重

投资行业	行业结构比重（%）			
	马来西亚	印度尼西亚	新加坡	中国台湾
食品	9.1	7.1	9.1	
纺织	57.9	55.3	61.0	7.3
木林加工	6.3			
化学产品	8.3	14.6	7.2	52.9
电子与电器（装配与加工）	8.3		7.5	28.8
金属制品、一般机械		13.6		5.5
其他	10.1	9.4	15.2	5.5

资料来源：根据爱德华·陈《跨国公司：技术和就业》，第174—182页数据整理。

5. 国外子公司的企业形式以合资为主

发展中国家和地区的国外子公司在股权安排上以合资经营为主，大多数国外子公司只拥有少数股权。据调查，1983年新加坡在117个海外子公司中，少数股权的合资经营企业为66个，占56.4%；多数股权的合资经营企业为19个，占16.2%；而独资子公司只有16个，仅占13.7%。发展中国家和地区之所以偏好少数股权的合资经营，主要是出于以下考虑：一是既能避免风险，又能占领市场；二是自身的竞争力还不强。近年来，随着企业实力的提高，发展中国家和地区国外子公司中独资企业的比重有所上升。如到 1989 年 9 月底，台商在中国厦门市的投资项目共 184 家，独资为 119 家，占项目总数的 68.7%。

另外发展中国家和地区在国外建立企业的时间不长，还没有大量国外利润可供再投资，因此建立海外子公司的筹资只能靠新的投入，以现汇投资为主。据台湾投资委员会的资料，1959—1979 年，台湾在其对外直接投资总额中有 62.8% 是现汇，8.5% 是原材料，27.7% 是机器设备。据韩国银行资料，1983 年韩国对外直接投资的资金中有 82% 是现汇，实物投资仅占 3.9%，其余的 14.4% 在当地筹集。这种情况在矿业的投资更为明显，其现汇投资竟高达 97.7%，没有实物投资，当地筹集的资金也仅占 3.2%。

（三）积极作用

发展中国家开展对外直接投资与发达国家相比，虽然规模不大，层次不高，但是对本国经济发展所起的积极作用已经明显地表现出来。

1. 赚取外汇和利润

联合国跨国公司中心根据国际货币基金组织资料计算指出，发展中国家（地区）对外直接投资的收益，在 1970—1972 年平均每年为 6500 万美元，到 1978—1980 年均收益已达 32700 万美元[①]。根据印度官方资料计算，1979 年印度从国外子公司汇回到本国的利润已达 1000 万美元。对照同年已投产的对外直接投资总额 3500 万美元，这是一个相当高的收入。而且这还不是它们对外直接投资的全部收入，实际总收益还要更大些，因为还要加上留在国外的利润数额。个别印度企业 1993 年的国外投资收益则还要高得多。例如，印度企业在加拿大建立了一个制造硬板的合资企业，其投资总额为 50 万卢比，到 1979 年获得的利润竟已达 500 万卢比。另据库

---

① 联合国跨国公司中心：《世界发展中的跨国公司》，1983 年纽约版，第 19 页。

玛和金 1981 年估计，韩国在国外制造业子公司预期汇回国内的利润，相当于它们的投资额的 15% 或者更高一些。

2. 保持和扩大商品出口

中国香港纺织业的公司为了避开英美的进口限制，在新加坡、马来西亚、泰国以至毛里求斯建立了子公司，由此保持了原有市场。中国台湾三家最大的电器、电子公司，在美国都设有装配厂。它们把零件从台湾运去（美国对零件并没有严格限制），在美国最后组装出售。据统计，这类零件出口占台湾该类产品对美国出口总额的 80%。阿根廷企业在欧洲也建立了一些子公司，专门组装和销售阿根廷国内制造的农业机械。至于一些发展中国家企业在国外建立的贸易（包括办事机构、推销分配网、仓库、修理站等）子公司，更是直接为其出口服务的。另外利用对外投资可以扩大资本商品的出口。1979 年，中国台湾滕特克斯纤维公司在印度尼西亚建立合资企业，总投资额为 1200 万美元，台湾公司占 30% 股份并按协定规定提供 2600 万美元的全套工厂设备，其金额相当于该公司投资额的 6 倍多①。

3. 利用过剩的生产能力

许多发展中国家由于国内市场发展的限制，某些部门往往出现生产能力过剩，而对外直接投资就成为解决问题的有效手段。例如，印度的纺织业和工程制造业生产设备常常利用不足，尤其是1965—1967 年和 1973—1974 年危机时期矛盾更突出。为了利用这些空闲的生产设备，它们就从国外直接投资找出路。1977 年，印度建立合资经营项目有一半就属于这类行业（工程 24 项，纺织 14项）②。1980 年，韩国经济出现了严重衰退，生产设备大量开工不

---

① 丁伟理等：《台湾的技术转让和直接投资》，引自［美］库玛等编：《发展中国家跨国企业》，列克星敦 1981 年版，第 112 页。

② ［印度］恩卡纳欣："印度国外合资工业企业的政治经济"，《国际组织》1982年第 1 期，第 36 页。

足。以汽车制造业为例，产品出厂率还不到40%。正是在这种形势下，现代汽车公司竭力寻求扩大海外投资，在许多国家建立了装配工厂。阿根廷、墨西哥和巴西工程制造业和建筑业在国内需求低迷时期，也是竭力通过在拉美和其他地区的直接投资来解决的。智利在厄瓜多尔投资的轧压薄钢板厂，为智利过剩的钢材找到了买主，从而保证其继续生产。

4. 获得必需的自然资源

在这方面，韩国比较典型。韩国资源贫乏，国内生产需要的100%的原油、铝、橡胶、棉花、原糖、羊毛和80%以上的铁矿石、木材均依靠进口。因此，它在这些方面的对外直接投资占1/4以上。韩国的一些胶合板公司在国外投资的主要地区是东南亚，特别是马来西亚和印度尼西亚。据统计，从1967年以来，在印度尼西亚木材业的外国投资中，韩国和菲律宾的投资占近70%。韩国的渔业投资80%投于非洲，12%投于拉丁美洲，6.5%投在北美，地区分布极广。韩国的矿业投资主要在泰国。而中国台湾的胶合板和渔业公司，在马来西亚、印度尼西亚和哥斯达黎加也有相当投资，并从中获得所需的木材、竹和鱼类。中国台湾的菠萝罐头公司则在泰国和科特迪瓦（原象牙海岸）建立菠萝种植农场，以利用当地的自然条件生产罐头、原料；中国台湾的塑料制造公司在美国的得克萨斯、路易斯安娜和德拉华州开设的一些合资公司则是为了取得制造塑料产品的合成材料。

5. 从国外获得先进技术

在发达国家投资可以获得一些不容易引进的尖端技术。例如，曾在20世纪70年代轰动一时的香港斯特腊克斯公司购买美国保罗瓦钟表子公司29%的股份，并由香港公司的人出任该子公司的董事长，就是其中突出的一例。香港微电子公司经理在购买了美国莫诺兹尔公司控制权后谈到其收购目的时说，"莫诺兹尔公司是我们通向世界的窗口。它生产高级的集成电路并从事产品设计，而我们进行装配、测试和包装工作"①。韩国企业购买了一个美国研究和开发公司以此作为一个基地，引进并发展使之适合于韩国生产条件的先进技术、工艺和产品。

6. 扩大对外经济合作

发展中国家（地区）在国外银行业的投资，有利于办理本国对外金融业务并为其对外贸易和对外直接投资筹集资金。它们在建筑、咨询等服务行业的投资，不仅有利于取得更多更有利的委托和承包，而且也促进了劳务出口。例如，韩国建筑企业在中东地区不仅拥有全套公司人马，而且到1979年已带动了6万工人劳务出口。与此同时，对外直接投资还给发展中国家（地区）的母公司及时带来了大量国外投资和市场需求的第一手信息，培养了从事国际经营活动的管理人才，这些也是在国内经营所难以得到的。

二、发展中国家对外直接投资的相对优势

一个企业到国外设立子公司，和它在国内扩大经营活动或单纯从事出口贸易相比，不仅需要各种生产追加成本（增加包括由此而引起母公司和子公司之间的通讯、管理和组织等方面的额外费用），而且还要面临国外环境（包括政治、经济、文化、语言、法律和社会环境）风险以及来自东道国各类企业（包括当地企业和其他国家在当地的企业）的激烈竞争。因此，到国外投资的企业，必须拥有足够的优势才能抵消上述的追加成本和风险并战胜竞争对手。这种优势，是发展中国家对外直接投资存在和发展的条件，也决定着其行为的基本特征。与发达国家跨国公司相比，发展中国家企业的技术管理水平落后，缺乏绝对竞争优势。但是它们到更落后的发展中国家直接投资，却具有西方发达国家跨国公司所不可比拟的相对优势，这些相对优势主要表现在：

---

① 详见《社会科学情报资料》1984年第1期，第66页。

（一）具有适应发展中国家的实用技术

与发达国家跨国公司采用的大规模、专门化、需要资本较多的设备和技术相比，发展中国家跨国企业大多采用适应发展中国家现实条件的实用技术，因而具有相对优势。其技术特点是：

1. 采用小规模生产设备。发展中国家在国外建立的生产性子公司规模一般都比发达国家小得多。例如20世纪50年代末，斯里兰卡想由外国投资建立一个轧钢厂。经了解发达国家轧钢厂的年产量高达几十万甚至上百万吨，可是斯里兰卡全年各种钢材总需求量也不超过3.5万吨。后来它与印度一家企业达成协议投资兴建了一个小型轧钢厂，就满足了钢材需要。再以纺织业为例，中国香港在境外的7个子公司的纺锭数在1万到10万之间，印度在国外的2个子公司的纺锭数是2万到3万之间，阿根廷的3个子公司的纺锭数为1万到3万之间。按发达国家的标准看这些全是小型厂，但却基本满足了发展中国家东道国的市场需求规模。

2. 采用多功能生产设备。发展中国家不可能也不需要拥有大量专门化程度很高的机器，它们往往要求一机多用或主机附件灵活转换，以便使用最少量的设备生产较多种产品，适应小规模市场的需要。例如，巴基斯坦包装有限公司的包装设备具有印刷、切割和折叠等多种功能，既可制造香烟包装又可制造糖果盒，还设计了一个专门制造纸杯的附件，后来它在菲律宾设立子公司就使用这种机器。又如，中国香港一家器具设备制造公司设计出一种金属板转动机械，可生产各种型号家用炉灶和冰箱所用的柜橱，这种生产设备也为其他发展中国家所欢迎。

3. 采用劳动密集技术。发展中国家跨国企业不像发达国家跨国公司那样趋向采用技术和资本密集型设备，而是更多地采用劳动密集型设备。因此，适合于缺乏资本和熟练劳动的发展中国家采用。印度尼西亚的官方调查表明，1967—1976年，在印度尼西亚的外国直接投资中，来自发展中国家企业的资本与劳动之比，要比发达国家的投资者的低一半多。印度尼西亚的制造业划分为14个部门，除了食品部门外，13个部门来自发展中国家的子公司都更倾向于劳动密集的技术和设备，以适应小规模的生产条件。

究竟是什么原因造成发展中国家跨国企业在技术上采用小规模、多功能、劳动密集的技术和设备，从而在与发达国家跨国公司的竞争中拥有不可忽略的优势呢？第一，这些技术开始大多是从发达国家引进的，但经过消化和长期改进，已变为适合于发展中国家的独特的技术。第二，这些技术有一部分完全是由发展中国家根据本国条件发明的，如巴西造纸业发明的用桉树短纤维制造纸张的技术、墨西哥钢铁业的海尔沙直接还原法、同时提炼原油和金属的佩梅克斯加工工艺等。

（二）充分利用东道国的设备和原料

发展中国家跨国企业强调就地取材，较多地使用当地的机器和原材料，这是它们的另一个重要优势。这与发达国家跨国公司在资本设备、中间产品、原材料方面很高的进口倾向相比，走的是两条路子。莱克劳曾在泰国对不同外资制造业公司的生产设备来源进行调查，结果见表4-3所示。从表中可见，发达国家子公司从其母国进口生产设备的比重，分别为51%（美国）、57%（欧洲）和80%（日本），加上从其他发达国家的进口，其比重高达92%、90%和90%，而使用当地生产设备的仅占8%—10%。可是，发展中国家和地区子公司从母国进口的生产设备，除了印度占45%外，其余都低于25%。同时，它们使用泰国当地生产设备的比重都达25%，这不仅比发达国家跨国公司的子公司高，而且比泰国本国企业也高得多。莱克劳收集的另一材料还表明，发达国家在泰国子公司进口的原料占其全部使用原料的76%，而来自发展中国家和地区的子公司只占39%，泰国本地企业则占65%。

表 4 – 3　　1962—1974 年泰国外资企业中使用的生产设备来源

投资国和地区	外资企业生产设备来源（%）						
	美国	欧洲	日本	印度	泰国	其他发展中国家和地区	总计
美国	51	25	16	0	8	0	100
欧洲	20	57	13	0	10	0	100
日本	6	4	80	0	10	0	100
印度	4	10	8	45	25	8	100
泰国	30	27	26	2	13	25	100
其他发展中国家和地区	7	8	30	5	25	25	100

资料转引自［美］韦尔斯著，叶刚等译：《第三世界跨国企业》，上海翻译出版公司 1986 年版，第 34 页。

发展中国家和地区对外直接投资较多采用当地机器和原料，是它们在本国长期实践经验的产物。长期以来，许多发展中国家为了开发本地资源并减少外汇支出，需要尽可能多地使用本地机器和原材料。它们在这方面已积累了经验，发明和发展了不少使用当地资源的技术。这些技术有助于使用与投资国类似的当地原材料。即使投资国企业没有使用当地原材料的技术，也可以根据过去的经验较顺利地解决当地面临的类似问题。例如，印度企业在毛里求斯的子公司就成功地研究出使用当地的珊瑚沙制造水泥的技术。

（三）采用低价营销策略

发展中国家在国外的子公司大多采用低价营销策略，以此推销其商品，维持它们在市场上的地位。发展中国家跨国企业比发达国家跨国公司产品售价低，其原因主要有：

1. 发展中国家和地区的母公司和子公司的管理系统比较简单，管理部门和工程技术部门的人员较少，尤其是这些雇员的工资要比发达国家跨国公司低得多。例如，香港在印度尼西亚的工程师工资不到美国或欧洲同类工程师的一半；印度企业被派到国外的雇员工资同其国内标准没有明显差别。

2. 发展中国家国外子公司的建筑费用较低。发达国家跨国公司国外子公司讲究形象和排场，许多建筑搬用母公司的高规格。例如，在印度尼西亚的雅加达有两家制瓶厂。一家是美国可口可乐公司的，它的建筑是美国国内中等城市的工厂规模的复制品，甚至连下层有可供参观者观看自动化制瓶设备的窗口也照搬不误。另一家则是新加坡的弗雷泽和尼夫饮料公司，工厂清洁而又坚实，虽然比较简单但适合于生产，不同的建筑规格在成本上相差极大。

3. 发展中国家国外子公司广告费和销售费用较低。莱克劳对在泰国外国企业的调查表明，来自发达国家的企业广告费和其他销售费用占其销售额的 8%；而来自发展中国家的企业广告费和其他销售费用仅占其销售额的 3%。

4. 发展中国家跨国企业使用小规模、多功能和劳动密集的技术设备，使用当地原材料等，也使它们能以较低成本从事生产。

正因为如此，发展中国家投资企业的产品往往能够以低于发达国家企业的价格在市场上销售。例如，印度在国外市场上销售的缝纫机和自行车价格要比欧洲企业的出口价格低 20%—30%，以此与发达国家跨国公司竞争。由此可见，发展中国家在国外子公司的营销策略与发达国家跨国公司有很大不同。

（四）利用海外本族人优势

某些发展中国家和地区的跨国企业还可利用海外本族人这一特殊优势。这种关系多发生在外籍中国人、外籍印度人和某些外裔拉丁美洲人中。它所涉及的地区甚广，既包括发展中国家，又包括发达国家。这种关系直接导致在较多外籍本族人居住的地区投资建立一些特有的企业。这些企业在那里投资，并不在于它们具有上述种种相对优势，而仅在于可以满足当地本族人的需求。例如，中国香港企业在澳大利亚投资开办中文报馆和中国饭馆，新加坡企业在印度尼西亚开办生产中国饼干和面条的加工厂，印度企业在英国和美国开设了许多印度饭店，等等。另一方面，这种关系还可能促进发展中国家在当地的直接投资：外籍本族人可以在投资前提供可靠的当地信息和知识；在投资时可以成为能信赖的供应者、联系企业，或者直接成为合伙人，等等。根据在菲律宾的调查资料，在外国企业开办的 12 家子公司中，有 9 家是选择本族血统的当地人为股东。在毛里求斯的调查资料中，16 家公司中有 8 家是本族血统的合伙人持有股份，其中有 7 家本族血统的合伙人占当地持有股份数的 90%。拉丁美洲也有类似情况，例如英国血统的阿根廷人经营的阿尔帕特斯公司，通过英裔巴西人的关系在巴西建立了附属企业。在阿根廷建立西亚姆·迪·特利公司的意大利移民，同智利籍的意大利血统的家族有密切关系，它们正是通过这种关系在智利建立了一批子公司。

此外，发展中国家跨国企业在国外子公司中拥有的股权一般较少，它们的母公司对国外子公司的控制不严，其国外子公司有较大的自主权，在公司体系内，母公司与子公司之间、各子公司之间分工协作也不复杂，这些灵活的做法和形式也较易为发展中国家东道国所接受。

第五章　对外投资：
发达国家的全球扩张之路

对外投资是在生产力有了重大发展的条件下，社会资本向国际资本转化的重要形式。在资本的循环与周转中，社会资本分化为商业资本、金融资本和产业资本三种功能形式。在社会资本扩大再生产的不断循环中，这三种资本形式的运动都会由地区扩展到全国，再由一国扩展到世界。商业资本和金融资本的对外扩张分别表现为国际贸易和国际金融。产业资本当仅以获取资本红利为主要目标时，表现为国际间接投资；而当以获取经营控制权为主要目标时，则表现为国际直接投资。第二次世界大战以后，发达国家利用对外直接投资建立了全球生产和经营体系，从而在世界经济中占据了主导地位。

第一节　发达国家对外投资

一、发达国家对外投资的特征

发达国家的对外投资由来已久①，与发展中国家的对外投资相比，在规模、主体、流向、行业、方式等方面均有很大的不同。发达国家对外投资（以直接投资为主）的特征是：

---

① 发达国家对外投资的发展历程，本书第一章第二节中已进行介绍，在此不再赘述。

（一）投资规模和所占比重较大

第二次世界大战以后，发达国家对外投资规模增长突飞猛进，对外投资（包括直接投资和间接投资）总额从 1945 年的 510 亿美元增加到 1978 年的 6000 亿美元。其中，对外直接投资额从 200 亿美元增加到 3693 亿美元，占对外投资的比重由 1945 年的 39.2% 上升到 1978 年的 61.6%。可见，对外直接投资增长速度更快。进入 20 世纪 80 年代，由于世界性债务危机和西方经济衰退，对外投资增长速度有所下降。进入 20 世纪 90 年代随着西方经济的复苏，对外投资增长开始回升。2000 年，仅对外直接投资额即达到 10027 亿美元。随后由于"新经济"泡沫的破灭和"9·11"事件的影响，发达国家的对外投资流量连年下降，直至 2004 年才有所回升。1993 年以来，发达国家对外直接投资规模和所占比重变化可见表 5-1 所示，从表中数据可以看出，尽管发达国家 FDI 规模变化较大，但始终在国际投资中占据主导地位。

表 5-1　　　　　　发达国家对外直接投资额和所占比重变化

	1993—1998（年均）	1999	2000	2001	2002	2003	2004	2005	2006
对外直接投资额（亿美元）	3533	10141	10027	6622	5999	5773	6374	7067	10027
占国际直接投资比重（%）	85.9	91.8	88.2	89.1	92.10	93.6	87.3	81.4	84.1

资料来源：根据联合国贸易与发展会议《世界投资报告》（2007）相关数据整理。

（二）投资主体为大型跨国公司

据联合国跨国公司中心统计，世界最大的 100 家跨国公司（不包括金融领域中的跨国公司），按其国外资产规模排列，境外资产超过了世界境外资产总额的 1/5；其境外分支机构销售额相当于世界跨国公司境外销售总额的 1/3；境外雇员占员工雇用的 14%。世界 100 家大型跨国公司中，87 家属于"大三角"（美、日、欧盟）国家的公司；这 87 家公司的境外资产占 100 家大型跨国公司境外总资产的 88%。美国对外直接投资总存量中，25 家大公司占了一半，这一比重在 40 年中几乎没有变化。属于 6 个国家的前 25 家大型跨国公司国际直接投资都超过了本国国际直接投资存量的 50%。日本虽然中小企业的对外投资较多，但那些大型综合商社或工业公司仍是其国际直接投资的中坚力量。

从跨国公司的母国结构看，第二次世界大战以来经历以美国跨国公司占主导地位逐步变为美国、欧盟、日本三极化局面。以美国《财富》杂志排名全球 500 强跨国公司为例：2005 年美国、欧盟、日本分别为 170 家、178 家和 70 家，合计占 83.6%；2007 年美国、欧盟、日本分别为 162 家、165 家和 67 家，合计占 78.8%。由此可见，跨国公司母公司集中于美国、欧盟和日本三大经济体。

（三）投资区域以发达国家相互投资为主

第二次世界大战以前，发达国家对外投资主要流向亚、非、拉殖民地和经济落后的国家。战后，其投资区域大大扩展，几乎遍及全球各国，但分布重心逐渐由发展中国家转向发达国家。进入 20 世纪 90 年代以来，发达国家之间的相互投资在国际直接投资中仍占据主流。一方面，大部分国际直接投资集中来源于美国、欧盟、日本；另一方面，三者的外国直接投资流入量也占国际直接投资外流总量的主要部分。到 2005 年，美国、欧盟、日本三巨头的国际直接投资流入量占国际直接投资外流存量的 61.4%，形成国际直接投资中"三足鼎立"的局面（可见表 5 - 2 所示）。

美国、欧盟、日本吸收国际直接投资存量及比重变化

表 5 - 2 　　　　　　　　　　　　　　　　　　　　（单位：亿美元）

	世界	美国	欧盟	日本
1980 年：存量	6160	830	1860	30
比重（%）	100	13.5	30.2	0.5
1985 年：存量	8940	1850	2370	50
比重（%）	100	20.7	26.5	0.5

续表

	世界	美国	欧盟	日本
1990 年：存量	18890	3950	7400	100
比重（%）	100	20.9	39.2	0.5
1995 年：存量	29380	5360	11310	340
比重（%）	100	18.2	38.5	1.2
2000 年：存量	63140	12390	23760	540
比重（%）	100	19.6	37.6	0.8
2005 年：存量	101290	16250	44990	1010
比重（%）	100	16.0	44.4	1.0

数据来源：1980—2000 年数据引自杨大楷《国际投资学》，上海财经大学出版社 2002 年版，第 17 页；2005 年数据根据联合国贸易与发展会议《世界投资报告》（2006）相关数据整理。

除了三巨头之外，近年来澳大利亚、加拿大和瑞士已成为重要的国际直接投资国和东道国。值得注意的是，发达国家之间的相互投资及发达国家对发展中国家的直接投资具有明显的"区域偏好"趋势：欧盟成员国在其区域内的相互投资比重远大于区域外投资；美国和加拿大的国际直接投资集中于北美自由贸易区成员国；而日本则将资金转向东南亚及南亚地区的国家。这种投资流向并非偶然，与其经济发展水平、技术水平、产业结构和消费结构相似有关。

（四）投资产业以高新技术产业和服务业并重

发达国家对外直接投资的重点，从其产生起大体经历了铁路公共工程→矿业→制造业→服务业这一过程。目前，发达国家在国外主要投资于高新技术工业部门。按美国商务部分类，属于高新技术产品的工业有十类：导弹与航天器、通讯设备和电子元件、飞机发动机与部件、办公设备与计算机、武器和附件、药品、工业用无机化学制品、专业和科技仪器、汽轮机与部件、塑料与合成材料等，发达国家的对外投资一般集中在这些生产部门。服务业主要是从

20世纪80年代开始兴起的。目前世界服务业的国际直接投资主要来自发达国家的跨国公司。据联合国贸发会议估算，1990—2002年间发达国家在服务业上的对外直接投资增长了2.99倍。近年来，在服务业中的投资热点为金融服务、研发服务和地区总部。这一变化反映了发达国家经济发展的轨迹和产业结构的调整，它将引发新一轮世界范围内的经济结构调整。

（五）直接投资方式以企业并购为主

20世纪80年代以来，兼并与收购成为发达国家对外直接投资的主要方式。据联合国有关机构的统计，1996年跨国公司兼并与收购总额增长了16%，大大高于国际直接投资增长2%的水平，达到940亿美元，相当于国际直接投资总额的47%。另一统计资料表明，1993—2001年间，跨国公司并购在国际直接投资总额中的比重已上升至81%。企业并购主要发生在欧美之间，跨大西洋交易在国际企业并购活动中占有主导地位。几年前，世界最大的飞机生产厂家波音和麦道的合并大大提高了其在大型民用飞机上的研究与制造能力，一举超过了世界上唯一竞争对手空中客车公司。近年来，世界500强企业的跨国并购不仅表现出强强联合或合并为主的特点，同时还实行行业兼并。在通信、化工、机械、电子、零售、银行等行业的世界500强企业都展开了不同程度的并购，其中又以银行业和高新技术行业的并购活动特别活跃。

（六）国外子公司的企业形式以独资为主

发达国家跨国公司在国外建立的子公司一般都强调拥有多数或全部股权。据统计，1985年美国的国外子公司中独资占62%，拥有多数股权的占20%，拥有少数股权的占18%。1987年法国的国外子公司所有权格局是：拥有90%以上股权的占59.5%，拥有50%—90%股权的占23.7%，拥有20%—50%股权的占14.5%，拥有10%—20%股权的占2.3%。日本是战后才开始发展国际直接投资的，因此在20世纪六七十年代独资和拥有多数股权的并不占优势。但到了80年代，它的国外子公司中拥有全部股权的已占

43.8%，其余为合资企业。

另外，发达国家跨国公司在国外扩大直接投资，往往不是靠本国汇出的资金，而是大量依靠国外子公司的利润再投资。以美国为例，从1950—1972年，美国在国外增加的直接投资中，由美国流出的投资资金净额为450亿美元，利润再投资为320亿美元。从1973年起，国外利润再投资金额开始超过由美国流出的投资资金净额。从1981—1989年，由美国流出的投资资金净额变成了负数（1981年为 -38亿美元，1983年为 -42亿美元，1985年为 -11亿美元，1988年为 -63亿美元，1989年为 -49亿美元，1999年为 -74.4亿美元，2000年为 -171.4亿美元，2001年为 -34.6亿美元，从2002年起对外直接投资净流量才恢复正值）[①]，国外投资增加基本上依靠利润再投资，另一部分来自公司间的债务。

二、发达国家对外投资的战略

从以上发达国家对外投资特征可以看出，对外投资是现代经济条件下发达国家实现全球扩张的重要途径，而跨国公司是主要载体。发达国家为了在世界经济中占据主导地位，必然积极推行跨国公司为中心的对外投资战略，主要分为：

（一）全球化战略

全球化战略是将全球范围的经营活动看作一个整体，把不同国家纳入国际化生产体系和价值链中，根据本国利益最大化目标安排国际分工和配置各国资源。

（二）内部化战略

内部化战略主要体现在跨国公司的内部贸易和内部价格上。通过内部贸易可以降低交易成本和技术扩散风险；而采用内部价格（转移价格）不仅可以减轻税负、规避风险，还可以增强在国际市场上的竞争力。

---

① 资料来源为联合国贸易与发展会议历年来的《世界投资报告》。

（三）研发国际化战略

随着现代科学技术的迅速发展，仅靠单个国家企业已难以完成具有战略性的重大项目研发。因此根据不同国家在人才、科研上的优势，在全球范围内建立研发中心吸引国际技术合作，以保持其在技术上的垄断地位。

（四）跨国并购或联盟战略

通过不同国家或地区企业之间的并购，可以迅速向国外扩张并借此寻求战略资产；而通过不同国家或地区大型跨国公司之间的联盟可以汇集产业内资源，从而寻求更大的产业规模和资本收益。

第二节 美国、日本、欧盟不同的 FDI 扩张模式

从上一节内容可以看出，对外投资特别是对外直接投资，是发达国家战后实现经济全球扩张的主要途径。在这一全球扩张的进程中，美国、欧盟与日本的对外直接模式又各具特点并且对世界各国的经济发展都产生了较大影响。

一、美国 FDI 扩张模式

（一）美国 FDI 的发展

第二次世界大战后，美国取代英国成为世界上最大的资本输出国，对外直接投资额从 1946 年的 72 亿美元增加到 1977 年的 1488 亿美元，增长超过了 200 倍。从第二次世界大战结束到 20 世纪 70 年代，美国对外投资占世界对外投资总额的大部分，1960 年为 71.7%，到 1970 年仍有 62.9%。这期间，美国对外直接投资主要集中在西欧与拉丁美洲，投在其他国家与地区甚微。通过巨大的资本输出，到 20 世纪 70 年代初期，西欧、加拿大等国的计算机、汽车、石油、采矿业一半以上被美国资本控制。20 世纪 80 年代后，美国对外直接投资规模又有了较大增长，1981 年为 2284 亿美元，

1982年为2215亿美元，1983年的国际直接投资总额中，美国占了40%。进入20世纪90年代，美国对外直接投资出现了很大的波动：1999年以前美国是世界上最大的投资国，但其后便被英国和法国超过。美国对外直接投资在世界中的比重也一路走低，2000年其FDI流量只占国际直接投资总额的12%，但随后便又开始增加，2004年其比重上升到31.4%（见图5-1）。

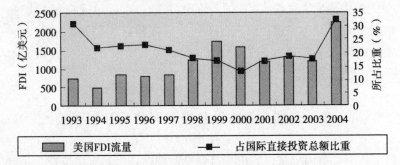

图5-1 美国FDI及占世界比重的变化（1993—2004）

资料来源：根据联合国贸易与发展会议《世界投资报告》（1994—2005）相关数据整理。

美国在第二次世界大战后的对外直接投资剧增，主要因为美国具有强大的经济实力。布雷顿森林体系确立了美国的经济霸主地位，各国需要大量美元来进行国际贸易与国际投资，这为美国对外直接投资创造了其他国家所不能比拟的条件。其他国家在第二次世界大战后的经济恢复与发展过程中急需外资，美国国内推行的鼓励资本流出、限制外资流入的政策也推动了其对外投资的繁荣。但进入20世纪80年代，由于美国、日本、欧盟之间的实力消长，美国在对外直接投资领域中"独大"的地位开始变化。一方面由于经济萧条，美国对外直接投资增长缓慢，甚至出现了停滞与负增长；另一方面，随着日本与欧洲经济的起飞，在美国的投资大幅度上升，在这种情况下，美国由债权国变成了债务国。1981年，美国对西欧的资本输出净额为-505亿美元，到1983年底又增加到-1002亿美元，同时该年度美国对日本的资本输出净额为 -9 亿美元，这是第二次世界大战以来从没有过的情况。可见，尽管美国的对外直接投资仍在以较快的速度增长，但其优势已经严重削弱，从而在根本上改变了美国作为单向资金"供给者"的地位。目前，美国是世界上最大的投资国与国际直接投资流入国。1996 年，其对外直接投资比第二位的英国多出 310 亿美元；美国接受国际直接投资比第二位的中国多出 420 亿美元。其国际直接投资流入、流出都达到了 850 亿美元左右，流入量增加了 39%，虽然流出量减少了，美国仍是发达国家中最高的。至 2004 年底，美国累计对外投资 90528 亿美元，吸收外国投资 115370 亿美元，对外投资净额为 -24842 亿美元，外国在美国拥有的资产总量高于美国在国外的资产。实际上，美国已成为一个负债近 2.5 万亿美元的国家（见图 5 -2）。

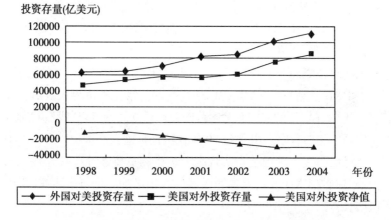

图 5 -2　美国对外投资与吸收外资对比（1998—2004）

资料来源：根据联合国贸易与发展会议《世界投资报告》（2005）相关数据整理。

（二）美国 FDI 扩张模式特征

随着知识经济的到来，全球经济面临国际分工的变迁，新一轮世界产业结构的调整不可避免。为了占领世界经济的制高点，美国 FDI 扩张模式的特征是：

1. 加速制造业向外转移

通过对外直接投资构建和扩张国际生产网络，美国加速将国内制造业向发展中国家转移。目前，国际产业转移已由产业结构的梯度转移变为增值环节的梯度转移，因此生产外包正成为制造业国际转移的新主流方式。国际生产网络的快速扩张，使产业转移的速度和范围都达到了一个新的水平。据世界银行提供的资料显示，美国制造业占美国 GDP 的比重从 1990 年的 19% 下降到 2003 年的 15%。而发展中国家通过接受制造业投资成为国际产业转移的承接地。特别是东亚地区，在 1990—2003 年间其制造业年均增长率达 10%，在世界制成品出口中的份额提高了 12%，已成为制造业国际转移的最大承接地。而在制造业中，装备制造产业正在成为新一轮国际产业转移的热点。

2. 实施研发活动国际化

研发活动（R&D）国际化，是指在投资国以外的其他国家和地区进行 R&D 投资并设立相应机构，以贴近产品消费市场并充分利用东道国的科技资源开展跨国 R&D 活动。20 世纪 30 年代，美国跨国公司的 R&D 活动只有 7% 是在国外进行的。第二次世界大战后，随着"马歇尔计划"的实施，美国跨国公司对欧洲的 R&D 投资有所增加，但规模仍然有限。20 世纪 90 年代特别是进入新世纪以来，R&D 国际化已成为美国跨国公司实现全球扩张的重要途径。其表现主要是企业对国外 R&D 投资规模和区域的大幅增加，这可由表 5-3 得以说明。

表 5-3　　　　美国跨国公司国外 R&D 投资规模和区域变化

R&D 投资区域	R&D 投资额（亿美元）					所占比重（%）	
	1994 年	1996 年	1998 年	2000 年	2002 年	1994 年	2002 年
发达国家	109.75	131.52	135.45	177.91	178.44	92.4	84.4
发展中国家	9.02	8.86	11.19	26.37	28.55	7.6	13.5
其中：中国	0.07	0.25	0.52	5.06	6.46	0.1	3.1

资料来源：根据联合国贸易与发展会议《世界投资报告》（2005）数据整理。

从表 5 - 3 中可见，美国企业从 20 世纪 90 年代以来的 R&D 投资，无论是对其他发达国家还是对发展中国家都有了明显增长，但对发展中国家的 R&D 投资增长幅度更大，故所占比重由 1994 年的 7.6% 上升至 2004 年的 13.5%，其上升部分显然是从发达国家的下降部分转移而来。其中值得注意的是，在发展中国家中，对中国的 R&D 投资尽管起点很低，但增长速度更快，这将对中国的经济发展产生深刻的影响。

3. 加大服务业对外投资

近年来，无论是发达国家还是发展中国家，服务业在国民经济中的比重都呈上升趋势。在这种趋势下，服务业也成为美国 FDI 的主要方向。在 20 世纪 70 年代初期，服务业 FDI 流量仅占国际直接投资额的 1/4，1997 年上升到 47.7%，2001 年则达到 63.3%。据联合国贸发会议统计资料表明，1990—2002 年，全球服务业 FDI 流量增长了 3.6 倍，而同一时期全球制造业 FDI 流量所占比例由 42% 降至 34%。在服务业的对外投资中，金融服务、地区总部正在成为热点。2004 年跨国并购总额中服务业比重达 63%，而服务业并购中 1/3 又集中于金融服务。同时，用于建立地区总部的 FDI 也出现了大幅增加。2004 年全球新建立地区总部超过 350 个，其中，近 60% 都设在发展中国家。由于金融服务和地区总部对构建和扩展国际生产体系和国际价值链具有重要作用，因此美国跨国公司对这方面的对外直接投资也日益增大。

总之，美国在世界经济中的霸主地位受到严峻挑战后，重新制定了对外直接投资的战略，以图改变颓势。在对外投资的行业结构上以高新技术产业和服务业为重点，同时增加了对化工、机电产品、金融保险、工业原材料生产、电脑产品更新换代的投资。在投资市场的地区结构上，保住美洲，渗透欧洲，大力开拓亚太地区，并明显增加了对亚太地区的投资。值得注意的是，美国对中国的直接投资增长最快，年增长率为 35%，显示了中国在美国 FDI 扩张中的重要地位。

二、日本 FDI 扩张模式

（一）日本 FDI 的发展

日本的对外直接投资同其经济发展的历程密不可分。从第二次世界大战后到 20 世纪 50 年代初期，日本经济经历了艰难的恢复。50 年代以后，日本逐渐走上了经济健康发展的道路，但还无力进行大规模的海外投资，整个 50 年代，日本的投资额只有 2.83 亿美元。在这一时期，日本政府也对资本外流制定了较多的限制性措施。20 世纪 50 年代是日本对外投资的起步阶段。60 年代中期以后，日本的对外贸易开始长期顺差，资本力量增强，并于 1967—1972 年先后五次实施资本自由化措施：这一方面解除了原有许多对外投资的管制性措施；另一方面制定了一系列鼓励海外投资的法令。例如，建立健全外汇贷款制度，降低进出口银行对海外投资的贷款利率以及建立海外损失基金制度等。这一时期，日本的对外投资增长很快，总额达 72.94 亿美元，这是一个重要的转折点。由于 70 年代以来日本对外贸易盈余的大量积累，国际贸易摩擦不断加剧以及日元币值不断上浮等原因，其国际直接投资比 50 年代增长 10 倍以上，总额达到约 347 亿美元。日本通过对外直接投资促进了"贸易立国"宏观经济目标的实现。80 年代后半期，在美国及西欧各国贸易保护主义日益盛行，日元不断升值的新形势下，日本将"市场开拓型"的国际投资战略调整为"国际三角经营"的战略，即在日本本国从事高科技工业的研究与开发，在亚太地区投资从事生产，在欧美投资开拓发达国家市场。据日本大藏省统计，1986 年日本在东南亚国家的投资为 135 亿美元，主要集中于化学、机械等资本密集型产业，在这些国家生产的工业制成品都是输往美国和西欧国家，由于这些产品是从东南亚国家出口的，不计算在日本出口统计项下，因而使大批日本产品在这一形式的掩护下进入欧美市场。

"国际三角经营"战略有利于日本绕过美国和欧洲各国贸易保

护主义的壁垒，使日本产品继续占有和扩大在美国及欧洲各国的市场；有利于日本产业结构的调整，使日本具有比较优势的产业部门继续发展出口贸易，同时将不具有比较优势的产业部门转移到国外，既扩大了出口贸易，又发展了对外投资；有利于把亚太地区国家纳入日本新的国际分工体系，以实现其"国际化战略"的第一步"太平洋经济圈"的设想。至此，日本已经确立了在国际直接投资中的强国地位。20 世纪 80 年代以来，日本的对外投资获得了长足发展。1980—1986 年间的对外直接投资比 70 年代翻了一番，为 194.73 亿美元。而到 1989 年又上升为 675.4 亿美元，年均增长率达 54.2%。90 年代初期，由于欧美经济持续萧条，美英两国的对外投资额都比 1989 年有大幅度下降，而日本由于经济继续增长，贸易顺差继续增加，保持了国际直接投资的增长势头，在 1990—1991 年度成为世界头号投资大国。但好景不长，从 1992 年开始，由于日本经济发展陷入了低潮，日本资本输出量也呈下降趋势。其原因主要有二：一是日本公司在本国政府刺激国内需求政策的鼓励下，从 80 年代末开始增加对日本国内的投资，因此对国外的投资相对下降；二是日本公司普遍遇到了融资困难问题。80 年代，日本一些大公司在汽车与电子产品方面进行了大规模的投资。进入 90 年代，作为日本外国直接投资的主要融资者日本银行在资本和不动产市场危机中遭受了巨大损失，被迫增加存款储备以达到国际清算银行的储备存款要求，同时缩减放款规模。这导致日本公司资金来源匮乏，不得不减少对外直接投资。

　　1993 年以来，日本对外直接投资开始回升，但年均增长速度一直低于其 FDI 高峰时期，且占发达国家 FDI 比重逐年下降。1999 年仅占发达国家 FDI 的 2.4%，到 2005 年才回升至 7% 左右，其变化可见图 5 - 3。

　　从对外投资区域看，截至 2003 年 9 月底日本的海外投资国家和地区约有 60 个，其中，北美占其当年对外直接投资额的 29.6%、欧洲占 35%、亚洲占 17.7%、中南美占 14.6%。20 世纪

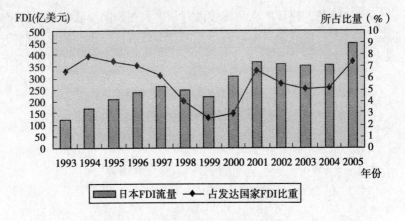

图 5 - 3 日本 FDI 及占发达国家 FDI 比重的变化（1994—2005）

资料来源：根据联合国贸易与发展会议《世界投资报告》（1994—2006）相关数据整理。

90 年代以来，尽管欧美发达国家仍是其对外投资的重点地区，但所占比重逐渐下降，而亚洲发展中国家，特别是东亚和东南亚地区所占比重不断上升。从对外投资行业看，以 2002 年为例，主要投资部门所占比重分别为制造业 40.2%、金融业 35.3%、商业 9.1%、其他服务业 4.9%。如果将两者结合起来看，对于欧美国家日本主要投资于金融、保险、商业、R&D 等非制造业，而对于发展中国家，尤其是东亚和东南亚地区则以投资制造业为主。20 世纪 80 年代以来，随着国际金融的自由化，日本在伦敦、阿姆斯特丹和美国相继建立金融子公司，购买了大量不动产并加强并购美国企业。据统计，日本的对美投资中大约有 10% 用于收买美国公司，其收买活动的范围很广，既有制造业，也包括金融、旅馆及公共娱乐设施等，同时增加研究、开发领域的直接投资。此外在美国汽车制造业投资建厂以提高对美国汽车市场占有率的同时，日本对亚洲地区的直接投资开始活跃。20 世纪 80 年代，其投资重点主要集中于亚洲"四小龙"，但随着亚洲"四小龙"逐步完成产业升级与转移和东亚及东南亚各国经济的高速增长，从 90 年代起日本对亚洲"四小龙"的投资由制造业开始转向金融等服务业，而东亚、东南亚则发展成为日本的制造业基地。

（二）日本 FDI 扩张模式特征

综上所述可以看出，为了与欧美抗衡，日本 FDI 扩张模式的特征是：

1. 以市场拓展为起点

20 世纪六七十年代，随着日本重化工业的成熟和汽车电子等新兴产业崛起，这些行业的产品大量出口，逐渐形成对欧美市场的冲击并导致了进口国的贸易限制。为了缓和与欧美国家的贸易摩擦，日本的三菱、丰田、三洋、东芝、日电等一大批企业相继在国外建立生产基地，试图通过就地生产来扩大产品在当地或第三国的销路并避免贸易摩擦。1985 年，日本对欧美发达国家的直接投资已占当年 FDI 的 59.3%（其中美国就占 42.7%），而 1978 年只占 38.1%。短短几年，日本对欧美等国在制造业上的大量投资，最主要的动机就在于绕过贸易壁垒，利用就地生产和销售来拓展市场。

2. 以扩大贸易利益和获取先进技术为导向

20 世纪 60 年代中期以前，日本是一个债务国。进入 70 年代以后，由于贸易顺差使日本的国际收支情况有了较大改观。到了 80 年代中期，日本已成为世界上最大的债权国。为了扩大来自国际贸易的收益，日本从 20 世纪 80 年代中后期开始，对欧美的金融业、保险业和不动产业大肆投资，以使贸易收益进一步增值。同时，日本对欧美一些高新技术产业的研发机构也进行投资或收购，以获得最先进的科学技术来提高国内产业的发展水平和国际竞争力。

3. 重构东亚生产网络与欧美抗衡

东亚生产网络是指由东亚各国组成的多层次、网络状的区域性生产体系。20 世纪六七十年代，东亚生产网络表现为日本企业承担研发和核心部件制造，亚洲"四小龙"进行复杂零部件制造，最后由东盟各国组装成最终产品再向第三国出口和返销日本。80年代中国实施对外开放后，日本大幅增加了对中国制造业的直接投资，从事劳动密集型的加工贸易，使中国融入东亚生产网络并逐渐成为网络中最大的制造基地。随着中国加入生产网络，日本企业开始对东亚生产网络进行重构，即日本成为研发设计中心，控制技术资源，把相对复杂的零部件外包给亚洲"四小龙"和东盟的企业生产，最后由中国对来自网络成员的半成品和零部件进行加工组装后出口。如此一来，东亚与世界市场之间的出口贸易模式由原先的"双边贸易"转化为"三角贸易"，即东亚各国先对中国出口部件，再由中国组装为成品向欧美发达国家出口（这一贸易模式转变可由表5-4说明）。显然对于日本而言，东亚生产体系的重构既可利用中国的劳动力成本优势增加产品竞争力以与欧美抗衡，还可减少与最终产品进口国的贸易摩擦。然而对于中国而言，由于处于价值链低端使产品增值能力相当有限，且汇集了东亚生产网络的大部分最终成品贴上中国标签涌向世界市场，很容易引发贸易摩擦。近年来，中国出口产品遭受日益增多的反倾销诉讼，这种特定分工体系下的"三角贸易"模式就是其中的一个主要原因。

表5-4　　　　　东亚生产网络成员出口结构变动情况

生产网络成员	对中国零部件出口额（亿美元）			对世界市场最终成品出口额（亿美元）		
	1995	2006	增长倍数	1995	2006	增长倍数
日本	50	308	6.2	680	1330	1.9
亚洲"四小龙"	142	1571	11.1	922	1207	1.3
东盟四国	1.59	100	62.9	552	760	1.4
中国	—	—	—	711	3010	4.2

注：东盟四国指印度尼西亚、马来西亚、菲律宾和泰国。

资料来源：唐海燕等："中国崛起与东亚生产网络重构"，《中国工业经济》2008年12期，第68页。

三、欧盟 FDI 扩张模式

(一) 欧盟 FDI 的发展

欧盟经历了一个由第二次世界大战后至 20 世纪 60 年代大规模吸收外来直接投资，再到 70—90 年代以来大规模对外直接投资的历史性转变。第二次世界大战后，美国对西欧六国的直接投资增长很快，从 1957 年的 17 亿美元增加到了 1970 年的 117.74 亿美元，1974 年对扩大后的欧洲经济共同体（简称欧共体）直接投资增至 312.57 亿美元。美国通过直接投资在一定程度上控制了欧共体国家一些重要的经济部门，比如 20 世纪 60 年代末，美国大公司控制了原西德计算机与精密机械制造的 85%—90%。但随着西欧经济实力的增强，一方面欧共体国家在不同程度上对来自美国的直接投资，特别是在关键部门的投资加以限制；另一方面欧共体国家开始加强对美国的直接投资。到了 80 年代末，各国对美国直接投资规模空前扩大。

进入 20 世纪 90 年代欧盟成立以后，对外直接投资规模进一步提高。1996 年即达到 14050 亿美元，占全球 FDI 的 44%，欧盟作为一个整体正在创造着国际直接投资流入、流出的世界纪录。目前，欧盟在美国的外来直接投资额中占 60%，其中英国与荷兰是最大的对美直接投资国，2005 年英国对美国的 FDI 存量即达到 2820 亿美元，德国、法国也处于前列。但各国对美国直接投资的重点不同，英荷两国侧重于制造业与第三产业，德国在商业、金融保险与不动产方面的投资占了近一半，在制造业占 2/5 以上。

除了对美国进行直接投资，欧盟国家对亚太地区的投资也逐年增加。值得注意的是，欧盟一反对发展中国家投资以劳动密集型产业为主的传统，越来越多地转向对资本与技术密集型产业投资，甚至向投资部分高技术领域投资。欧盟在中国投资集中于汽车、飞机、家用电器、通讯设备、电子器械、汽车立体声装置等高级制造业。之所以会出现这种情况，主要是日本对亚太地区的投资在先进技术方面持保守与观望的态度，这为欧盟利用亚太地区资源与市场优势，增强其在亚太市场的竞争力提供了良好的机会。

（二）欧盟 FDI 扩张模式特征

欧盟作为一个整体，是当代最大的对外直接投资主体。与美国和日本相比，欧盟 FDI 扩张模式的特征主要是：

1. FDI 主要流向区域内部

区域经济一体化是加速对外投资的重要推动力。2002 年欧元成为欧洲统一货币，2004 年爱沙尼亚等十个中东欧国家加入欧盟，都在不断提高欧洲一体化程度。在统一的法律框架下，随着区域内投资障碍的逐步消除，欧盟的 FDI 主要流向区域内部。据统计，1992 年，欧盟成员国之间的相互投资额占其 FDI 总量的 72%。1995 年以后的几年间，由于新成员的加入与原成员国需经历一段调整期，成员国之间的相互投资比例有所下降。但到了 1999 年，成员国之间的相互投资达到了 3180 亿欧元，2000 年又增加到 4360 亿欧元，占欧盟 FDI 总量的 60% 以上。当然，从欧盟内部看，其成员国的对外投资也不平衡。新入盟的十个国家中，波兰、捷克和匈牙利的 FDI 比较活跃。而原欧盟成员国中，英国、法国、卢森堡是 FDI 最多的国家，2005 年英国对外直接投资 560 亿欧元，占欧盟 FDI 总量的 37%，法国 190 亿欧元占 12%，卢森堡 160 亿欧元占 10%。可见，欧盟现阶段的 FDI 扩张是以巩固内部为主，待真正完成欧洲一体化目标后再大规模向区域外扩张。

2. 中小企业成为 FDI 扩张的重要力量

尽管欧盟的大型跨国公司在 FDI 中占据主导地位，但与美国不同的是，欧盟的众多中小企业也成为 FDI 扩张的重要力量。其原因是：

（1）社会和政府积极支持。积极肯定中小企业所起的作用，反对大公司垄断，引导和支持中小企业已成为欧洲许多国家社会和政府的共识。1969 年，英国成立"博尔顿委员会"负责调查中小企业状况，随后成立了小企业局。为了积极扶持中小企业开拓海外市场，英国外交部、贸工部和驻外使馆已经把协助中小企业与驻在国商界建立联系、筹办各类型的贸易博览会、组织经贸出访团、举办经贸研讨会列为重要的日常事务。在20世纪90年代初，欧盟委员会出台了著名的"亚洲投资计划"，此计划向中小企业提供合伙人、市场与投资方面的信息以协助中小企业经营国际化。在企业国际化的每一步过程中，"亚洲投资计划"将按具体情况提供专门措施。"亚洲投资计划"的受惠国家包括欧盟成员国、南亚、东南亚和中国。这些政策和措施，有力地推动了众多中小企业进行对外直接投资活动。

（2）特殊条件促使中小企业开展跨国经营。一是众多中小企业可以为跨国公司提供配套服务。由于生产向专业化、分散化发展，许多中小企业的跨国经营构成大型跨国公司的外延，形成了产业群落。如德国的克虏伯集团有2.5万个中小企业为其服务，拜尔化学公司则有3万个加工供货单位。二是现代科技有利于科技型中小企业国际经营。由于科学技术的发展，交通运输与通讯手段更便捷有效，技术转让更加迅速，从而为较小规模的公司国际经营提供了良好的物质条件。目前，欧盟许多从事软件行业和互联网的中小企业。三是中小企业容易适应市场变化。由于发达国家的消费向多样化、时尚化、个性化转变，规模经济已不能适应消费行为的变化，批量生产也不再是增加竞争能力和提高劳动生产率的决定因素，关键是掌握先进技术、建立柔性制造系统。因此，掌握现代技术的中小型跨国企业更容易适应这种国际市场小批量、多品种、变化快的消费趋势。

（3）具有通畅的多样化融资渠道。中小企业的跨国经营由于规模限制，一般很难在东道国就地融资。能否在本国便利地解决资金来源，已成为中小企业能否顺利进行国际经营的前提条件。在这一点上，欧洲国家除了建立政府信贷和筹集中小企业发展基金外，主要方法就是建立风险投资机制为高速发展中的中小企业提供资本。一方面，政府建立风险投资，如德国政府就曾运用风险投资扶持生物技术等高科技小企业五百多家。同时，还在市场化融资方面提供风险投资渠道，方便科技型中小企业面向市场融资，为高新科技中小企业提供股票上市、开辟资金市场等方便。另一方面，大型跨国企业纷纷建立风险投资公司，直接支持中小企业的发展。在德国，建立风险投资公司的大型跨国企业已超过美国并在不断增加。西门子、拜尔、戴姆勒—奔驰等一大批企业均拥有自己的风险投资公司。还有一些大企业联手建立风险投资公司，如德国 BASA、伯林格、曼海姆、克诺尔和格尔克等公司，共同组建了海德堡风险投资公司。

（4）投资产业有利于中小企业发挥优势。早期欧洲的中小型跨国企业几乎全部在制造业，但最近的统计表明，服务业的中小型跨国企业已经占到了欧洲全部中小型跨国企业的30%。而且服务业的中小型跨国企业的平均关联企业更多，平均每个有关联企业四家，而制造业只有三家。这是因为服务业跨国企业只有分布地域广（尤其是运输和仓储业）才能开展国际服务。从行业分布看，中小型企业的关联企业集中于经销（批发和零售）和生产资料生产。中小型跨国企业在发展中国家投资较多的行业有机械设备、纺织、化工和电器设备等，在这些行业中，中小型企业比大公司更有优势。

第六章 中国利用外资

新中国成立以来，在利用外资上走过了一段非常曲折的道路。其间，既有深刻的教训，又有辉煌的成就。本章将从历史和现实的角度对中国利用外资的概况与变化进行介绍和分析，以使我们对此有一个比较全面的认识。

第一节 中国利用外资的历程与特征

让我们先从中国利用外资的发展历程和基本特征两个方面进行介绍，以便对其概况有一个总体的了解。

一、发展历程

新中国成立以来，在利用外资方面经历了一个曲折的发展过程。新中国成立初期曾大量利用过外资，后来又经过了一段时间的停滞和徘徊，直到改革开放中国在利用外资方面才开始走上正常发展的轨道。中国在利用外资上大体经历了以下五个阶段（按照历史发展的粗线条）。

（一）起步阶段

这一阶段是从 1950—1960 年。在这一阶段，中国利用外资的主要形式是向苏联和东欧国家借款。在此期间，中国利用外资在管理上强调高度集中的计划管理，无论对从哪借款还是对借款的使用和偿还，都统一由中央政府负责。中央政府在使用这些借款时将其与国内投资一样列入国家基本建设计划，并按国家建设的一般大中型项目的管理程序由国家主管部门统一审批，将其与国内资金一样列入当年国家预算中的基本建设支出。在此期间，中央政府没有将国外借款与国内投资实行分别管理，而是由中国人民建设银行按计划统一处理拨款。当时中国采用这种有计划地利用外资的体制，是与中国当时所处的国内国际环境分不开的。那时新中国刚刚建立，与资本主义国家既无经济联系，也很少有私人资本往来。这使中国的外资来源单一，使用外资的方式简单。而中国在对国外借款的认识上也仅看成是社会主义国家之间的相互援助而已。

这一时期中国利用的外资基本上来自苏联和东欧国家。20 世纪 50 年代，中国共获得苏联政府贷款 76 亿多旧卢布，全部使用记账外汇和贷款方式。这些借款用于购买苏联的设备和技术，偿还期为十年，以中国向其出口矿产品和农副产品来偿还。"一五"期间中国从苏联引进 156 个重点项目，从东欧国家引进成套设备 108 项，单机 82 项。这些项目的引进为中国的工业发展打下了初步基础。尽管 1960 年苏联单方面撕毁合同，有些项目没有完成，但其作用是显而易见的。中国在借款的同时，还与苏联合办了一些企业，如中苏新疆石油股份公司、大连造船公司等。中国还与波兰合资设立了中波轮船公司。1960 年中苏关系恶化，中国与苏联的合资项目中断，随之利用外资也全部停止。

这一期间中国利用外资处于刚刚起步阶段，在利用外资上存在许多问题。如相关的经济合同双方权责不清，在外资管理上也缺乏科学的办法。尽管如此，中国在这一时期还是积累了不少利用外资的经验和教训。

（二）停滞阶段

这一阶段是从 1960—1973 年。在这一阶段，中国利用外资完全中止。由于新中国建立初期即与苏联结盟继而与主要西方国家断绝经济来往，在 20 世纪五十年代末又因意识形态分歧与苏联和东欧国家交恶，在国际上几乎成了一个完全封闭的国家。加之，国内"阶级斗争"不断升级成为压倒一切的中心任务，国民生产逐渐陷入混乱甚至瘫痪，与国外的经济来往（除保留香港的联系渠道外）

基本中止。

（三）转变阶段

这一阶段是从 1973—1978 年。在这一阶段中国利用外资的主要形式是以卖方信贷和延期付款的方式从西方国家引进技术和设备。由于吸取了 50 年代的教训，中国在这一阶段开始建立起严格的外资管理制度：中国将引入的外资列入国家计划，作为重点工程项目予以优先安排，但在投资建设的权限上，如果用外汇支付则其权限在主管部门而不在执行建设的单位；在利用外资建设的执行中，对引进工程项目的组织领导、财务拨款、建设程序和材料供应上都作了严格的规定；在国家统一借用外资并支付时，则在国内各部门之间实行转账，以避免其拖欠贷款。当时中国之所以采用这种体制，一方面是由于中国深刻吸取了 50 年代的教训，坚持既无内债又无外债的方针；另一方面则是因为中国在当时不认为延期付款和使用卖方信贷是向国外借款的一种方式。

这一阶段中国所利用的外资基本上来自西方国家。由于此时中国与西方国家的关系有所改善，所以开始转向西方国家市场。20 世纪 70 年代中国从西方国家引进成套设备五十多项，都采用延期付款方式（约五年）引进；1974 年中国从西方国家引进 26 项大型成套设备和 43 套综合采煤机组，利用外资 43 亿美元；1978 年又从西方国家引进 22 项大型成套设备，利用外资 78 亿美元。在这些大型项目的引进中，有一批后来成为中国骨干企业，如上海和辽阳等大型石油化纤企业、大庆的大型化肥厂、武汉一米七轧钢机、上海宝钢、燕山乙烯工程等。这一时期利用外资引进的设备和技术，主要是冶金、石油化工和机械行业的项目。这些引进项目或填补了一些工业建设空白，或对一些产业部门进行了重大技术改造，为中国工业发展创造了条件。

这一时期中国开始与西方国家进行经济往来，在利用外资方面，无论是来源还是利用方式都发生了很大的变化。中国利用外资在这一时期取得了一定的成绩，但也存在着一些问题：一是项目决策盲目，许多项目都没有经过严格的技术论证，以至国内配套条件落实不了；二是引进规模过大，超出了当时中国财力和物力的承受能力；三是当时国内政局动荡，社会秩序混乱，严重干扰了利用外资项目的建设等。由于以上原因，有一些引进项目被迫停建或缓建，造成了巨大浪费。

（四）拓展阶段

这一阶段是从 1979—1991 年。这一阶段中国利用外资的形式开始全面拓展：既利用外国政府和国际金融机构的优惠贷款，也利用中国银行的国外借款和在国外吸收的外汇存款；既利用外国商业银行贷款，也利用外国出口信贷和中国发行的国际债券；既利用国外直接投资，也利用中国向海外投资在当地融资；既利用西方国家的外资，也利用发展中国家和苏联及东欧国家的外资。在这一阶段，中国建立了将外资与国内投资分开管理和分别核算的利用外资体制：在计划管理上，将外资分为"借用国外资金计划"和"吸收国外投资计划"，根据项目规模分级审批；在法制管理上，制定了一系列外资管理的法律和法规；在投资立项管理上，建立起严格的项目可行性研究及其评估论证的管理制度。同时，在外资使用和偿还管理上，外资分别归原国家计委、财政部、原经贸部和人民银行分工管理，共同负责；将外国政府和国际金融机构的贷款归国家统一管理，分别使用；实行国家统借统还、国家统借部门自还、部门自借部门自还的办法管理其他借款。由于中国在这一时期开始实行改革开放的政策，国际关系和中国的投资环境较以前有了大幅度改善，使中国对国际投资的吸引力大大增加，在利用外资方面跨上了一个新台阶。

从 1980 年 5 月第一家由中国内地和香港地区合办的北京航空食品有限公司开业到 1991 年，十几年间中国利用外商直接投资取得了一定的发展。从 1979—1991 年，中国实际利用的外商直接投资额共 250.58 亿美元，全国累计批准外商投资项目共计 25883 个。在资金来源上，中国港澳地区占外资来源的首位，其次是日本和美国。在投资行业上，主要投向食品饮料、纺织服装、轻型机械、家电组装等加工行业且以中小型项目为主。这一时期中国开放了沿海经济特区、经济开发区、沿海主要城市，形成了从沿海到内地呈梯级分布的利用外资新格局。1990 年上海浦东开放，更加大了中国对外资的吸引力。

中国在这一阶段开始大规模利用外资并取得了辉煌的成绩，但也存在着一些问题，主要是：外商投资以劳动密集型项目为主，投资技术含量不高；外商直接投资的行业和产业结构不尽合理，对国内产业的带动效应不大；外商投资的地区过分集中在沿海地区，内地利用外资较少；引进外资重复建设项目较多，造成资源大量浪费；外商投资的资产评估不够严格，造成大量国有资产流失，等等。

（五）突进阶段

这一阶段是从 1992 年起至今。这一阶段中国利用外资的形式从借用外债、对外证券融资和吸收外商直接投资三种利用外资形式并举，转向以吸收外商直接投资为主。以 1992 年邓小平南方谈话为开端，中国利用外资的步伐进一步加快。随后中国又开放沿江 6座城市、边境 13 座城市和内地 18 座省会城市，利用外资也向全方位、多层次方向扩展。在这一阶段，中国利用外资的规模迅速增长。1992 年吸收外商直接投资从上一年的 44 亿美元剧增至 110 亿美元，而到 2008 年已突破 923 亿美元。从 1991—2008 年，中国吸收外资数量年均增长 19.5%，其规模已连续 15 年居发展中国家首位。这一阶段利用外资另一显著的特点是吸收外资方式更加多元化。在 FDI 仍占主导地位的同时，非 FDI 方式吸引外资不断增加。一是中国企业开始向海外资本市场较大规模地融资，2005 年到2007 年的三年中就分别达到 206.5 亿美元、393.5 亿美元和 122 亿美元。二是国外投资者进入我国证券市场进行投资，到 2007 年底共有 52 家机构获批合格境外机构投资者（QFII）资格，其中 49 家共获得 99.95 亿美元的投资额度。此外，国际资本还通过风险投资和招募股权基金的方式开始对中国投资。三是向国际金融机构和商业银行贷款等。利用外资的地区从沿海向内地扩散，外商投资的产业结构从劳动密集型扩大到资本、技术密集型，大型跨国公司也纷纷来中国投资。

总体来看，无论是从利用外资的增长规模和地区分布上，还是从利用外资的来源与方式上，中国在这一时期都进入了突飞猛进的发展阶段。随着外资进入中国日益增多，中国在利用外资方面开始向成熟阶段迈进。

二、基本特征

改革开放以来，中国在利用外资方面具有以下基本特征。

（一）引资规模快速增长

中国利用外资在经过 1979—1991 年的缓慢增长之后，从 1992 年开始快速增长。在利用外资结构中，1991 年以前以对外借款方式为主，而 1992 年以后转向外商直接投资方式为主。其增长情况从表 6 – 1 中可得到反映。

表 6 – 1　　　　1979—2008 年中国实际利用外资情况

年份	利用外资金额（亿美元）	外商直接投资		对外借款		外商其他投资	
		金额（亿美元）	比重（%）	金额（亿美元）	比重（%）	金额（亿美元）	比重（%）
1979—1983	144.38	18.02	12.84	117.55	81.42	8.81	6.10
1984	27.05	12.58	46.51	12.86	47.54	1.61	5.95
1985	46.47	16.61	35.74	26.88	57.84	2.98	6.41
1986	72.58	18.74	25.82	50.14	69.08	3.70	5.10
1987	84.52	23.14	27.38	58.05	68.68	3.33	3.94
1988	102.26	31.94	31.23	64.87	63.44	5.45	5.33
1989	100.59	33.92	33.72	62.86	62.49	3.81	3.79
1990	102.89	34.87	33.89	65.34	63.50	2.68	2.60

续表

年份	利用外资金额（亿美元）	外商直接投资		对外借款		外商其他投资	
		金额（亿美元）	比重（%）	金额（亿美元）	比重（%）	金额（亿美元）	比重（%）
1991	115.54	43.66	37.79	68.88	59.62	3.00	2.60
1992	192.62	110.07	57.32	79.11	41.20	2.84	1.48
1993	389.60	275.15	70.62	111.89	28.72	2.56	0.66
1994	432.13	337.67	78.14	92.67	21.44	1.79	0.41
1995	481.33	375.21	77.95	103.27	21.46	2.85	0.59
1996	548.04	417.25	76.13	126.69	23.12	4.10	0.75
1997	644.08	452.57	70.27	120.21	18.66	71.30	11.07
1998	585.57	454.63	77.64	110.00	18.79	20.94	3.58
1999	526.59	403.19	76.57	102.12	19.39	21.28	4.04
2000	593.56	407.15	68.59	100.00	16.85	86.41	14.56
2001	496.72	468.78	94.38			27.94	5.62
2002	550.11	527.43	95.88			22.68	4.12
2003	561.40	535.05	95.31			26.35	4.69
2004	640.73	606.30	94.63			34.43	5.37
2005	638.05	603.25	94.55			34.80	5.45
2006	738.23	694.68	94.48			40.55	5.52
2007	783.39	747.68	95.44			35.72	4.6
2008	952.53	923.96	96.99			28.58	3.01
合计	9754.08	8340.02	85.50			500.49	5.13

注：从 2001 年起中国对外公布利用外资数据不包括对外借款；1997 年起将对外发行股票从对外借款项中剔出，列入外商其他投资额中；2006 年包含银行、保险、证券方面数据。

资料来源：根据《中国统计年鉴（2007）》（中国统计出版社 2007 年版）和近年来中国商务部公布的相关数据整理。

1992 年以来中国利用外资快速增长的原因是：国家实行加大投资、刺激内需的政策，使中国国民经济保持持续、稳定增长，为外商投资提供了更多机会和更广阔的发展空间；国家实施西部大开发政策使西部地区投资环境有所改善，西部地区成为吸收外商投资新的增长点；中国加入 WTO 后，更多的领域向外资开放，对外商投资的吸引力增强；1999 年国家发布的鼓励外商投资的各项政策措施陆续得到贯彻落实，外商对在华投资前景看好，信心增强；全球跨国直接投资规模增长迅猛，跨国公司对外投资能力增强，为中国吸收外国直接投资提供了更多资金来源。

截至 2008 年底，全国累计批准设立外商投资企业 5.98 万个，累计实际利用外资金额达 8340 亿美元。自 1993 年起，中国吸收外商直接投资一直居发展中国家之首，目前在全球仅次于美国、英国、法国排名第四。

（二）外资来源以东亚地区为主

对中国进行投资的国家和地区虽然已近 200 个，但主要来源地还是东亚，仅来自中国香港和台湾地区、日本、韩国、新加坡的投资占 71.97%。发达国家投资国以美国、日本、欧盟为主，但所占比重仅 24.37%（见表 6-2 所示）。近年来，随着发达国家大型跨国公司对中国投资增加，其所占比重有所上升。另外，来自海外"避税地"的投资也大幅增长①。

表 6-2　　　中国外商直接投资主要来源国家和地区（至 2006 年底）

位次	投资国家/地区	直接投资额累计（亿美元）	占 FDI 流入总额比重（%）
1	中国香港	3091.81	44.69

① 以 2007 年和 2008 年为例，来自英属维尔京群岛的直接投资分别为 165.5 亿美元和 159.5 亿美元，占当年 FDI 流入总额比重分别为 22.14% 和 17.27%；来自开曼群岛的直接投资分别为 25.7 亿美元和 31.4 亿美元，占当年 FDI 流入总额比重分别为 3.44% 和 3.4%；来自萨摩亚的直接投资分别为 21.7 亿美元和 25.5 亿美元，占当年 FDI 流入总额比重分别为 2.9% 和 2.76%；来自毛里求斯的直接投资分别为 13.3 亿美元和 14.9 亿美元，占当年 FDI 流入总额比重分别为 1.78% 和 1.62%。来自这四地的直接投资合计占当年 FDI 流入总额比重竟分别高过 30.26% 和 25.05%。

续表

位次	投资国家/地区	直接投资额累计（亿美元）	占 FDI 流入总额比重（%）
2	中国台湾	642.55	9.29
3	日本	580.43	8.39
4	美国	572.5	8.27
5	欧盟	533.39	7.71
6	韩国	352.13	5.09
7	新加坡	312.16	4.51
8	加拿大	54.13	0.78

资料来源：根据商务部《2006 中国外商投资报告》及外资司统计公布的数据整理。
商务部网站 http://mofcom.gov.cn.

（三）跨国公司进入中国

在改革开放的初期，到中国投资的大多为周边国家或地区的中小型企业。20 世纪 90 年代以来，随着对外开放政策和国内环境的稳定，中国逐渐为大型跨国公司所青睐，越来越多的跨国公司到中国进行直接投资。目前，美国最大 20 家工业公司中的 18 家、德国最大 10 家工业公司中的 9 家、日本最大 20 家公司中的 19 家、韩国最大 20 家工业公司中的 18 家均已在中国投资[①]。截至 2006 年底，世界 500 强企业中已有约 480 家在中国投资，其中多家在中国建立地区总部，跨国公司在中国设立研发中心超过 980 家[②]。

跨国公司到中国投资，一方面以占领市场为目的，另一方面将中国纳入其全球生产体系以实现其全球竞争的战略目标。许多跨国公司在战略调整中，把着眼点放在自身的核心能力打造上，而把其他部门和环节转移出去以提高公司本身的灵活性和市场反应能力。一些跨国公司把生产制造环节转移到中国，同时加大了在中国的采

---

① 季红："入世与跨国公司在中国的投资与发展"，《经济导刊》2001 年第 6 期。
② 吴雪明："坚持开放是中国的强国之路"，《世界经济研究》2008 年第 8 期。

购力度[①]；一些跨国公司在中国的投资向研发、培训、分销等知识型服务分工领域延伸[②]；一些跨国公司将其营运管理功能转移到中国，成立地区的管理运营中心[③]。这充分表明，中国在跨国公司全球战略体系中具有日益重要的地位，同时也意味着跨国公司对中国的经济发展也将产生越来越大的影响。在中国建立的外资企业中，跨国公司更习惯于采用独资的形式。

（四）投资产业优化升级

从中国外商直接投资的产业结构看，在整个 20 世纪 80 年代，来自港、澳、台中小型企业的投资占中国外商投资总额的 75%，所以投资行业以劳动密集型行业为主，技术水平不高。20 世纪 90 年代以来，外商投资的产业开始从第二产业向第三产业升级。形成这一局面的主要原因是，制造业是中国的传统优势产业，拥有大量高素质的劳动力资源和充裕的加工制造能力，近几年除继续保持劳动密集型产业发展的同时，又加大了对资本密集型和技术密集型项目的引进。另外，由于许多跨国公司加快了 IT 产业向中国转移的速度，使高新技术项目为主的电子、信息、化工等制造业成为外商投资的新增长点。进入 21 世纪以来，由于一些大型跨国公司将目光瞄准了中国的服务业，所以第三产业在外商投资中的比重也开始上升。这从 2002—2006 年中国主要行业吸收外商直接投资的比重变化就可得到证明（见表 6 – 3）。

---

①　如摩托罗拉在天津建立产业基地，在中国采购的零部件比例达 65%，2000 年在中国采购金额为 75 亿元人民币，有 200 家国内企业为其供应。又如通用电气在中国投资 15 亿美元，涉及飞机发动机、家用电器、工业系统、医疗系统等制造业，同时也积极拓展在中国的零部件和原材料采购。

②　如 IBM、英特尔、微软、杜邦、爱立信、诺基亚、联合利华等著名跨国公司已在北京、上海等地建立独立的 R&D 分支机构，并与北大、清华等一些高校合作设立实验室、研究中心和培训中心等。

③　如 IBM、三星、朗讯科技、康柏等跨国公司已在北京设立地区总部，而在上海也有 25 家跨国公司在浦东新区设立地区总部。

2002—2008 年中国主要行业吸收外商直接投资额变化

表 6－3 （单位：亿美元）

年份		2002	2003	2004	2005	2006	2008
	总投资额	527.43	535.05	606.30	603.25	694.60	923.96
制造业	投资额	368.0	369.4	430.2	424.5	400.8	498.9
	比重（%）	69.8	69.0	71.0	70.4	63.6	53.9
交通、仓储和电信业	投资额	9.1	8.7	12.7	18.1	19.8	56.3
	比重（%）	1.7	1.6	2.1	3.0	3.1	6.1
批发零售、贸易及餐饮业	投资额	9.3	11.2	15.8	16.0	26.2	53.7
	比重（%）	1.8	2.1	2.6	2.7	4.2	5.8
金融业、保险业	投资额	1.1	2.3	2.5	2.2	2.9	5.7
	比重（%）	0.2	0.4	0.4	0.4	0.5	0.6
房地产业	投资额	56.6	52.4	59.5	54.2	82.3	185.9
	比重（%）	10.7	9.8	9.8	9.8	13.0	20.1

资料来源：根据 2003—2007 年历年的《中国统计年鉴》相关数据整理。

从表 6－3 中可以看出，到 2008 年外商直接投资在第三产业的比重已达 32.6%，仅仅四年间就比 2002 年第三产业所占比重的 14.4% 提高了 18.2 个百分点。

（五）投资区域差距加大

对外开放初期，由于中国经济刚刚起步对外资限制较多，尽管东部地区开放较早，但相对中、西部地区对外资吸引力优势不明显。所以，东、中、西三大区域整体吸引外资都处于较低水平，差距并不明显。但是随着对外开放扩大，投资区域差距日益增大。从近几年外资投向的地区分布看，东部地区所占比重进一步提高，而中西部地区所占比重有所下降。东部的长三角地区、珠三角地区和环渤海地区成为吸收外资最多的区域[①]，2006 年占中国吸收外资总量的比重高达 81.2%。外资投向中国地区分布的巨大差距，从图 6－1 中可以得到反映。

————————

① 长三角地区包括上海、江苏和浙江；珠三角地区包括广东和福建；环渤海地区包括山东、辽宁、河北、北京和天津。

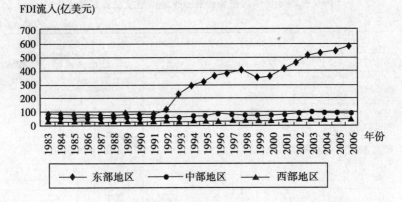

图 6 - 1　中国不同区域外国直接投资额比较（1983—2006）

资料来源：2000 年以前数据来自赵晋平编著：《利用外资与中国经济增长》，人民
出版社 2001 年版；2000 年以后数据根据商务部外资司发布的相关数据整理。

第二节　中国利用外资的方式和效应

新中国成立以来，中国采用多种方式利用外资，对中国经济发展产生了重要影响。

一、中国利用外资的方式

总的来看，中国利用外资的方式主要有以下三类：

（一）借用国外资金

借款是利用外资的重要途径。按资金来源不同，主要有以下五种。

1. 外国政府贷款

政府贷款指一国政府利用财政资金向另一国政府提供的优惠性贷款。它是以国家的名义提供与接受而形成的，主要使用国家财政预算收入的资金并通过列入国家财政预算支出的资金进行收付，属于国家资本的收入与支出的信贷。因此，政府贷款一般由各国的中央政府经过完备的立法手续加以批准。它通常是在政治关系良好的基础上，配合外资活动的一种经济手段。政府贷款是具有双边经济援助性质的优惠性贷款①，并要为提供国的政治外交与经济利益服务，因而往往带有一定的限制条件②，这就使得这种方式只能在特定的条件下使用。新中国成立初期，我国从苏联和东欧国家获得的政府贷款即是。

2. 国际金融机构贷款

向中国政府提供贷款的国际金融机构，主要有世界银行集团、国际货币基金组织、国际农业发展基金组织、亚洲开发银行等。

国际金融机构贷款具有不少优势③，不过也存在一些弊

———————

① 按照国际惯例，优惠性贷款要有25%以上的赠与成分。相对于商业性贷款来说，政府贷款期限较长（属于中长期贷款，一般是10年、20年、30年），贷款利率也较低，年利率一般在1%—3%左右。除贷款利息外，有时还规定借款国须向贷款国政府支付不超过1%的手续费。

② 这些限制性条件主要是：（1）借款国所得贷款限于购买贷款国货物，从而带动贷款国产品出口，扩大其商品输出规模；（2）规定取得贷款的国家以公开招标方式，或者从包括经济合作与发展组织成员国在内的及发展援助委员会所规定的发展中国家和地区的"合格货源国"采购使用贷款的商品；（3）使用政府贷款时，连带使用一定比例的贷款国的出口信贷，这样既可以带动贷款国民间金融资本输出和商品输出，又可以获得使用出口信贷的进口国应付的5%—15%的现汇收入。

③ 这些优势主要表现在：（1）贷款期限长，利率低，适合于国内投资期限长、投资收益回收较慢的公共基础设施建设。国际开发协会贷款期限最长，条件最为优惠，非常适合需要长期发展的电力、水利、交通设施等计划之用。（2）有利于整体计划的制订、发展和执行。国际金融组织对贷款计划的申请，视其在借款国发展的优先性而决定核准与否。通常先派遣专家对借款国经济情况及贷款计划作一番调查了解，并先协助进行可行性研究及拟订整体计划，待可行性研究与经济价值评估满意之后才予以核准放贷。贷款计划执行期内将不时派专员实地考察，考核进度情况，这样有利于借款国整体计划的拟订、发展与执行。（3）提高私人企业在国际商业中的地位，有助于国际私人资金的流入。国际金融公司核贷或投资私人企业的标准颇为严格，因此授信企业在国际商业中的地位也大为提高。授信企业投资成功后，国际金融公司转让股权给其他外来投资者，可引导国外私人资金的流入。（4）贷款采购可获得高品质的器材与设备。国际金融机构利用国际招标采购器材与设备，由于国际竞争关系，采购的物资品质较高，价格也较低廉。

端①，因此这种方式的使用也受到很大限制。我国只是在对外开放初期和后来一些地方进行基础设施建设时采用。

3. 出口信贷

出口信贷是指出口国家为了促进和扩大本国产品出口，增强本国国际竞争力，在本国商业银行设立的一种供本国出口商或外国进口商使用的利率较低的贷款。其贷款利息与商业贷款利息的差额由国家负担，以吸引资金短缺的外国进口商使用其信贷购买本国产品。

出口信贷分为卖方信贷②和买方信贷③。其中，买方信贷是一

① 这些弊端主要是：（1）采购物资的决定权操之于人。贷款采购物资的最后决定权，往往掌握在提供贷款的机构手中。外国投标商为了中标，常通过本国在国际金融机构的理事，向借款国提出异议或施加压力迫使其接受。（2）贷款申请手续繁琐。每个计划自申请到核定贷款至少需要一年；有关采购规范及指标手续照例须送国际金融机构事先审定，亦颇费时间。

② 卖方信贷，即延期付款方式，是出口国银行向出口商提供的信贷。出口商为了扩大交易将产品赊销给外国进口商，允许买方一次或分期付款。出口商与出口国银行签订信贷合同，取得对进口商垫付的资金。进口商对所购买的商品用现汇方式向卖方支付10%—15%的定金，其余货款在全部交货或工厂开工投产后在规定的期限内陆续还清。采用卖方信贷方式进口商品，对进口商来说，仅同出口商打交道，签订一个延期付款的货物贸易协定或合同即可买到所需商品，解决了外汇资金短缺的困难。但是，出口商将把出口信贷的利息、管理费、保险费等一切费用加入产品的售价中，转嫁给进口商，使其不易了解产品本身的真实成本。

③ 买方信贷，也称设备贷款，是出口国银行直接向进口商或进口国银行提供的信贷。进出口双方以即期现汇成交，签订贸易协议后，进口商向出口商先付15%的定金，其余85%货款由出口国银行贷给进口国或进口国银行，进口商用此贷款按现汇付款条件支付给出口商。进口商按贷款协议规定分期向出口国银行偿还贷款本息。按此做法，进口商要签两个合同：与出口商签订贸易合同和与出口国银行签订贷款合同。贷款合同以贸易合同为前提，又独立于贸易合同之外，一般需进口国银行与出口国银行签订，由出口国银行向进口国银行提供贷款，再由进口国银行转贷给进口商。进口商用现汇向出口商支付进口货款，需通过进口国银行按贷款协议规定分期向出口国银行偿还贷款本息，一般半年偿还一次。进口国银行与进口商之间的债务，通常是在国内直接结算偿还。使用买方信贷，进口商容易了解商品的真实价格，便于与其他国家同类商品进行比较，以利购进物美价廉的商品。采用买方信贷，双方银行也愿意接受。出口国银行对进口国银行的资金信誉比较了解，贷款给进口国银行或由进口国银行给本国进口商出具保函，收回贷款比较安全。对进口国银行来说，对出口国银行比较了解，容易争取到有利的贷款条件。

种约束性贷款，我国在 20 世纪 70 年代曾大量采用过。

4. 外国商业银行贷款

在急需自由外汇资金时，可以通过本国银行向外国商业银行筹措此种贷款。外国贷款银行可以是私人银行或国家银行，也可以是几个或几国银行组成的银团。这种商业银行贷款既有很多的优点①，但也存在一些弊端②，因此主要在我国贸易企业为解决短期资金周转困难时采用。

5. 发行国际债券

从 1983 年起，中国采用这种方式向国外筹集资金。起初是发行外国债券，后来发展到发行欧洲债券。发行机构主要是中国银行及其他一些金融机构。发行者发行国际债券需要在发行地（发行债券市场国）选定一家资信好、对发行债券有经验的牵头银行（或证券公司），由它组织一些银行包销或认购全部债券。发行地不同，发行程序也不一样。比较起来，外国债券（如日本武士债券、美国扬基债券）多为固定利率，欧洲债券多为浮动利率。债券的期限、用途、

---

① 使用外国商业贷款的优点主要是：（1）与政府贷款、国际金融机构贷款及某些国家的出口信贷相比，商业银行贷款可以很快达成协议以利尽快解决资金来源问题。（2）商业银行随时都有现款，它不需要繁杂的贷款审批手续，更不需要像政府间贷款或某些出口信贷那样，要由本国政府或国会的批准才可以取得贷款。（3）从商业银行取得的贷款，一般可以用来购买任何国家的货物和劳务。也就是说，这种贷款的使用没有任何限制。这就使得借款者有可能在国际市场上进行竞争性的招标采购，以便降低所需商品成本。（4）与其他一些贷款方式相比，商业银行贷款协定对建设工程实施、款项及其他使用等没有很多约束性的规定，便于建设工程的顺利进行。（5）在大多数情况下，商业银行贷款允许选择各种货币。这样，借款者就可以灵活掌握用什么货币偿付，也能主动掌握所借货币汇率变动的风险。

② 使用外国商业贷款的弊端主要是：（1）商业银行贷款用的是国际货币市场的利率，这与政府双边贷款、国际金融机构贷款及出口信贷相比，所支付的利率要高，即借款成本高。（2）商业银行采用的是浮动汇率，一般每 3 个月或 6 个月随市场利率调整一次，支付一次利息。这种利率在贷款有效期内不予固定而经常变动，这意味着建设工程所需资金的确切成本事先无法估计，给工程计划造成一定困难。（3）商业银行贷款除支付利息外，还要支付其他费用，包括上述的承担费、代理费等，这样就加大了借款成本。由于商业银行贷款利率高、偿还期短，借款人若使用不当，容易发生偿还困难。

保护外国承销银行的限制性条款等与国际银行贷款相类似。其管理方式以国内筹资金融机构转贷给有关部门和企业为主，因此债券发行人要承担较高的银行服务费，从而增加借款成本。2005—2007 年，我国金融企业吸收的外资分别达到 123.01 亿美元、67.4 亿美元和386 亿美元，而此前金融业吸收外资额较少①。

（二）发行人民币特种股票（B 股）

人民币特种股票，是以人民币标明面值，供境外投资者以外汇进行买卖的股票。因为这种股票从认购到派息、分红均用人民币计算，只是限定了投资者用外币买卖，为有别于国内一般股票，故称人民币特种股票，简称 B 种股票，而国内现有的人民币股票简称为 A 种股票。

发行 B 股的作用是：

第一，开辟了新的筹集外汇资金渠道。与对外借款及发行债券相比，用发行股票方式筹集外汇资金只需分红派息而无需还本，比一般筹资成本低且无偿还高峰之苦。

第二，有助于发行企业改进管理，进入国际市场。发行 B 股后，约束企业的力量不仅来自国内的股东，还来自国外的股东。企业会因此按照国际标准改进自身的经营管理，为其进入国际市场创造条件。

第三，有助于国外投资者进一步了解中国的改革开放政策，增强投资中国的信心，同时也为中国证券商进入国际市场提供良好的条件。

我国企业在国外资本市场上融资起初很少，后来不断增加，近年来达到较大规模，从 2005—2007 年分别达到 206.5 亿美元 393.5亿美元和 122 亿美元②。

（三）吸收外商直接投资

这是现阶段中国利用外资的主要方式，它一般不构成中国的债

---

①②　江小娟："中国吸收外资 30 年：利用全球资源促进经济增长与升级"，《经济与管理研究》2008 年第 12 期。

务。中国吸收外商直接投资的企业形式有以下三种。

1. 合资经营企业

即中外合资经营企业，简称合资企业，是依照《中华人民共和国中外合资经营企业法》（以下简称《合资经营企业法》）及其实施条例的规定而设立的。它是由外国的企业或其他经济组织或个人，按照平等互利的原则，经中国政府批准，在中华人民共和国境内，同一个或几个中国的企业或其他经济组织共同创办的企业。经中国政府批准并经注册登记的合资企业是中国的法人，应遵守中国的法律，受中国法律的管辖和保护。关于合资企业的合资各方投资方式主要有以下几种：现金投资①，实物投资②，工业产权和专有技术投资③，场地使用权投资④。合营各方缴付出资额后，由在中国注册的注册会计师验证并出具验资报告后，由合营企业发给合营

---

① 以现金投资，可以是人民币（一般限于中方），也可以是外币。现金投资特别要注意的是，要在合同中明确规定投资方交款的具体金额和时间。因为作为投资的现金，直接构成企业的自有资金。如果延迟缴付，势必影响企业的开业及其正常经营活动。合资各方的出资必须是自己所有的资金（包括自己的贷款），而不得以合资企业名义取得的贷款作为出资。

② 以有形资产投资，其范围较广，包括建筑物、厂房、机器设备或其他物料。以实物投资要注意的是，外方出资的机器设备或其他物料必须符合下列条件：一是合营企业生产所必不可少的；二是中国不能生产，或虽然能生产但价格过高，或在技术性能和供应时间上不能保证需要的；三是估价不得高于同类机器设备或其他物料当时的国际市场价格。

③ 工业产权和专有技术都属于不具有实物形态的无形资产。这种投资的特点是，尽管投入物是无形的，但它们能为企业提供权益，因而其本身就具有价值而成为资本的一部分。实施条例规定，外国合营方作为投资的工业产权和专有技术，至少应符合三个条件：能生产中国急需的新产品或出口适销产品；能显著改进现有产品性能及质量，提高生产效率；能显著节约原材料、燃料和动力。外国合资方以工业产权和专有技术投资时，应由外方提供有关的详细资料，如专利证书或商标证书的复印件、有效状况及其技术特性、实用价值、作价的计算依据等。中方如有先进技术、独特的生产方法、著名商标等，也应考虑作为对合营企业的投资，或者向合营企业收取一定的技术转让费。

④ 中国有关法律规定：中国合营方的投资可包括为合营企业经营期间提供的场地使用权。其作价金额应与取得同类场地使用权所缴纳的使用费相同。需要注意的是，根据中国宪法总纲规定，中国的土地属于国家所有。因此，合营企业对于获准使用的场地，只有使用权而没有所有权，且这种使用权不能转让。

各方出资证明书以证明其投资数额。合营一方未经合营他方同意并经合营企业和审批机关批准，不得将出资证明书转让、抵押或以其他方式处理。

合资经营企业有利于中国引进国外的先进技术和管理经验，可以利用外商的销售渠道和经验，扩大出口。对外商而言，这种直接投资方式可以减少投资风险，利用合伙人关系开拓东道国的市场。所以，在开辟新市场初期为外商普遍采用。

2. 合作经营企业

即契约式合营企业，简称合作企业。它一般是由国外合作者提供资金、设备、技术，中国合作者提供场地、现有厂房、设施、劳动力和劳动服务等而共同创办的企业或经济组织，以共同合作从事生产经营活动。合作企业的法律依据是中华人民共和国颁布的《中华人民共和国中外合作经营企业法》（以下简称《合作经营企业法》），从法律角度看，它与合资企业存在一些区别①。

3. 独资经营企业

即外商独资企业，简称独资企业，指依照中国有关法律在中国

---

① 两者的区别有五个方面：a. 合资企业必须按照《合资经营企业法》的规定在中国境内建立具有法人地位的合营实体。也就是说，不但要有双方的共同投资，还要有共同建立的企业，要有共同的管理机构，要制定合资企业的章程。而合作企业，双方以各自的法人身份，按照合同规定的投资方式、各方的权利和义务进行合作。为了履行自己的职责，各方可以在工作基地建立自己的办事机构，也可以不在国内建立共同经营的合营实体。b. 合资企业各方，不论以什么方式投资，都必须以货币计算股权比例，并按股权比例分担风险，分配利润。合作企业各方可以不同方式投资，资本和利润分配、责任和权利都要在合同中作出具体规定。例如，在合作建造饭店、公寓、养殖、捕捞等项目中，中方多以土地使用权作为投资，外商主要以现金投资，双方不计算各方股权所占比例，而在合同中明确规定各方所应承担的责任，规定假如出现风险如何分担，获得利润如何分配等具体问题。c. 合资企业各方必须共同组成董事会，共同委任高级管理人员，对合营企业进行共同经营。而合作企业，凡是在中国境内没有建立合营实体的，也就不需要建立共同的管理机构，只须按照合同规定，各自分担经营中的责任和义务。d. 作为两种不同经营方式的纳税义务人，合资企业应依照中外合资经营企业所得税法纳税。合作企业的外国公司和其他经济组织，可依照外国企业所得税法纳税。合作企业所得税是比例税，外国企业所得税是超额累进税。e. 合资企业的场地使用费，依据中外合营企业建设用地暂行规定，每年必须按规定标准收取。而合作企业由于中方以土地使用权作投资，各方不计算股权比例，也就不按规定收取场地使用费，从而为创办占用土地较多的企业或项目提供了很大方便。

境内设立的全部资本由外国投资者投入的企业。它区别于其他外商投资企业的基本点在于：企业的全部资本均由外国投资者投入，中国企业或者其他组织不参股。因此具有相同外国国籍的若干名投资者联合在中国投资设立的企业以及具有不同外国国籍的投资者联合在中国投资设立的企业，均属独资企业。但外国企业和其他经济组织在中国境内设立的分支机构，如办事处、代表处等，不属于独资经营企业。因为这些机构是在其总公司所在地登记注册的，不是法人性质的经济实体。

尽管独资企业的投资者全部由外商组成，但由于它是根据中国法律成立，具有中国法人资格并且设立在中国境内，根据国家主权原则，它必须遵守中国的法律和法规，受中国政府管辖，它所从事的生产经营活动不得有损中国的社会公共利益，例如偷税漏税、走私贩私、出售低劣质量的产品等。同时，独资经营企业的资本、获得的利益和其他合法权益受中国法律的保护。

截至 2008 年 12 月底中国累计批准设立外商投资企业 659800 家[①]。在外资企业形式中，由开放初期以合资企业为主而变为目前以独资企业为主。近年来，中国各类外资企业所占比重的变化可见表 6-4 所示。

表 6-4　　　　　　近年来中国各类外资企业所占比重变化

年份	合资企业比重（%）	独资企业比重（%）	合作企业比重（%）
1999	39.3	38.6	20.4
2000	35.2	47.3	16.2
2001	33.6	50.9	13.3
2002	28.4	60.2	9.6
2003	28.8	62.4	7.2
2004	27.0	66.0	5.0
2005	24.2	71.2	3.0

资料来源：国家统计局网站。

---

① 商务部公布数据见《国际贸易》2009 年第 2 期，第 68 页。

二、中国利用外资的效应

在上述利用外资的三类基本方式中,利用外商直接投资这一方式的优势最为明显,因此目前在中国利用外资中应用最为普遍。实践证明,利用外商直接投资对中国经济发展具有以下明显效应。

(一) 资本形成效应

长期以来,建设资金短缺一直是制约中国经济发展的一个主要因素。因此,除了充分利用好本国的资金以外,积极地利用外资可以弥补现代化建设资金的不足。到 2008 年底为止,中国已实际利用外商直接投资累计达 8340 亿美元,外资已成为中国经济建设的重要资金来源之一。对外开放以来,在中国每年的固定资产投资总额中,外商直接投资所占的比重一直是增加的趋势,1998 年以来虽然有所下降但仍占较大的比重 (可见表 6 – 5)。尤其是跨国公司巨额资金的投入,不仅大大缓解了国内重大项目资金短缺的压力,促成一批重点工程早日开工建设,而且分散了投资风险。此外,外商直接投资企业规模扩大还可以通过乘数效应间接推动内资企业扩大投资。可见,外资已成为中国经济快速增长和保持繁荣的重要源泉。

表 6 – 5   中国固定资本形成总额中外资所占比重变化

年份	FDI(亿美元)流入	中国固定资本形成总额 (亿元)	FDI 所占比重 (%)
1979	0	1153. 10	0. 00
1980	0. 57	1322. 40	0. 07
1985	16. 61	2672. 00	2. 17
1990	34. 87	4827. 90	3. 52
1994	337. 67	17312. 70	17. 27
1995	375. 21	20885. 00	15. 44
2000	407. 15	33844. 40	10. 33
2007	747. 68	105224. 20	7. 56

续表

年份	FDI(亿美元)流入	中国固定资本形成总额（亿元）	FDI 所占比重
1979—1991年平均			1.81
1992—1997年平均			13.37
1998—2007年平均			9.04

资料来源：转引自江小娟："中国吸收外资30年：利用全球资源促进增长与升级"，《经济与管理研究》2008年第12期和商务部公布的相关数据。

（二）技术转移效应

通过创办外商投资企业，除可以达到利用外资的目的，还可以在创办和经营管理中学习和引进先进的技术设备和管理经验。尤其是一些著名的跨国公司掌握本行业世界最先进的技术，其投资转让的先进技术设备填补了国内的技术空白，使大批产品更新换代，使许多的老企业得到了技术和设备改造，推动了中国的技术进步，加快了产业结构的升级和优化。这使中国一些重要产业短短十多年跨越了发达国家产业发展经历的传统过程，如中国电子、家用电器、计算机、汽车、通讯等重要产业的发展都是如此。另外，跨国公司推行的经营当地化战略，即实现管理、技术开发、零部件，尤其是人才培训使用当地化的战略，使先进技术通过人力资本外溢①、技术示范②、管理示范③、产品开发导向示范④等渠道向中国转移，促

---

① 人力资本外溢主要有两种方式：一是外资企业中的技术和管理人才向内资企业流动，这是外资企业技术外溢的主要途径；二是境外技术人才回到国内创办企业。

② 技术示范，指外资企业所使用的先进技术会通过设备、产品、人员、技术资料等有形或无形方式，对内资企业产生示范影响。技术示范作用的大小，主要取决于内资企业对先进技术的理解能力和应用能力。

③ 管理示范，指外资企业所采用的先进经营管理模式对内资企业产生的示范影响。尤其在外方合资企业，中方管理者更可以切身感受国外企业管理的科学性。

④ 产品开发导向示范，指外资企业利用其多年积累起来的对技术和市场的理解能力，科学进行产品研制和开发，从而对内资企业产生的示范影响。

进产品质量水平的提高和产业结构升级。外资企业对中方雇员进行工艺技术和企业经营管理各方面的培训，为中国培养造就了数十万计的现代管理人员和技术工人，这对 21 世纪中国经济发展具有深远的意义。

（三）福利提高效应

外商投资企业的建立，为中国提供了大量就业机会。目前，在外企中的从业人员已近 5000 万人，占全国城镇劳动人口的 1/6 左右，如果加上外贸和劳务输出涉及就业人口则达上亿人。外商投资企业的大量投产经营，还扩大了国家财政收入的来源。近年来，主要来自外商投资企业的涉外税收逐年增长。2006 年对全国工商税收的贡献率已达 21.19%，高于私营企业。现抽取几年的外资企业税收数据，列表如下（见表 6-6），即可说明来自外资企业的税收对国家财政收入的影响越来越大。

表 6-6   外商投资企业税收及其占全国税收总额的比重

年份	外商投资企业税收额（亿元）	全国工商税收额（亿元）	所占比重（%）
1992	122.26	2876.10	4.25
1995	604.46	5515.51	10.96
2000	2217.00	12665.00	17.50
2005	6391.34	30866.00	20.71
2006	7976.94	37636.00	21.19

资料来源：国家统计局所编的各年《中国统计年鉴》。

除了税收，我国还能依据投资额比例获得一部分投资利润。例如，2006 年外商投资工业企业利润总额为 5384 亿元，这其中有一部分是合资企业中中方投资的收益。按中方在合资企业所有权权益中的比重估算，中方约占有 29% 的投资收益达 1561 亿元。

此外，外商投资企业还可以增加我国劳动者收入水平。总体上看，外资企业的工资水平高于内资企业。以 2007 年为例，外资企业、国有企业和城镇集体企业年均工资水平分别为 27942 元、26620 元和 15595 元。

（四）贸易扩张效应

中国利用外商直接投资的贸易效应，主要体现在对贸易规模、贸易结构和贸易条件三方面的影响。

1. 对贸易规模的影响

改革开放以来中国对外贸易迅速发展，而在对外贸易发展的过程中，外商投资企业作出了重大贡献。尤其是近几年来，外商投资企业已成为中国对外贸易的一支主力军，其进出口总额占全国进出口总额的比重日趋扩大，这从图 6-2 可以看出。

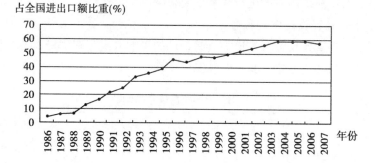

图 6-2　外资企业进出口额占全国进出口额比重
（1986—2007）

资料来源：根据《中国商务年鉴 2007》和《中国统计年鉴 2008》相关数据绘制。

2007 年外商投资企业进出口总额占全国进出口总额的比重达到 57.7%，已超过内资企业，在中国对外贸易中列首位。正是由于外资企业对中国外贸规模扩张的强力推动，使中国的外贸规模急速增长，2007 年的进出额比 1978 年增长了 105 倍多。从 2004 年起，中国在世界贸易中排名列第三位，成为一个贸易大国。

2. 对贸易结构的影响

外商直接投资在优化中国产业结构的同时，也促进了中国出口商品结构的升级。1980 年在中国出口总额中初级产品占 53.4%，工业制成品占 46.6%；而到 2001—2007 年，初级产品在中国出口总额中比重降为 6.4%，工业制成品比例升至 93.6%[1]。再从外资企业的出口商品结构来看，1991—2004 年，外资企业出口中工业制成品所占比重平均为 90.12%，而中国同期出口中工业制成品比重平均为 86.85%。在高新技术产品出口方面，外资企业也占绝对优势。2005 年，外资企业高新技术产品出口额达 1919.64 亿美元，占全国同类产品出口的 87.96%[2]。由此可见，外商直接投资在改善中国贸易结构方面也产生了重要影响。

3. 对贸易条件的影响

外商直接投资对东道国贸易条件的影响取决于双方资本技术构成状况和外贸战略，其一般规律可概括如表 6-7。

表 6-7　　　　　　　　　　FDI 对东道国贸易条件的影响

投资国：资本技术构成高　　　　　　东道国：资本技术构成低	出口替代	进口替代
出口替代	贸易条件改善	贸易条件改善
进口替代	贸易条件改善	贸易条件恶化

但是，对中国进行实证研究，结果似乎与此不符。中国大规模引进外资以来，虽然在外贸战略上早已由进口替代转向出口替代，但总体上贸易条件却呈现明显的恶化趋势。如果具体分析，工业制成品的贸易条件比初级产品的贸易条件更加恶化。这从表 6-8 中可以得到充分反映。

---

[1]　根据相关年度《中国对外贸易年鉴》中数据整理。

[2]　引自中国商务部：《2006 年中国外商投资报告》。

表 6 – 8　　　　中国贸易条件变化趋势（1981—2005 年）①

年份	P_x	P_m	NBTT①	NBTT初级产品	NBTT工业制成品
1981	145.0	117.5	123.4	169.3	110.9
1984	158.2	117.0	135.2	150.8	135.1
1987	69.0	49.6	139.2	149.7	140.5
1990	75.0	59.6	125.8	141.5	123.2
1993	68.0	46.8	145.2	150.9	148.9
1996	100.0	100.0	100.0	100.0	100.0
1997	69.1	85.8	80.5	103.3	77.9
1999	60.0	76.6	78.4	93.7	71.5
2002	59.0	81.2	72.7	100.2	66.4
2005	81.8	135.2	60.5	95.0	52.3

资料来源：根据历年《中国海关统计年鉴》的相关数据计算整理。

从表 6 – 8 中可以看出，从 1997 年起中国的贸易条件日趋恶化，这与同期迅速扩张的外贸规模形成了鲜明的对照。如果从影响出口价格指数的因素来看，主要是中国出口的工业制成品资本技术含量不高而普遍靠低价竞争，这显然与中国制造业产业结构层次较低有关，而出口企业无序竞争又对出口价格进一步下滑起到了推波助澜的作用；而从影响进口价格指数的因素来看，主要是随着国内经济快速增长对国外生产资料和消费资料的需求扩大，引起一些大宗进口产品如石油、原材料和中间产品价格的持续上升。另一个不可忽视的因素是加工贸易在中国的出口和进口中都占据相当比重②，而加工贸易中外资企业又占主体③，这样外资企业在加工贸

---

①　NBTT 为价格贸易条件又称净实物贸易条件（Net Barter Terms of Trade，NBTT）。其计算公式为：NBTT = Px / Pm，式中 Px 和 Pm 分别为出口价格指数和进口价格指数。其经济含义是：随着出口商品相对于进口商品的价格变化，出口每单位商品所能换回的进口商品数量。从贸易条件的变化可以看出一个国家的外贸效益情况，如果报告期的 NBTT 比基期增加或减少，则认为贸易条件的改善或恶化。

②　根据《中国对外贸易年鉴》数据，从 1995 年开始，加工贸易额占中国出口总额的比重一直在 50% 以上，占中国进口总额的比重则大多在 40% 以上。

③　根据《中国对外贸易年鉴》（2005），2004 年外资企业加工贸易的进出额即达 4500 亿美元，占当年中国加工贸易额的 81.9%。

易中利用"转移价格"，高价进口设备、原材料和中间产品而低价出口制成品进一步导致了中国价格贸易条件的恶化。

（五）改革推进效应

外商投资企业的发展打破了中国传统所有制结构，推动了企业产权的流动和重组，对形成以国有经济为主导、多种经济成分共同发展的格局起到了积极作用。外商投资企业以市场为导向，完全按市场机制来经营，采用国际上通行的公司组织形式和先进的管理机制，这对于中国传统企业制度的改革和现代公司制度的建立提供了借鉴。外商投资企业引进了市场机制和竞争机制以及与此相应的观念，推动了国内各种要素市场的发育和形成，推动了中国宏观经济管理体制的改革和政府职能的转变，这对建立和完善社会主义市场经济体制起到了积极的促进作用。同时也为中国国有企业经营机制的转变和现代企业制度的建立，提供了很好的示范和借鉴作用。

第三节　不同类型外资企业在中国投资模式的比较

外资企业投资模式主要指外资企业在东道国对投资行业和投资区域的选择偏好。根据选择的偏好不同，中国外资企业的投资模式主要分为美欧企业模式、日韩企业模式和港台企业模式，这些投资模式直接影响了国内不同地区对外资的利用。

一、美欧企业投资模式

美国和欧洲企业对中国大陆的直接投资开始于 20 世纪 80 年代初。1980 年 4 月，中国政府批准美国沈伊建设发展有限公司与中国旅行社北京分社合资兴建北京长城饭店，从而揭开了美国企业对中国大陆投资的序幕。此后，欧洲一些国家的企业也陆续进入中国，直接投资的规模不断扩大，投资领域不断拓宽。但总体上，在中国吸收的外商直接投资中，美国和欧洲企业投资所占比重不高。到 2006 年底，美国仅占 8.27%，而欧盟则占 7.71%，这显然与其经济实力不成比例。与其他国家和地区对中国的直接投资相比，美国和欧洲企业多是大型跨国公司，以打入和占领中国市场为主要目的，并把在中国投资企业纳入其全球生产、营销网络体系中，以实现全球利益最大化。对此许多美国和欧洲企业都直言不讳地宣称：中国巨大的市场是对中国投资考虑的主要因素。这类企业看重的是中国国内市场潜力、消费水平，因此对中国投资主要属于市场开发型投资，更倾向于设立地区研发中心和地区营销中心。有鉴于此，美国企业在中国的直接投资外销率较低。根据有关调查显示，美欧在中国投资企业生产的产品以中国为主要市场的占59%，以欧洲为主要市场的占19%，以亚太地区和北美地区为主要市场的分别占15%和17%。可见，市场规模及增长潜力在美欧企业的区位选择中占据了较大的权重。正因如此，美欧企业在经营中主要实施以下两个战略。

（一）市场拓展战略

针对中国市场的巨大潜力，美国和欧洲企业以高新技术为先导和雄厚资金为后盾，不回避可能承担的某些"巨大风险"，在中国建立起世界级的新兴产业群和长远的世界制造基地，借以打开并占领中国市场。在这一方面，美国通用汽车公司的投资具有代表性。这个世界上最大的汽车制造厂商，几年前决定在中国投资20亿美元。批评者认为这是"丧失理智"的举措，而该公司远东地区总裁施雷思认为："没有任何一家汽车公司不把中国看作是全球市场的一部分。我们设想是在中国建设一个世界级的汽车工业。"不仅如此，该公司还参与了包括生产别克牌轿车工厂在内的其他新兴产业群。它预计将处于分散和效率低下的中国汽车工业进行资产重组并提高质量，会有助于该公司汽车生产规模大幅提高。世界IT公司的创始人戴尔（Dell）则将中国看作是"世界上第二大的IT市场"，果断选择在中国厦门建立生产基地，2002年这一基地的产值就达到175亿元人民币。

（二）研发本土化战略

从 20 世纪 90 年代中期开始，美国一些著名的跨国公司将全球性研究与发展基地转移到北京和上海。这两个城市云集著名高校和科研院所，不但可以提供高质量的人才，更具有高水平的科研能力和科研成果。同时两地拥有先进的基础设施、技术配套设施和雄厚的工业基础，并享受投资政策优惠。正是从上述优越条件出发，英特尔、北方电讯、宝洁、IBM、微软、朗讯—贝尔、摩托罗拉等欧美大型跨国公司相继在北京和上海建立研究中心和技术开发中心。英特尔公司投资 5000 万美元，在上海成立英特尔发展机构。微软公司在北京成立了微软中国研究院，准备在六年中投资 8000 万美元。美国的跨国公司通过这种投资来创新技术，实现科研和生产本地化，以便在中国高新科技加速发展过程中占据科技领先地位和市场龙头地位。

从对国内投资区位选择上看，美国企业在中国分布的区域最为广泛，目前已在三十余个省市投资，而在北京、上海、天津的密集程度较高；德国相对集中于上海、江苏、北京、山东、天津五个地区。总体看，美欧企业更集中于环渤海和华东沿海地区，但中西部地区某些教育资源丰富、经济程度较高的城市也是美欧企业选择的偏好（见表 6 - 9）。

表 6 - 9　　　　美、德、英三国企业在中国投资区位分布比重　　　　（%）

国别	环渤海地区	华东沿海地区	华南沿海地区	其他地区
美国	38.5	31.0	11.0	19.5
德国	39.0	29.7	8.0	23.4
英国	32.6	31.3	20.2	15.9

资料来源：转引自罗进：《跨国公司在华战略》，复旦大学出版社 2001 年版，第 117 页。

二、日韩企业投资模式

日本企业对中国投资是从 1979 年开始的。进入 20 世纪 90 年代后，随着中国改革开放的深入和经济的发展，日本企业对华投资急剧增加。而与此同时，日本经济持续低速增长，进一步促使日本的大中型企业积极对中国投资。从1995年底开始，全球100家大公司中的35家日本公司在中国纷纷建立投资公司。到2006年底，日本对中国直接投资额居中国利用外资来源地的第三位占8.39%。韩国企业是从1988年进入中国的，截至2006年底对中国直接投资额累计达352亿美元占5.09%，并于2007年居中国利用外资来源地的第三位，一举超过日本。

与美欧企业相比，日韩企业投资的主要目的在于利用中国廉价的劳动力、土地及原材料进行加工贸易，把中国变为其产品销往第三国或返回本国的加工基地。因此，中国的劳动力、土地成本，特别是中国的优惠政策是日韩企业考虑投资的最重要因素，日韩企业的投资行业都以制造业为主。日本对中国投资制造业的项目占80%以上，占投资额的79%。日本企业主要是利用中国低廉的劳动力，来降低生产成本，提高企业利润水平。在中国的日资企业，投资利润率在20%以上的占70%。相比之下，日本国内企业的比率仅为3%，20%的投资利润率意味着日资企业在中国投资五年内就能收回全部投资额，利润是相当高的。据日中投资机构调查结果表明，在中国一半左右的日资企业，近年来销售额实现了50%以上的增长。韩国企业在制造业上的投资占其总投资额的比重2001年达到92.8%，近年来受成本上升因素影响有所降低，2006年降到81.3%。正因如此，日韩企业在经营中主要实施以下两个战略。

（一）扩大贸易战略

20世纪90年代以前，日本企业主要把在国内生产的工业制品出口到中国，然后再从中国进口原料、燃料等从中赚取利润。韩国企业与此类似，进入20世纪80年代后半期，由于中国的改革开放，工业产品的出口竞争力增强，日韩企业对中国的投资战略开始转变，开始探索在中国建立加工出口基地，直接出口到第三国或返销本国。据国务院发展研究中心的调查显示，2002年在中国的日韩企业出口额占其销售额的比重超过 50% 的分别占 69.9% 和 70%，而出口额占销售额比重超过 90% 的分别占 49.5% 和 50.9%。

（二）现地生产战略

进入 20 世纪 90 年代以后，因日本经济不景气和日元升值，日本大多数企业把在中国国内的贸易投资转向生产投资，利用中国的廉价劳动力制造出低附加值的产品，然后出口到第三国，实施所谓的"现地生产型投资战略"。日本的纺织品企业，利用中国的廉价劳动力，在当地生产服装，然后返销到日本或经香港转口到其他国家。现在日资企业在中国生产的服装 80% 返销日本，中国已经成为日本纺织品的生产基地。松下、索尼、日本电气等大企业也把在中国生产作为本企业的重点，其数量已占日本家电生产的 5% 左右。其他行业也都把自己的投资战略调整为现地生产并同时扩大在中国市场的销售。

从对国内投资区位选择上看，日韩企业因为地理位置接近和成本因素偏重于环渤海地区，日本企业多以大连为中心，而韩国企业则以山东省为中心。其投资区位选择偏好可见表 6-10。

表 6-10　　　　　日、韩企业在中国投资区位分布比重　　　　（%）

国别	环渤海地区	华东沿海地区	华南沿海地区	其他地区
日本	40.1	33.1	9.6	17.1
韩国	66.5	6.7	2.8	24.0

资料来源：转引自罗进：《跨国公司在华战略》，复旦大学出版社 2001 年版，第 117 页。

但是，近年来，韩国一些大型企业为扩大在中国的销售市场，对山东省投资逐渐减少而对江苏省的投资激增。2006 年，江苏省超越山东省上升为韩国企业第一投资地区。

三、港台企业投资模式

中国香港和中国台湾地区的企业在对外开放初期最早进入并成

为中国大陆利用 FDI 的主要来源。1985 年到 1996 年期间，中国利用外资的三分之二来自中国香港、中国澳门和中国台湾地区。到 2006 年底，在中国利用外资的来源地排序中，香港和台湾列第一和第二位分别占同期 FDI 流入的 44.69% 和 9.29%。

与美欧企业和日韩企业相比，港台企业投资目的一是要开拓内地市场，扩大发展空间；二是利用内地廉价的劳动力、土地和优惠政策，降低生产成本。无论是香港还是台湾，当企业发展到一定程度后，都面临地域狭小、自然资源缺乏、消费市场有限的增长瓶颈。加之 20 世纪 70 年代以后，随着当地经济快速发展，劳动力成本大幅上升，劳动密集型制造业已不再具有比较优势。正是在这种背景下，港台企业成为对外开放后最早进入的境外投资者。

从投资区域的选择看，由于地理位置邻近和血缘纽带的影响，港资企业偏重于珠三角地区，在珠三角地区设厂达 5.8 万家。而台资企业则以珠三角地区和长三角地区为重心。截至 2005 年底，上海、江苏、浙江、广东和福建五省市就集中了台资企业的 88%，其中江苏和广东高达 58.2%，表现出明显的地区性集聚特征。

从投资行业看，港台企业多投资劳动密集型行业，如玩具、家具、服装、制鞋、机电、电子等行业，且大多为中小型企业。据调查，72.5% 的港资企业在 2007 年营业额不足 1000 万元，其产品大多为加工贸易，仅少部分在内地销售。

从投资动因看，港台企业属于资源寻求型，即利用大陆低廉的劳动力、土地资源来降低生产成本，提高产品的国际市场竞争力。这一点从投资区位和投资行业的选择上可集中体现。正因如此，近年来的国家政策调整和目前的国际金融危机对港台投资企业冲击特别严重。2007 年以来，国家出台了环保、节能降耗、劳动保护、利率调整等多项政策，导致了生产成本增加。据香港贸发局调查，仅劳动合同法的实施就提高了港资企业劳动成本 23.5%。许多港资企业反映，假设劳动力成本占 15%—30%，人民币升值 10%，又将增加生产成本 3%—5%。加上目前国际金融危机使海外市场需求减少，相当一部分港台企业已难以为继。据香港特区政府驻粤经济贸易办事处主任梁百忍认为：港资在广东的企业只有 20% 是大型或先进企业，可以化解危机；20%—30% 的企业将破产倒闭，其余 50%—60% 的企业则是需要扶助的边缘企业①。

从港台企业的出路看，目前正面临重大选择：要么进行产业转型或升级，要么向中西部地区转移。前者需要资金和技术的支持，而后者需要中西部地区加快投资环境建设以做好承接产业转移的准备。

第四节　中国利用外资的主要问题与政策调整

由于外资企业到中国投资的动因与中国利用外资的目标不同，加之中国政策和法律法规尚不健全，使得利用外资中存在许多问题，这直接影响到中国经济发展的宏观目标和企业微观目标的实现。

一、中国利用外资存在的主要问题

（一）投资产业结构不合理

从目前中国外商投资的产业看，主要集中在以制造业为主的第二产业上（见图 6－3），且大多以劳动密集型为主，来料加工组装项目较多，技术、资本密集型项目较少；在第一产业中，对基础薄弱的农业和采掘业投入太少；在第三产业中，以金融、房地产业居多，而交通运输、邮电通讯及综合技术服务业较少。从中国目前的经济发展看，农业和采掘业基础设施落后，交通、通讯、信息、运输等服务业发展滞后，在制造业中具有高新技术的部门还太少。在全球制造业的国际分工中，中国企业处在生产链的低端充当"加

---

① 引自张燕生："当前形势对珠三角地区港资企业影响"，《国际贸易》2009 年第 2 期，第 5 页。

工车间"的功能,出口的大都是附加值低的劳动密集型产品。显然,目前这种外方投资产业结构是不合理的。

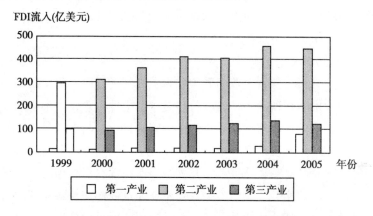

图6-3 FDI流入的产业分布 (1999—2005)

资料来源:国家统计局 (http://www.stats.gov.cn/tjsj/ndsj/)。

(二) 投资地区结构不合理

多年来,外商投资的重点一直集中在东部沿海地区而对西部内陆地区投资太少,东部地区利用外资的规模遥遥领先于中部和西部地区。据统计,截至2006年,在外商直接投资的项目数量、合同外资金额和实际利用外资金额三个方面,东部地区所占比重分别为83.02%、86.61%和86.85%,中部地区分别为10.77%、8.12%和8.79%,而西部地区仅分别占5.53%、5.14%和4.35%,且东部地区平均外商直接投资项目的规模远远超过中部和西部地区。同样,跨国公司在中国设立的研发中心也主要集中在以北京为中心的环渤海地区、以上海为中心的长三角地区和以深圳为中心的珠三角地区。这种外商投资的区位集聚,往往吸引了一大批中间产品供应商跟进投资,从而形成"产业集聚"。产业集聚由于其规模经济及已积累的技术、管理、人力资本和劳动力等生产要素又进一步吸引大量外商投资,从而提升了地区的产业优势。例如,长三角地区正在成为电子信息产业集群,珠三角地区已形成了珠江东岸的产业集群和珠江西岸的电子机械产业集群。而中西部地区的优势产业仍然集中在资源密集型、劳动密集型和资源加工型等行业，尚未形成具有特点的产业集群。显然，这种不合理的投资地区结构只能使东西部地区差距进一步加大。

（三）转移价格行为严重

转移价格是外资企业与其关联企业之间进行内部化交易活动时采用的价格。在理论上，转移价格是一个中性概念，并不必然代表避税行为。但在内部化交易过程中，当转移价格与市场价格不一致时则可能产生避税结果。从外资企业在中国的实际经营活动看，其内部化交易具有明显特征：一是外资企业内部交易行为与其进出口额显现高度的相关关系；二是外资企业通过内部交易转移利润与企业规模大小显现负相关关系；三是外资企业通过内部交易转移利润与国际避税地联系密切；四是外资企业的内部交易行为更易发生在外商独资企业中；五是无形资产（技术专利费、劳务费等）的频繁支付使内部交易的隐蔽性和复杂性不断增强。正因如此，在中国的外资企业利用内部交易中的转移价格每年逃避应缴所得税额达300亿元人民币[①]。转移价格不仅损害了国家的税收收益，而且侵蚀了中方投资者的利益。

中国学者曾对外资企业进出口价格与全国净价（扣除外资企业进出口数量、金额后的全国平均价）进行比较，仅在1990年统计的1500种商品中，外资企业进口价高于净价的有124种商品，出口价低于净价的有428种商品，通过进出口渠道转移的资金额为27.69亿美元，占外资企业进出口额的27.11%，占当年外商实际投资额的85.4%[②]。这种"低出高进"的转移价格几乎涉及每个

---

① 张小农："中国企业税负之怪现状"，http：//www.globrand.com/2006/04/19/20060419-155229-1.shtml。

② 转引自张晓虹、郭波、施小蕾：《新编国际投资学》，东北财经大学出版社2005年版，第181页。

行业，但轻工、仪表仪器、纺织、服装、机械设备行业比较突出。转移价格的另一种形式，是外商作价投资的有形及无形资产的价值普遍高于实际价值。1991 年 11 月到 1992 年底，江苏、福建、天津等地的商检部门共鉴定了 155 批外商投资设备，总报价为 7628 万美元，其中有 152 批设备高报，高报金额达 2206.6 万美元，高出实际价值28.88%。据国家检验部门估计，外商投资设备报价一般高出实际价值的 20% 左右。因为目前外商投资额中 70% 以上为实物形式，因此给中方带来的损失是长期的，因为以后外商将年年按虚报的投资额分红。另据国家税务部门的有关统计资料表明，1993—1994 年约有 40% 的外资企业有偷税、漏税和欠税行为。更有一些外资企业利用转移价格，采用少报和隐瞒应报税目、销售收入、经营利润以及虚增成本、乱摊费用、缩小利润数额、转移资产等手段造成人为亏损，以达到逃税目的，使国家经济利益蒙受损失。

（四）市场垄断趋于强化

随着中国经济持续高速增长，中国正在成为发达国家跨国公司争夺的战略要地，其争夺方式主要是通过并购控制中国的重要产业。目前，跨国公司并购主要集中在市场前景广阔的基础工业或垄断性较强的行业，如装备制造、钢铁、矿产开采、石化、电信、汽车、信息技术、金融等行业。尤其在中国加入 WTO 五年过渡期后和在市场准入更加开放的情况下，跨国公司几乎是按照中国入世的承诺时间表抢占国内银行、电讯、高新技术等战略产业。跨国公司对中国产业的并购具有明显的战略性并购特征，这集中体现在其提出的并购条件上，即必须绝对控股、必须是龙头企业、预期收益必须超过 15%[1]。这种苛刻的并购条件，显然不是为了单纯追求财务投资回报，而是表明跨国公司要整合和控制整个行业。美国柯达公

---

[1]　宣烨、王新华："跨国公司在华并购：一个资源观的视角"，《世界经济研究》2007 年第 6 期。

司并购中国感光材料行业开创了外资全行业并购整合的先河。在移动通讯行业，摩托罗拉、诺基亚和爱立信三家企业1999年的市场占有率达80%以上。在软饮料行业，可口可乐基本控制了国内大中城市的饮料市场。在轻工、化工、医药、机械、电子等行业，外资企业已占据国内1/3以上的市场份额。在并购中，跨国公司的初始目标是控制企业，最终目标是在中国市场上谋取更大份额，获取更多利益，故许多跨国公司采取各种措施以加强其市场垄断地位：一是借合资之机，有意低估中方品牌价值，压缩中方品牌产品的生产量，并扩大外方品牌产品的生产进而扩大外国产品的市场占有率；其二，通过控制销售渠道和市场推广，从而控制合资企业的产品价格水平；其三，通过控制技术转移和中方引进技术后的发展权，从而在企业中占据主导地位；其四，诱使中国一些地方城市搞全行业合资，以图轻而易举地获取垄断地位。

（五）环境污染不断加剧

20世纪90年代以来，一些发达国家因国际能源价格和国内环保标准的不断提高，加快向外转移高能耗、高污染产业。而中国一些地方为了通过招商引资拉动当地经济增长，往往降低环保标准引进"淘汰"产业由此加剧了对生态环境的污染。据中国公众与环境研究中心调查，到2007年8月15日，已有90家大型跨国公司出现在污染企业名单上，其中包括万事、通用、3M等世界500强企业[①]。污染涉及食品、电子、化工、冶炼、石油加工等行业，其范围遍及全国30个省市区。国内学者陈凌佳以工业SO_2污染强度为被解释变量，利用中国112个重点城市2001—2002年的年度数据，对外资企业对中国的环境污染进行了实证分析[②]，结果表明外商直接投资对中国的生态环境具有较显著的负面效应：外商直接投资每增加1%，工业SO_2污染强度增加0.0587%。在对东部、中部

① 人民网，2007年8月18日。
② 陈凌佳："FDI环境效应的新检验"，《世界经济研究》2008年第9期，第58页。

和西部三个地区分别进行的实证分析发现，外商直接投资对环境的污染强度由东向西逐渐增加，显现东低西高的梯度特征。这从另一个方面说明，东部地区在引资质量和环境污染治理上更优于西部地区。

二、入世后中国利用外资的政策调整

上述问题的产生，一方面深刻地反映出投资团的投资目标和我国利用外资目标的矛盾，另一方面清楚地表明我国利用外资政策方面的问题。因此，应对我国利用外资的政策进行反思和调整。

（一）中国原有外资政策的主要问题

改革开放以来，作为一个经济落后的发展中国家，中国为积极吸引外资对外国投资者给予了许多优于国内企业的待遇，即"超国民待遇"。但作为一个正在向市场经济体制转轨的国家，中国对外国投资者进入的行业及股权安排等方面又有一些"非国民待遇"的歧视存在。

1. 对外国投资者的"超国民待遇"

（1）税收方面。就所得税而言，内外资企业所得税率虽然均为33%，但外商投资企业的所得税税率根据设立地区差别（即在经济特区、经济技术开发区、高新技术产业开发区等）、企业性质（如生产性企业）和所属行业（如基础设施、第一、二、三产业）等方面的不同，可以按30%、24%、15%，甚至更低的税率征收。并且还可以享有"免二减三"（在外资企业投产后五年内，前两年免除企业所得税，后三年减半征收）的优惠。就地方税而言，各地区基本上对外资企业免征地方所得税。土地使用费、场地开发费、城市建设费、教育附加费等各种费用，外资企业均可享有优惠待遇。另外，外资企业还享有再投资退税等方面的税收优惠。

（2）生产经营自主权方面。外资企业享有生产、采购、销售、人事、资金、物资等各方面的经营自主管理权，尤其是外资企业拥有进出口经营权，而国内企业目前仍只有少数企业拥有进出口经

营权。

（3）用汇方面。外资企业可以直接向外资银行借贷外汇，而国内企业则受到国家外汇信贷指标的严格限制。

这些优惠政策带来了许多弊端：首先，优惠政策造成了一般国内企业与享有优惠待遇的外资企业的不公平竞争，拉大两者差距，对国内企业造成较大压力。其次，为了享受税收优惠，一些国内企业将资金转移到国外避税地再回流国内变为"外资"，使国家财政收入遭受巨大损失。第三，有的中小型外资企业为了利用"免二减三"的税收优惠，投资于投入少、见效快的行业，有违中国引进外资的初衷；同时，减免税范围过宽，对高新技术产业投资的优惠并不突出，影响中国引进外资的质量和国民经济的持续增长。第四，某些暂时性优惠政策使注重长期回报率的大型跨国公司投资抉择困难。第五，地区政策不一，进一步拉大了东西部差距，扭曲了外资流向。第六，法律规范冲突。如《公司法》虽将内外资相提并论，但又适用于其他涉外法规，在发生争议时没有统一的依据可循。而且中国法律法规，尤其是各地方政府的规章制度透明度不高，使外商莫衷一是，对投资抉择不利。

2. 对外国投资者的"非国民待遇"

（1）对外商投资行业的限制。1995 年 6 月，国家计委、国家经贸委和外经贸部联合发布了《指导外商投资方向暂行规定》和《外商投资产业指导目录》，这是中国首次以法规形式对外公布鼓励、允许、限制、禁止外商在华投资的产业领域，以指导外商在华投资的产业方向。依据上述两个文件规定，禁止外商投资的具体行业是：新闻业、军用武器生产业、广播影视业、中国具有优势的传统轻工业以及国家保护的野生动植物资源及稀有的优良品种、绿茶、特种茶等。此外，对外商投资服务业也有很大限制。

（2）其他限制措施。主要体现在中国制定的《外资企业法》和《合作企业法》中，对外资企业规定的如下限制性要求：①"外汇平衡"要求，即规定外资企业在经营活动中"应自行解决外汇收支平衡"；②"当地含量"要求，即规定外资企业生产所需的原材料和零部件"应尽先在中国购买"；③"出口业绩"要求，即规定外资企业产品"应全部出口或大部分出口"；④"生产经营计划备案"要求，即规定外资企业的生产经营计划"应报主管部门备案"。这些规定内容显然受中国当时国际收支逆差、外汇短缺和传统经济体制管理的影响。

（二）入世后中国外资政策的调整

2001 年中国加入 WTO 前后，中国对外资政策法规进行了调整以与 WTO 规则保持一致。这些政策调整主要体现在以下两个方面：

1. 对外资企业实行国民待遇

2000 年 10 月，全国人民代表大会对《外资企业法》和《合作企业法》进行了修改，2001 年 4 月国务院又对《中华人民共和国外资企业法实施细则》作了修改并重新发布。这些修改主要是履行入世承诺，对外资企业实行国民待遇：放宽对设立外资企业的限制；取消"外汇平衡"、"当地含量"、"出口业绩"、"计划备案"等与 WTO《与贸易有关的投资措施协议》相违背的法规要求；统一内外资企业所得税率；加强对知识产权的保护等。

2. 扩大外资企业的投资领域

2002 年 2 月，国务院发布了《指导外商投资方向规定》，同年 3 月又发布《外商投资产业指导目录》，以法规形式公布了对外资企业的产业政策，以提高政策透明度。为了适应扩大开放和引进先进技术的需要，将国内急需发展的产业列为鼓励类外商投资产业项目，同时扩大服务业对外开放，允许外资企业进入银行、保险、证券、电信、旅游、运输、外贸、医疗、教育等行业，从而为外资企业提供更大的经营空间。

从以上政策调整的内容看，总的指导思想是扩大对外开放，为外商投资提供一个公平的竞争环境以适应 WTO 的规则需求。

（三）进一步利用外资的政策建议

中国正处于工业化中期，资本要素的投入和积累在相当长的时期内都是推动经济发展的关键因素。在全球化时代，吸引外商直接投资实际上是抓住国际产业转移机遇的最主要方式，它对于提升中国在国际产业分工中的地位和提高国际竞争力具有不可替代的作用。因此，吸引外商来中国直接投资应是一项长期政策，不应因储蓄、外汇"双缺口"消失而弱化。我们对进一步利用外资的政策建议是：

1. 推动利用外资从"量"到"质"的根本转变

现有利用外资政策的中心是强调引资数量，显然这与传统粗放型增长方式密切相关。这导致了各地招商引资的恶性竞争，进一步加剧了资源和环境方面的矛盾。中国今后必须走资源节约、环境友好、内外均衡和可持续发展的道路，因此提高利用外资的质量至关重要。应使利用外资的重点从弥补资金、外汇不足转到优化引进外资结构和提高利用外资水平上来，切实推动我国的产业升级和技术创新，并注重生态建设、环境保护和资源节约，促使我国经济健康、持续、高效发展。

2. 从政策竞争转向政策优化

优惠政策竞争只能在拥有同等要素密集度的各个生产区位的选择中产生影响，一些大型跨国公司更重视东道国客观经济政策和投资环境的稳定及定量，对税收优惠并不看重。因此，中国外资政策的调整方向应该从过去的政策竞争向政策优化转变，即通过进一步的改革开放来营造吸引外部资本要素的经济环境和市场环境。其主要内容有：其一，完善投资环境，包括软环境和硬环境建设；其二，深化体制改革，包括政府职能和企业制度的改革；其三，建立技术创新体制，包括产学研合作体制、投融资体制、中介服务机制等方面的创新；其四，引进市场竞争机制，以保证各类经济主体在公正的条件下展开竞争以提高经济效率。

3. 促进外商投资向内地转移

目前，中国沿海地区的一些外资企业因成本提高不得不向外转移，这对于内地承接产业结构转移是难得的机遇。因此应制定鼓励性政策，推动中西部地区加强与东部的合作，发挥劳动力、土地等方面的成本优势，打造适宜投资的区域环境。努力改革经济管理体制，提高政府效率，弥补交通运输成本高、商业配套环境不足等缺陷，促进外商投资向内地转移。

4. 扩大服务业利用外资规模

在全球新一轮产业转移即服务业全球转移的过程中，经历30年对外开放的沿海地区已具备大规模承接服务业转移的能力。因此，应制定鼓励性政策推动东部沿海地区在生产性服务领域（如物流、金融、保险、信息服务、技术研发等）和非生产性服务领域（如贸易、广告、会计、法律、咨询、旅游、传媒等）扩大外资准入，培植服务外包基地和中心，吸引外资开展服务外包①业务，使中国早日成为服务外包强国。

---

① 服务外包（Service Outsourcing），是将生产或经营过程的某一个或几个环节，交由其他实体完成的一种商业运作方式。主要包括：生产服务外包、研发设计外包、IT服务外包、共同服务外包和后台服务外包等。随着跨国公司战略的发展和商务模式的变化，其内容还会增加，形式还会创新。

第七章　中国对外投资

经济全球化已成为不可阻挡的历史潮流，为了适应这一历史潮流，在 20 世纪 80 年代初，中国制定了对外开放的政策。对外开放体现在资本的国际流动上实际包含两方面的含义：就是一方面要大量吸收和利用外资，另一方面要积极扩大对外直接投资，即"引进来"和"走出去"。对外开放 30 年来，中国不仅吸收了大量的国外投资，而且随着经济实力的不断增强，中国也逐步成为对外直接投资增长迅速的国家。从某种意义上说，开展对外投资是中国发展外向型经济的必由之路。

第一节　中国对外直接投资的历程与特征

中国 FDI 的发展历程和基本特征，无论是与发达国家还是与其他发展中国家相比，都有明显的区别，表现出浓厚的中国特色。

一、发展历程

中国对外直接投资的发展，按照不同时期的特点，大体可分以下四个阶段。

（一）起步阶段

这一阶段是从 1979—1984 年。1979 年 8 月 13 日国务院颁布的《关于经济体制改革十五项措施》中第十三项首次提出要出国办企业，从此拉开了中国企业对外直接投资的序幕。1979 年 11 月，北京市友谊商业服务总公司与日本东京丸一商事会社合资在东京创办了"京和股份公司"，成为中国第一家对外直接投资企业。随后，又相继出现了一批中国在境外投资的企业。但最初几年，中国对外直接投资只是尝试性的，企业数量很少，投资规模极为有限，投资领域主要集中在航运服务、承包工程和餐饮等少数行业，在管理上仍沿袭中央高度集中的统一管理。1984—1985 年，中国对外直接投资有所增长，1985 年中国境外企业已达 169 家，投资领域扩展到资源开发、装配加工等方面的项目。从总体看，这一阶段的中国对外直接投资规模小，境外企业数量也少。例如 1982 年和 1983 年，中国对外直接投资额分别仅为 0.449 亿美元和 0.93 亿美元，1984 年才增长到 1.34 亿美元①，投资企业基本上为国有专业外贸公司和隶属于地方政府的经济技术合作公司。

（二）摇摆阶段

这一阶段是从 1985—1991 年。1985 年，原中国对外经济贸易部制定了《关于在国外开设非贸易性合资经营企业的审批程序和管理办法》。根据这一文件，国内任何企业只要具备相关条件②都可以申请建立境外合资企业。一批大型企业迅速反应，不仅外贸企业而且一些大型制造企业如首都钢铁公司也加入对外直接投资的队伍。因此，中国对外直接投资规模迅速增长，1985 年达到 6.29 亿美元，1988 年又扩大到 8.5 亿美元③。然而，1989 年天安门事件发生后，中国政府重新加强了控制并暂停了对贸易型境外企业的审批，从而使对外直接投资迅速发展的势头受到遏制。

（三）重启阶段

这一阶段是从 1992—2003 年。1992 年邓小平发表南方谈话以后，中国政府明确提出了经济体制改革的目标是建立社会主义

---

① 根据中国外汇管理局公布数据。

② 该文件规定申请建立境外企业和应具备的条件是：拥有相关经济资源、一定的技术水平和经营特长及合作伙伴；投资项目有利于获得国外先进技术与设备或国内紧缺的原材料和产品；能够增加国家外汇收入，带动海外劳务合作和出口等。

③ 根据中国外汇管理局公布数据整理或计算。

市场经济体制，并制定了充分利用国内国外两种资源和开发国内国际两个市场的战略。所以，中国对外直接投资重新启动且投资规模有所提高。1991 年中国对外直接投资额为 9.13 亿美元，1992 年上升到 40 亿美元，1993 年进一步升至 44 亿美元。此后又开始了反复，1994 年随着政府实施紧缩的货币政策后，中国的对外直接投资开始下降，1994 年和 1995 年的年对外直接投资额均降为 20 亿美元左右，相当于 1992 年、1993 年的一半。在接下来的八年（1996—2003 年），年均对外直接投资流量大体保持在 26 亿美元左右①。

（四）推进阶段

这一阶段是从 2004 年开始至今。其背景是中国加入世界贸易组织后，过渡期行将届满。从 2004 年开始，中国对外直接投资规模急剧扩大。2004 年对外直接投资额达 55.3 亿美元，比上一年增长 93%，2005 年、2006 年、2007 年和 2008 年则分别上升到 122.6 亿美元、176.3 亿美元、265.1 亿美元和 406.5 亿美元，同比增长率分别达 123%、43.8%、50.6% 和 63.6%②。截至 2008 年底，中国对外直接投资存量累计达 1585.6 亿美元，中国境外企业已超过三万家，投资区域几乎遍及全球各国，一跃成为发展中国家中对外投资最多的国家。

二、基本特征

从 1979 年至今，中国开展对外直接投资已经走过了 30 年，与发达国家和其他发展中国家相比，中国的对外直接投资具有以下基本特征。

（一）增长迅速但起伏很大

中国对外直接投资出现在改革开放之初。在起步阶段的头几年，投资规模很小，年均投资流量不到 4000 万美元，但随着改革

---

①②　根据中国外汇管理局公布数据整理或计算。

开放的推进，对外直接投资规模迅速增长，在1985—1991年的摇摆阶段，年均投资流量已上升到7.28亿美元；即使在重启阶段，增长速度减缓，1992—2003年间的年均投资流量也达31.11亿美元左右，几乎是摇摆阶段年均投资流量的4倍；而到了推进阶段，仅2004—2008年间的年均投资流量就达205.16亿美元，又是重启阶段年均投资流量的9倍多，可见，在总体发展趋势上，中国对外直接投资规模呈加速度发展。但如果从不同的发展阶段看，规模增长的起伏又相当大，这从表7-1和图7-1中可以得到清楚的反映。

表7-1　　　　　1979—2008年中国对外直接投资增长情况

年份	FDI流出（亿美元）	年份	FDI流出（亿美元）	年份	FDI流出（亿美元）
1982	0.449	1991	9.13	2000	22.39
1983	0.93	1992	40.00	2001	70.92
1984	1.34	1993	44.00	2002	27.00
1985	6.29	1994	20.00	2003	28.50
1986	4.50	1995	20.00	2004	55.30
1987	6.45	1996	21.41	2005	122.60
1988	8.50	1997	27.24	2006	176.30
1989	7.80	1998	28.18	2007	265.10
1990	8.30	1999	23.77	2008	406.50

资料来源：根据国家外汇管理局公布的中国历年国际收支平衡表中借方数据和商务部2002—2008年《我国非金融类对外直接投资统计情报》数据整理。

（二）投资区域集中于亚洲和拉美

中国对外直接投资的区域非常广泛，已涉足173个国家和地区，但亚洲和拉美地区是主要的投资区域。到2007年底，中国67.2%的对外直接投资流向亚洲，20.9%流向拉美，而流向非洲、

图 7 - 1　中国对外直接投资增长态势（1979—2008）

北美、欧洲和大洋洲的比例分别为 3.8%、2.7%、3.8%和 1.6%[①]。

　　值得注意的是，拉美地区成为中国对外直接投资的主要区域之一是在 2003 年以后。1979—2002 年期间，拉美地区只吸纳了中国对外直接投资的 7%，但从 2003 年起，中国对该地区的投资迅猛增长，2003—2006 年，中国向拉美地区的投资分别为 10.3 亿美元、17.4 亿美元、64.5 亿美元和 84.4 亿美元，分别占中国当年对外直接投资额的 36.1%、36.1%、52.6%和 47.8%[②]。究其原因，这些投资大都投向加勒比海的开曼群岛和维京群岛，由于两地是著名的避税地，具有转口投资获取避税之利从而掩盖了真正的投资地，因此这种投资分布不具备分析价值，而分析 2002 年之前中国的投资地域分布更有意义。

　　1979—2002 年期间，按区域分布和国家（地区）类别分布标准划分，中国对外直接投资的地域分布可如表 7 - 2 和表 7 - 3 所示。

----

①② 　根据商务部历年公布的数据计算得出。

表7-2 中国对外直接投资的区域分布 （%）

时间 投资区域	1979—1990	1991—1995	1996—2000	2001—2002	1979—2002
亚洲	19.4	22.5	31.4	64.4	59.8
北美	33.2	45.1	9.1	5.2	13.6
非洲	4.9	8.3	28.8	7.9	8.8
拉美	5.1	3.9	22.1	4.5	7.0
大洋洲	31.7	9.1	3.1	4.3	6.0
欧洲	5.7	11.1	3.8	5.9	4.9

资料来源：根据原中国外经贸部历年公布的数据整理。

表7-3 中国对外直接投资在不同类别国家的分布 （%）

时间 投资国家类别	1979—1990	1991—1995	1996—2000	2001—2002	1979—2002
发达国家	67.0	56.5	15.3	20.5	22.7
发展中国家	30.3	34.5	80.1	76.4	74.4
转轨国家	2.7	9.0	3.0	3.3	2.9

资料来源：根据原中国外经贸部历年公布的数据整理。

从以上两表的数据可以看出，在1979—2002年期间，中国虽然对发展中国家投资比重较大但主要集中在亚洲地区。需要说明的是，对亚洲的投资又高度集中在香港，分别占中国对亚洲投资项目的55.1%和投资流量的74.3%[①]；其次是东盟；对西亚，中亚投资较少。

值得注意的是，中国在1995年之前是以少数发达国家为主要投资地，其中又集中在美国、加拿大、澳大利亚三国，而与此同时中国周边的发展中国家却没有成为主要投资地，这种对外直接投资的地理格局似乎与传统的国际投资理论相矛盾[②]，如何合理解释这

———————

① 根据原外经贸部、商务部历年公布的数据计算得出。
② 传统的国际投资理论认为，发展中国家对外直接投资的路径是，初期向邻近人文环境相似的发展中国家投资，待积累足够的经验和实力后再拉长投资距离，后期才可能向发达国家投资。

一现象，也是值得我们加以探讨的。

（三）投资行业向资源开发转移

早期的中国对外直接投资行业主要集中在服务业。根据
1993 年底中国对外直接投资细分的行业分布数据，中国海外企
业的分布比例从高到低依次为：贸易型 24%，生产型 19%，餐
饮旅游型 18%，工程型 16%，金融保险型 12%，资源开发型
5%[①]。若从投资金额来看，中国对外直接投资在服务业、资源
开发和制造业中的投资比例分别是 61%，25% 和 14%[②]。在服
务业投资中，以贸易公司形式出现的贸易型投资虽然企业数量
众多但投资规模较小，而金融保险方面的投资虽然海外分支机
构少但规模很大。

近年来中国对外直接投资中，仍以第三产业为主，但采矿业的
比重大幅上升。以 2006 年为例，中国对采矿业投资 85.4 亿美元，
占当年对外直接投资额的 40.4%，主要集中在石油、天然气和黑
色金属开采上；对商务服务业投资 45.2 亿美元，占 21.4%；而对
制造业投资 9.1 亿美元，只占 4.3%[③]。从中国对外直接投资的存
量看，到 2006 年底的行业分布情况可见表 7－4 所示。

表 7－4　2006 年底中国对外直接投资存量[*]的行业分布情况

投资行业	对外直接投资额（亿美元）	占中国 FDI 总额比重（%）
商务服务业	194.6	26.03
采矿业	179.0	23.95
批发零售业	129.6	17.34
交通运输、仓储、邮政业	75.7	10.12
制造业	75.3	10.06

①②　转引自刘阳春："中国企业对外直接投资的特征研究"，《经济与管理研
究》2008 年第 11 期，第 57—58 页。

③　根据商务部《2006 年度中国对外直接投资统计公报》中相关数据计算得出。

投资行业	对外直接投资额（亿美元）	占中国 FDI 总额比重（%）
房地产业	20.2	2.70
信息传输、计算机服务业	14.5	1.90
其他	59.2	7.90

* 中国对外直接投资存量（至 2006 年底）为 81.3 亿美元。

资料来源：根据商务部《2006 年度中国对外直接投资统计公报》数据计算得出。

（四）投资方式由创建转向并购

对外直接投资的方式分为创建和并购两种；在境外投资的企业形式则分为合资、合作和独资三种。中国对外直接投资初期投资方式以创建为主，境外企业形式则以合资为主。20 世纪 90 年代后期开始，中国跨国并购所占比重明显提高。1998 年，中国企业跨国并购额占当年对外直接投资额的 48%，2000 年上升到 51.3%，2002 年为 36.7%；2005 年跨国并购额为 62 亿美元，占当年对外直接投资额的 50.5%，2006 年跨国并购额达 82.5 亿美元，所占比例为 46.8%[①]。表 7 - 5 中列出了 2002—2009 年中国一些大企业参与跨国并购的部分重大事件。

表 7 - 5　　2002—2009 年中国企业参与跨国并购的部分事件

年份	跨国并购事件内容
2002	· 中海油收购西班牙瑞普索公司、英国石油（BP）持有的印尼油田权益。 · 中石油收购印尼戴文能源集团的油田和天然气资产。 · 中国网通收购美国亚洲环球电讯公司，取得绝对控股权。
2003	· 北京东方集团收购韩国现代 TFT-LCD 业务，取得进入全球的市场通道。 · TCL 与法国汤姆逊合并重组，成立净资产超过 4.5 亿欧元的新公司。
2004	· 上汽集团收购韩国双龙汽车 48.9% 股份，总值超过人民币 40 亿元。 · 联想集团以 6.5 亿美元现金和价值 6 亿美元股票收购 IBM 的 PC 业务。
2005	· 中石油以 27.53 亿美元收购哈萨克斯坦 PK 石油公司。

---

① 根据商务部《2006 年度中国对外直接投资统计公报》中相关数据计算得出。

续表

年份	跨国并购事件内容
2006	·中石化以 35 亿美元收购 Udmurtneft 石油公司。 ·中信集团以 19.1 亿美元收购哈萨克斯坦国家能源石油公司。 ·金川集团与宝钢集团以 10 亿美元收购菲律宾一镍矿。
2009	·中石油以 100 亿美元投资马来西亚一炼化项目。 ·中石化以 72 亿美元收购瑞士 Addax 石油公司 1.576 亿股股票。 ·中国五矿以 13.86 亿美元收购澳大利亚 OZMinerals 公司主要资产。

资料来源：转引自刘阳春："中国企业对外直接投资的特征研究"，《经济与管理研究》2008 年第 11 期，第 59 页和 2009 年 5 月 20 日《新商报》。

（五）投资主体良莠不齐

目前，中国从事经营的企业达三万多家，主要的分为四类：一是外贸专业公司和大型贸易集团，包括中央政府和各级地方政府直属的外贸专业公司和大型贸易集团，是中国企业海外经营的先锋和跨国并购的主力；二是大型生产性企业或企业集团，如首钢集团、海尔集团，这些企业海外经营起步虽晚但正以较快的发展速度向海外扩张；三是大型金融保险、多功能服务公司，包括中国银行等五大专业银行、中国人民保险公司、中国远洋运输集团公司、中国建筑工程总公司等，这些公司资金雄厚，提供专业化服务，经营规模较大；四是中小型企业，主要是乡镇企业、国有或集体所有制甚至民营中小企业。这些企业数量多，投资规模小，经营品种单一。从企业产权结构看，投资主体正从过去单一的国有企业主体向多种所有制企业主体的格局转变，国有企业所占比重不断下降而股份制企业和民营企业比重不断上升。

第二节　影响中国对外直接投资的因素分析

中国对外直接投资经过二十多年的缓慢发展，从 2005 年以来迅猛增长，其原因何在？而中国日益增多的企业参与对外直接投资，其动因又是什么？下面，让我们对此展开分析。

一、中国对外直接投资迅速增长的原因

从理论和实践角度看，中国在短期内对外直接投资迅速增长的原因主要有以下三个。

（一）国内经济发展水平大幅提高

邓宁（Dunning）曾提出投资发展周期理论，用以解释一国在国际投资中的地位变化与其经济发展水平之间的动态关系。该理论认为，随着一国人均 GNP 水平的提高，该国对外直接投资呈现出规律性的周期变化（具体内容见第三章相关部分）。

20 世纪 80 年代初期，中国经济处于较低发展水平，人均 GNP 只有 200 多美元。与此相应，中国引进外资流量很少，对外直接投资则更少。进入 90 年代后，人均 GNP 出现大幅增加，同时外资流入和中国对外直接投资额均快速上升。具体情况可由表 7 - 6 得到反映。

表 7 - 6　　　1982—2008 年中国 FDI 流入、流出与人均 GNP 的变化

年份	FDI 流入（亿美元）	FDI 流出（亿美元）	净 FDI 流出（亿美元）	人均 GNP（美元）*
1982	4.3	0.44	-3.86	279.51
1983	6.36	0.93	-5.43	295.09
1984	12.58	1.34	-11.24	298.67
1985	16.59	6.29	-10.3	292.17
1986	18.74	4.50	-14.24	278.9
1987	23.14	6.45	-16.69	298.76
1988	31.94	8.50	-23.44	367
1989	33.93	7.80	-26.13	403.44
1990	34.87	8.30	-26.57	343.7
1991	43.66	9.13	-34.53	355.61
1992	110.07	40.00	-70.07	419.07

年份	FDI 流入 (亿美元)	FDI 流出 (亿美元)	净 FDI 流出 (亿美元)	人均 GNP (美元) *
1993	275. 15	44. 00	− 231. 15	520. 31
1994	337. 67	20. 00	− 317. 67	469. 21
1995	375. 21	20. 00	− 355. 21	604. 24
1996	417. 25	21. 41	− 395. 84	703. 13
1997	452. 57	27. 24	− 425. 33	774. 45
1998	454. 63	28. 18	− 426. 45	820. 86
1999	403. 19	23. 77	− 379. 42	864. 79
2000	407. 15	22. 39	− 384. 76	949. 22
2001	468. 78	70. 92	− 397. 86	1041. 68
2002	527. 43	27. 00	− 498. 94	1135. 44
2003	535. 05	28. 50	− 506. 55	1273. 65
2004	606. 30	55. 30	− 551	1490. 43
2005	603. 25	122. 60	− 480. 65	1713. 93
2006	694. 68	176. 30	− 518. 38	1997. 99
2007	747. 68	265. 10	− 482. 58	2523. 15
2008	923. 96	406. 50	− 517. 46	3266. 00

 * 人均 GNP (美元) 均用当年汇率进行了数据处理。

　　资料来源:根据中国外汇管理局历年公布的国际收支平衡表,原外经贸部、商务部历年公布的数据和历年《中国统计年鉴》的相关数据整理。

　　根据表 7 – 6 中国净对外直接投资的变化可以看出:20 世纪 80 年代净 FDI 流出为负数且差额很小,按照投资发展周期理论,这一时期中国处于投资发展周期的第一阶段;从 90 年代初开始,FDI 流入增幅高出 FDI 流出增幅,净 FDI 流出绝对值不断增大,表明中国处于投资发展周期第二阶段;而从 2006 年开始,FDI 流出增幅超过 FDI 流入增幅,净 FDI 流出绝对值逐渐减小,表明中国正在转入投资发展周期的第三阶段。在第三阶段,对外直接投资将迅速增加。

我国学者梁军和谢康[1]曾以中国净 FDI 流量作为被解释变量，以中国人均 GNP 作为解释变量，提出如下计量模型：

$$Y_t = b_0 + b_1 PGNP + b_2 (PGNP)^2 + U_t \qquad (1)$$

式中，Y_t 代表中国净 FDI 流量，PGNP 代表中国人均 GNP，采用中国 1982—2006 年的相关数据，经拟合得到如下结果：

$$Y_t = 246.4071 - 0.9797 PGNP + 0.000261 (PGNP)^2 \qquad (2)$$

$$P \text{ 值} = (0.0000) \qquad (0.0000) \qquad (0.0001)$$

$$R^2 = 0.9353 \qquad 校正 R^2 = 0.9294$$

$$F = 158.8625 \qquad P(F) = (0.0000)$$

回归结果显示，模型的拟合优度超过 0.93，校正的拟合优度也接近 0.93。表明中国人均 GNP 水平提高与中国净对外直接投资流量的变化高度相关。从系数的符号看，人均 GNP 一次方的系数（b_1）符号为负，人均 GNP 二次方的系数（b_2）符号为正，既与投资发展周期理论所揭示的规律吻合，也与中国净对外直接投资流量随经济发展水平（GNP）的提高先降后升的特征相符。从中国发展实际情况看，2006 年人均 GNP 接近 2000 美元，而净 FDI 流量开始减少。根据上述模型的分析结果可以推断，在 2006 年前，中国的国际投资结构处于投资发展周期的第一、二阶段，而 2006 年后则开始转入第三阶段。这一推断与投资周期理论中的经验数值[2]也是大体相符的。

（二）人民币持续升值

自从 2005 年 7 月人民币实行汇率改革以来，升值成为其汇率变动的基本趋势。汇改前的 2005 年 6 月，1 美元折合人民币 8.2765 元，2005 年底升到 8.0702 元，2006 年底为 7.8087 元，

---

[1] 详见梁军、谢康："中国'双向投资'的结构：阶段检验与发展趋势"，《世界经验研究》2008 年第 1 期，第 6 页。

[2] 邓宁在投资发展周期理论中，提出划分一国 FDI 不同发展阶段的经验数值是：第一阶段人均 GNP 不足 400 美元；第二阶段人均 GNP 为 400—2000 美元；第三阶级人均 GNP 为 2000—4750 美元。

2007 年底进一步升到了 7.4094 元，2008 年甚至一度"破七"。人民币的持续升值，一方面会提高中国企业对外投资的实力和潜力（以美元计）。另一方面也不断提高中国国内各种要素和商品的国际价格，进而增加出口成本，由此而产生的替代效应也会推动对外直接投资的扩大。历史的经验表明，与一国本币升值相伴随的往往是该国大规模对外直接投资。在 20 世纪 80 年代中后期日元升值期间日本大规模对外投资就是例证。

（三）鼓励性政策扶持

自 2001 年底中国加入 WTO 以来，中国对外经济投资体制逐步与国际接轨，相继出台了一系列对外投资的政策法规。例如，在境外投资项目管理方面，取消了政府境外投资的审批权而以核准权代之，并对各级政府部门投资额审批权限也大幅放宽；在外汇制度管理方面，对境外投资用汇额度和购汇额度的审查限额也适当放宽；在金融支持方面，由发改委与中国进出口银行共同建立境外投资信贷支持机制，承担对国家利益有重大影响的海外投资企业提供"境外投资专项贷款"等。此外，各级地方政府也出台了许多鼓励性政策。例如，大连市政府制定了《大连市进一步促进软件和服务外包产业发展的若干规定》并于 2009 年 1 月 1 日起实施；大连亿达集团在日本并购 AITACA 和 NIC 两家公司，获政府奖励 50 万元和 20% 的海外并购补贴。这些鼓励性政策对中国企业对外直接投资起到了积极的推动作用。国内学者张为付曾以 1995—2006 年的统计资料，就影响中国对外直接投资的因素进行了实证分析[①]，结果表明：政府政策的支持力度每增加 1%，中国对外直接投资的规模即增加 1.5% 左右，两者呈正向关系。这无疑从实证角度进一步论证了这一点，而 20 世纪 80 年代和 90 年代出台的一些整顿性政策往往导致中国对外直接投资的大幅波动，则从反面证明了政策

---

① 详见张为付："影响我国企业对外直接投资因素研究"，《中国工业经济》2008年第 11 期，第 134—137 页。

因素的重要性。

二、中国对外直接投资的动因分析

主流的国际直接投资理论认为，开展对外直接投资的企业必须具有垄断性的竞争优势。按照这种论断，中国的绝大多数企业都不可能对外直接投资。因为无论从规模、资本还是从技术水平、经营管理等方面，中国企业同发达国家的跨国公司都存在明显的差距。但事实上，中国的许多企业都走上了跨国经营之路，不少企业还打入了发达国家市场。这种现实使我们有必要来重新审视居于主导地位的垄断优势理论。

我们认为，传统的垄断优势理论至少忽视了两点：一是企业跨国竞争的优势具有相对性，而非绝对性；二是跨国企业的优势具有动态性，跨国经营的发展过程将使企业获得和增加新的优势。

首先，来看跨国竞争优势的相对性。企业的竞争优势应该由多方面的因素构成，并且总是相对于同一市场中同一行业的其他企业而言。不可否认，在世界范围内发达国家企业在总体上具有绝对优势，但如果深入到具体行业，不同国家的企业则可能各有所长具有自己的相对优势。由于世界经济发展的不平衡，不同国家的企业进入不同的东道国市场，企业优势对比的相对性也就更为明显。例如，在相对落后的发展中东道国，相对先进的发展中投资国转让的实用技术，因可以密集使用劳动而且价廉，就可能比发达国家密集使用资金的先进技术更受欢迎。

其次，再来看跨国竞争优势的动态性。跨国经营不仅是企业实现优势的活动，也是企业在更大的空间范围内寻求优势的活动。凡是进行对外直接投资的企业，总是有可能获得原先在国内所无法取得的经营条件，比如国内稀缺资源的供给、低成本的生产或运输条件、新增的市场空间以及外国政府给予的特殊优惠等。这些只有通过直接投资才能取得的经营条件，实际上增加了跨国企业相对于国内企业原有的竞争优势。维农的产品生命周期理论和邓宁的区位优势论实际上已认识到这一点，但他们认为这种可能性只是对于具有寡占地位或垄断优势的企业才存在，从而忽视了它具有的普遍意义。获得国外有利的经营条件从而增加自己的竞争优势，实际上是各种类型企业寻求跨国发展的普遍动因。国际跨国企业的成长史也证明了这一点。只要国外确实存在可利用的有利条件，而这种条件又是国内暂时没有或不易取得的，企业通过对外直接投资去谋求这种有利的经营条件从而增加自身优势就是不可避免的。

据此我们认为，现阶段中国企业开展对外直接投资的动因与发达国家的跨国公司是不同的：发达国家的跨国公司是凭借垄断优势，通过对外直接投资来谋求全球经营的利润最大化；而对中国企业来说，主要是利用某种相对优势，积极向国外寻求有利的经营条件，这才是目前许多中国企业对外直接投资的主要动因。从中国的现实情况看，经过三十多年的经济发展和对外开放，许多中国企业通过对引进技术和管理的消化吸收已形成了相对优势。而国内市场竞争日趋激烈，且国内传统体制向市场经济转轨的过程中存在着多种不稳定因素，经营环境不尽如人意，这就促使这部分企业走出国门去寻求有利的经营环境和机会。根据不同的具体情况，中国企业对外直接投资有以下几种典型的动因类型。

（一）市场寻求型

克鲁格曼所倡导的新贸易理论认为，在一个不完全竞争的世界，贸易和投资由源于聚集效应的外部经济和源于内部能力的内部经济所驱动。其中，外部经济就取决于市场规模的大小。因此在开放经济条件下，寻求和占有更广阔的国外市场，同样也是中国企业跨国发展最基本和最普遍的动因。商务部《2006 年度中国对外直接投资统计公报》的数据显示，贸易服务业、批发零售业、制造业等市场依赖性行业在我国 FDI 存量中占 70%，这足以说明市场寻求型的重要地位。目前，通过对外直接投资来开拓和占领国外市场的，主要是如下四类企业。

1. 处于转型中的国有外贸企业

该类企业在传统的计划经济体制下是中国商品进出口的唯一渠道。20世纪80年代以来，由于各国贸易保护主义的不断加强，使得对外直接投资成为开拓和保护出口市场的重要手段。同时，国内贸易体制的改革，打破了它们过去专业分工过窄和独家垄断的经营地位，使它们改变传统经营方式，走上对外投资的跨国发展道路。例如，中国化工进出口总公司自1988年以来，先后在主要的出口市场国家和地区设立贸易和非贸易子公司及其他机构，有效地巩固和扩大了其在国外的石油、化工产品市场。

2. 生产能力相对过剩的工业企业

这些企业一般有着成熟的技术和产品，一方面由于企业产品已经进入成熟期，国内需求增长率下降，使国内总的生产供给能力相对过剩；另一方面，由于同行业企业数量多，使得企业争夺国内市场的竞争激烈。这就促使一部分企业通过在有关市场国家投资生产来开拓市场。如上海的纺织企业就先后在毛里求斯、墨西哥、哥斯达黎加、中国香港等国家和地区投资兴办合资生产企业十多家，转移和利用了国内的设备和技术。又如有不少电视机生产企业到蒙古、巴基斯坦等发展中国家投资设厂，充分利用闲置的生产能力。

3. 拥有技术实力的科技开发企业

这些企业一般拥有国内最新的科技产品，但这些产品在国内市场成长较慢，受限于技术产品更新周期短的压力，所以通过对外直接投资方式积极向国外市场扩展。因为直接投资有利于保护技术秘密，可以获得更充分的回报。在国内科技体制改革深入发展以后，这类企业正日益增多。例如中科院所属的联想计算机集团公司，以联想汉字系统这一拳头产品开拓国际国内两个市场，已在中国香港、美国、加拿大、德国、澳大利亚、新加坡和中国大陆24个分公司，其研制开发的各种微机主机和功能卡等产品大量销往四十多个国家和地区。

4. 对外工程承包和劳务合作企业

这类企业开拓的是另外一类市场，即劳务市场。随着世界劳务市场的竞争日趋激烈，仅仅依靠劳动力单一要素的跨国界转移，已难以有效地占有市场，所以，劳动力同国内具有相对竞争优势的技术及其物化的设备等资本品相结合，实行"一揽子"要素转移，就成为更有效的竞争方式。目前，中国各省市的国际经济技术合作公司几乎都沿着这条路线走上了对外直接投资的道路。例如，福建国际经济技术合作公司在泰国、孟加拉、新加坡、美国和中国港澳地区等二十多个国家和地区拥有三十多家境外独资、合资企业，经营范围包括劳务承包、贸易、金融、旅游、服装、电子以及橡胶等多种行业。

（二）资源寻求型

资源紧缺已成为中国一些企业发展壮大的限制条件。因此，寻求经营资源成为不少企业发展跨国投资最直接的动因。这些企业主要寻求两类经济资源。

1. 寻求自然资源

自然资源受地理条件影响，各国分布差异很大，有些自然资源在国内长期供应紧张，而在其他国家和地区蕴藏状况和开采、运输等条件却十分优越。例如，中国冶金进出口总公司在澳大利亚投资开发的铁矿，每年可运回近千万吨国内短缺的优质铁矿石。若在国内开发相同规模的铁矿，约需要八倍于在澳的投资。这种投资显然对国家、对企业都是有利的。此外，首都钢铁公司购买秘鲁的矿山；中国国际信托投资公司投资于美国开采供应国内的木材资源，投资于加拿大开发供应国内的纸浆和铝锭；中国化工进出口公司投资于美国和东南亚开发供应国内的化肥和橡胶等，都直接以寻求自然资源为投资目的。

2. 寻求信息资源

这是另一类经济资源，这类资源在现代企业的发展中具有越来越重要的战略意义。由于过去较长时期的闭关锁国，中国相当一部分企业与外部世界联系很少，不了解国外市场需求并难以引进国外先进技术。目前，一批专门为国内企业提供国际经济技术信息服务的企业应运而生，它们在国外投资设立网点，接受委托或主动为国内企业搜集国外有关经济技术信息，为其进行技术引进和其他经营决策提供依据和资料。还有一些在国内经营十分活跃的中小型企业。对于寻求和捕捉新的发展机会有较高的积极性。这类企业的投资最初并没有特别明确的市场占有或资源利用目标，而是希望参与合作投资，为自己在国外设立一个窗口，以较少的投资作试探性的跨国扩展，为企业的发展开拓一个新的领域。

（三）战略资产寻求型

在 20 世纪 90 年代中期开始的第五次全球并购浪潮中，跨国公司并购成为一个热点。以波特为代表的战略管理学派认为，跨国公司在国际竞争中要考虑各地经营活动的整合态势以及价值链各环节的协调情况。对于希望进入世界级跨国公司的中国企业而言，仅仅定位于市场寻求型和资源寻求型的跨国经营是远远不够的。联合国贸易与发展会议的有关调查表明，中国许多大型企业对于战略资产青睐有加，拥有这种动机的比例达到 51％，仅次于市场寻求型。海尔、TCL 和联想等企业因其对发达国家的企业并购而成为这种类型的典型代表。以联想为例，通过在并购 IBM 全球 PC 业务中获得品牌、技术以及国际性的公司管理结构，这些正是联想寻求的互补性战略资产。寻求战略资产可以获取更高的科研创新能力和管理能力，以提高生产效率和竞争实力，因此这类投资多流向发达国家的高新技术产业。

邓宁（Dunning）曾对跨国企业的投资动因作了系统调查并归纳出四种类型：市场寻求型、资源寻求型、战略资产寻求型和效率寻求型。联合国贸发会议的调查显示，前三种动因对中国的跨国企业均有较大作用，唯有效率寻求型影响很小。这是中国跨国企业与发达国家跨国公司在 FDI 动因上的最大区别，对中国相关的实证研究也验证了这一点①。这是由于中国的跨国企业未形成国际化生产网络并缺乏在全球范围内配置资源的视野和能力，显然这同中国尚处于对外投资发展的初期阶段有关。中国企业的对外直接投资目前还具有较强的被动性和自发性，不少企业是在国内体制变革的压力下迈出国门的，随着国家和企业经济技术实力的增强以及国际竞争在国内外市场的全面展开，中国企业跨国经营的主动性将会大大增强。

第三节　中国对外投资的作用与问题

一、中国对外直接投资的作用

中国开展对外直接投资以来，对中国的经济发展起到了积极的推动作用，这主要表现在以下几个方面。

（一）弥补国内资源短缺

中国是一个幅员辽阔的大国，但人均自然资源占有率较低：中国人均拥有的石油、天然气储量不到世界平均水平的 1/8 和 1/20，在已探明的 45 种主要有色金属资源中人均储量仅为世界平均水平的一半。国内资源供需的总量和结构矛盾日益突出。通过对外投资可以开发和利用国外资源以弥补国内资源的短缺。中国在国外开办的林业开发、矿产开采和远洋捕捞等境外公司，对弥补国内这方面的资源短缺起到了很大作用。我国已与三十多个国家建立了资源能源长期合作关系：与俄罗斯、哈萨克斯坦、沙特、苏丹、澳大利亚、印尼等国的大项目和中长期合作取得突破；在西欧、北非、南美、东南亚、中亚—俄罗斯等海外战略区域建立了年产百万吨以上的原油生产基地；铁、铜、铝、铬、锌等矿种均在境外形成一定的

---

① 根据罗兰·贝格对中国领先企业跨国经营目的的调查，以开拓海外市场为目的占 56%，以保证资源供应为目的占 20%，以获取先进技术为目的占 16%，其余占 8%。（见甘子玉：《中国海外投资年度报告 2005—2006》，社会科学文献出版社 2006 年版，第 134 页）

生产能力。2005 年中国进口的 1.27 亿吨原油和 2.8 亿吨铁矿石中，由中国境外企业直接开采的占 20%。另外，中国企业在境外开展森林资源和渔业资源合作开发方面也取得了较好的成效。

（二）充分利用国外资金

到国外办公司所需的资金不一定都来自国内，有相当一部分可以在国外筹集，这实际上是在境外利用外资。我们可以利用国外庞大的金融机构和完善的金融市场大规模地筹措所需资金，在最理想的投资地区选择预期效益较好的行业进行投资。例如，中信公司1986 年通过 12 家银行获得的国际融资，用 1 亿美元购买了澳大利亚波特兰炼锡厂 10% 的股份，还清本息后，铝厂 10% 的资产即归中信公司所有。由于这家工厂效益一直很好，中信公司获利不小。

（三）学习和引进国外先进技术和管理经验

借助海外公司能引进先进的技术和设备，推动国内企业的技术改造，增强新产品开发能力和出口能力。而且，中方人员还可以通过参与海外公司的经营管理学到国外一些先进管理经验，促进国内企业经营管理水平的提高。如海尔、万向、华立集团在美国和欧洲建立设计和研发中心，中兴公司在美国硅谷建立研究机构，均获取了最新的科技信息，促进了企业经营质量和产品档次的提高。康佳在美国硅谷建立的研发中心不到一年，就掌握了数字电视机的核心技术，母公司据此推出的高清晰度数字彩电在国际电子展览会上引起轰动。

（四）扩大商品出口

通过国外直接投资，可以绕过关税和非关税壁垒，变为国外就地生产和销售，实现扩大出口的目的。如果在国外创办零部件供应与产品维修服务公司，还可以扩大机电产品出口，巩固和扩大原有市场；那些生产与消费必须在同一时间进行的有形商品（如餐饮）与无形商品（如技术服务）的出口，更需要通过海外投资来实现；对外直接投资还可以直接带动国产的机械设备、原材料出口。仅在2006 年，中国境外企业实现销售收入 2746 亿美元；境内投资主体通过境外企业实现的进出口额达 925 亿美元①。

（五）实现市场多元化

通过对外直接投资在新的出口市场所在地建立一些贸易公司和零部件组装与加工公司，可以开拓中国商品在该区域的销售，实现出口市场多元化。如康佳集团在澳大利亚、印度尼西亚、印度、沙特、墨西哥、美国和中国香港等地建立的子公司，在 1999 年共为母公司分销 70 多万台彩电。中兴通讯分布在世界的十几个办事处每年可以为公司争取到 3 亿—5 亿美元的海外订单。

（六）转移国内过剩的生产能力

目前，中国一些产品的国内市场已经饱和，出现过剩的生产能力。由于各国经济水平发展不均衡，如果在一些相对落后的发展中国家进行投资，可以转移一部分过剩的生产能力，借以调整公司产品结构，促进企业技术升级。如海尔在东南亚投资的冰箱生产项目，康佳在印度、墨西哥、印度尼西亚投资的彩电装配项目，金城在哥伦比亚、阿根廷的摩托生产项目，格力在巴西投资的电器项目，上广电在南非的电视机生产项目等，就是这方面成功的范例。通过对外投资，中国在境外形成了年产 1550 万台家用电器、49 万锭棉纺、9950 万件服装、290 万辆机动车和 140 万辆自行车的生产能力②。

（七）促进对外工程承包

有些国家规定，外国工程承包公司只有组建合资承包公司才能在当地开展工程承包业务。中国国际经济技术合作公司与海外资信好、有经营和业务活动能力的承包商组建合资承包工程公司，是一种扩大业务的有效做法。例如，1994 年中国辽宁国际经济技术合作公司与突尼斯伏尔塔电气公司创建了中国突尼斯建筑工程合资公

---

① 见商务部：《2006 年度中国对外直接投资统计公报》。

② 贺晓琴："中国企业'走出去'的发展态势及目标"，《世界经济研究》2008 年第 10 期，第 16 页。

司，与当地公司享有同样权利承包突尼斯各类建筑工程，扩大了中国在突尼斯的工程承包业务。通过组建合资承包工程公司，可以使双方在资金、人力、技术、信息等方面互为补充，有利于增强竞争能力，提高中标率。通过这种方式，中国已在一百多个国家承揽了上百亿美元的工程项目，并带动了三十几万人次的劳务出口。仅2002—2005 年，中国 175 家重点对外承包工程企业完成海外营业额达 427 亿美元①。

（八）巩固和扩大中国的经济援助

在一些第三世界国家，中国援助的项目完成以后，往往由于资金、技术或经营管理等方面原因而无法正常运转。如果由中国企业投入少量资金或提供所需的设备、技术、物资，与东道国共同投资和经营管理，可使经援项目得以巩固和发展。

（九）及时了解国际经济和技术动态

通过海外投资可以在世界各地建立本国的对外经济贸易窗口和渠道，从而能够及时掌握国际市场动态，获取大量第一手的经济信息，为公司的国际化经营决策提供可靠依据。例如，海尔集团在洛杉矶、阿姆斯特丹、东京、里昂、蒙特利尔和美国硅谷建立了六个海外设计分部，将国际市场最新的技术和价格反馈给国内，帮助母公司专门开发适合当地人消费的家电产品。

（十）培养跨国经营人才

30 年来，中国企业外派了一大批经营管理人员参与跨国经营活动。通过国际市场的风雨洗礼，这支队伍得到全面锻炼，实际经营水平迅速提高，积累了丰富的跨国经营经验。目前，中国境外企业的外派人员无论在年龄结构、文化层次、外语水平，还是在专业结构和综合素质方面都比过去有了明显的改善，更具开阔的视野和激烈的市场竞争意识，成为熟悉国际惯例的国际化经营管理人才。

---

① 贺晓琴："中国企业'走出去'的发展态势及目标"，《世界经济研究》2008 年第 10 期，第 16 页。

这些人才将是中国企业未来向国际化方向发展的宝贵资源。

二、中国对外投资存在的问题

尽管中国的对外直接投资具有以上积极作用，但由于其发展仍处于初级阶段，不可避免会出现一些问题。因为对外投资分为对外直接投资和对外间接投资，所以下面也从这两个方面对中国对外投资存在的主要问题进行简要分析。

（一）对外直接投资存在的问题

1. 投资规模不足

中国加入 WTO 以来的几年中虽然对外直接投资增长较快，但相对于中国经济整体实力和与其他国家相比投资规模明显不足。

先看对外直接投资占 GDP 的比重。从世界范围看，对外直接投资占 GDP 的比重世界平均为 15%，发达国家为 20%，发展中国家为 3.3%，而中国在最高的 2006—2008 年间，也仅为 0.76%、0.77% 和 0.94%（可见图 7-2 所示），与中国经济的快速发展很不相称。

再看与其他国家的比较。虽然 2006 年中国对外直接投资在世界排名第 13 位，但在全球对外直接投资流量和存量仅占 2.72% 和 0.85%。即使与一些发展中国家和转轨国家相比，其规模也不大（可见图 7-3 所示）。

2. 投资区域集中

中国对外直接投资的区域覆盖率虽然超过 70%，但集中度太高，分布也不合理。合理的投资区域分布应根据投资动因呈多元化格局：资源寻求型投资应流向自然资源丰富的地区，如石油蕴藏丰富的俄罗斯、中东、中亚、非洲等地区；战略资产寻求型投资应流向发达的欧美地区；市场寻求型应流向市场潜力较大的亚洲和部分非洲地区。而从 2006 年中国对外直接投资的国家和地区看，中国香港、美国、俄罗斯、日本、阿联酋、越南、澳大利亚、德国就集中了中国近一半的境外企业。另一个值得注意的问题是，2005 年

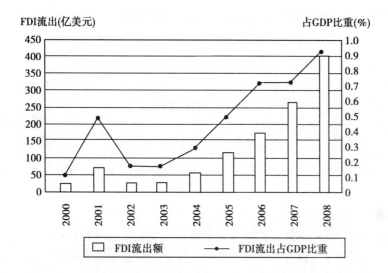

图7－2 中国对外直接投资占 GDP 比重（2000—2008）

资料来源：根据历年《国民经济发展报告》和商务部《对外直接统计公报》中相关数据整理。

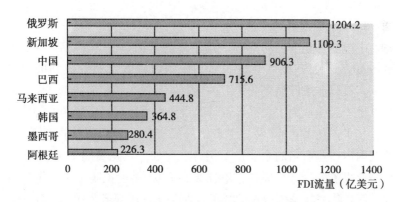

图7－3 2006 年中国与一些发展中国家和转轨国家的 FDI 存量比较

和2006年中国企业仅在开曼群岛、维尔京群岛、中国香港地区等传统避税地的投资就分别占当年 FDI 流量的 81% 和 81.5%，这其中有相当一部分又以"外资"形式回流中国内地以享受优惠政策。

即使没有回流，由于失去了对资金流向的控制，要想实现对外直接投资的战略目标也会非常困难。

3. 投资结构不合理

中国目前对外直接投资的产业结构主要集中于商务服务业。到2006年为止，商务服务业和批发零售业的投资存量即占全部投资的3.37%，制造业的比重仅有10.06%（见表7-4）。另外的数据显示，中国对外直接投资的主体53%来自制造业。这表明，相当一部分的国内制造企业到境外投资的行业却是商务服务业。固然投资商务服务业风险小、成本低，但却有违中国对外直接投资的战略目标。根据边际产业扩张理论，一个国家应促进边际产业的对外投资，一方面可以从相对落后的东道国充分获取边际利益，另一方面可以积聚资本提升本国的产业结构优化。目前，国内许多产品的制造业已处于成熟期和衰退期，急需转移到国际分工中处于更低阶梯的国家。生产型企业的国际成长是一国经济增长方式转变和产业结构升级的关键之一，因此应扩大制造业在中国对外直接投资中的比重。

4. 境外企业效益不高

中国境外企业良莠不齐，经营效益差异很大。据国家审计署外事司司长罗美富2006年的报告，中国海外投资企业盈利的只占55%，且以非生产型企业为主；其余处于保本和亏损状态，后一类则以生产型企业为主。世界银行的报告更不乐观：中国企业海外投资亏、平、盈各占1/3①。许多境外投资企业经营失误损失重大，甚至国内一些有名的企业也不例外。比如，三九集团1993年在马来西亚投资药厂最终失败；康佳集团2002年度关闭了4个海外机构；TCL集团在越南投资的合资企业TCL—汤姆逊公司和TCL—阿尔卡特公司持续亏损；长虹集团因合作伙伴问题巨亏40亿美元，这些都给国家和企业造成了重大的损失。造成中国境外企业效益低

---

① 转引自杨德新：《中国海外投资论》，中国财政经济出版社2008年版，第2页。

下的主要原因是体制落后、管理不善和人才缺乏。由于大多数境外企业属于国有企业，在实施跨国经营决策时缺乏战略目标和风险制约机制，在投资项目、环境分析、地点选择、合作伙伴选择、经营策略的制定与执行等各方面都缺乏足够的论证，因而造成先天不良。投资决策失误加上缺乏科学的管理制度，使得中国境外投资企业多数处于失控状态。这种状况使境外企业财务控制过松、成本上升，严重削弱了企业的经营效率。另外，缺乏高素质的跨国经营人才，也是企业效率不高的另一重要原因。

（二）对外间接投资存在的问题

由于中国外贸长期顺差，外汇储备一直保持较快增长。从2006年2月起，中国的国家外汇储备已超过日本而跃居世界第一位。到2008年底，中国外汇储备已达1.95万亿美元[1]。巨额的外汇储备成为中国对外间接投资的主要来源，但是国际金融危机的冲击使得其产生的问题格外引人注目。

1. 投资流向过分集中导致风险加大

众所周知，中国庞大的外汇储备大部分都投放在美国且以购买美国发行的各类债券、股票、基金等形式存在，截至2008年6月仅中国购买的美国各类债券就达1.025万亿美元[2]。发生于2007年的美国次贷危机给这种高度集中的间接投资带来了惨重的损失，仅举几例就可见问题的严重性：2007年5月，中国投资银行斥资30亿美元购入美国私人股权基金黑石集团9.99%的普通股，到2008年11月10日股票价值已缩水22亿美元，账面浮亏超过75%；中国银行对美国的次级抵押贷款投资规模在亚洲金融机构中居于首位，到2008年8月25日，仅持有的"两房"相关债券即达126.74亿美元；美国第三大投

---

① 见2009年2月5日新商报。

② 王兰军："科学使用我国外汇储备的政策建议"，《国际贸易》2009年第4期，第64页。

资银行雷曼兄弟公司宣布破产后，中资银行相继发布持仓信息，其中招商银行持有其债券 7000 万美元，建设银行持有 1.914 亿美元，工商银行持有 1.518 亿美元，交通银行持有 7002 万美元，中国银行持有 7562 万美元，中信银行持有 7600 万美元等；中国平安保险公司 2007 年 11 月 27 日斥资 238 亿元人民币收购美国富通集团 4.99% 的股权，到 2008 年 11 月因股价下跌 96%，股票价值仅剩 10 亿元人民币①。2007 年是中国对外间接投资最密集的一年，在美国次贷危机刚刚步入恶化阶段的情况下，这种投资无异于飞蛾扑火。

2. 外汇储备形式单一导致资产缩水

中国外汇储备的形式以货币为主，在货币中美元又占 90% 以上。在美元不断贬值的过程中，意味着中国外汇储备的大幅缩水。仅以 2008 年 3 月为例，该月美元相对其他国际主要货币汇率下跌 2.6%，意味着中国外汇储备在这一个月中就无形损失了 357 亿美元。《货币战争》的作者宋鸿兵说，这相当于中国每月被击沉 4 艘航空母舰。显然，在美元贬值的大趋势下，过多的美元储备是不明智的，事实上，连美国自己都以储备黄金为主。2008 年的数据显示，美国货币储备黄金约 8500 吨，占其外汇储备的 56.5%，占全球货币储备黄金总数的 27% 且从不卖出。而中国尽管外汇储备已居世界第一，但截至 2008 年底，黄金储备只有 1054 吨左右②。

第四节　扩大中国对外投资的对策思路

随着经济全球化和投资自由化进程加快，"走出去"已成为中

---

① 时寒冰：《当次贷危机改变世界：中国怎么办》，机械工业出版社 2009 年版，第 39—44 页。

② 见 2009 年 4 月 27 日《新商报》。

国未来发展的战略选择。要扩大中国的对外投资，必须在宏观层面上形成鼓励性政策体制，同时在微观层面上增强中国企业的竞争实力。

一、宏观层面：形成鼓励性政策体制

（一）组建中国海外投资的专门执行机构

剔除认识方面的因素，中央政府在海外投资管理领域的组织缺位、政出多门、协调不力是制约中国海外投资快速发展的主要因素。中国现行的海外投资管理体制，是改革开放以来随着海外投资从无到有、从小到大的发展历程中逐步形成的，但已远远不能满足国家发展海外投资和企业跨国经营业务的需要。为了促进本国对外直接投资的发展，各国都有专门的政府服务机构为本国对外投资者提供多种形式的服务，如美国的国际开发署、加拿大的国际开发署、日本的海外经济援助基金等，这些政府机构提供的服务主要有：为本国对外投资者提供东道国的政治、经济、商业等方面的信息；组织本国对外投资者到东道国进行考察；实施对外援助计划；为本国海外企业项目进行可行性研究提供部分或全部资金；为海外企业培训技术人员等。因此，抓紧组建中国专门的海外投资执行机构，已成当务之急。该机构的主要职责应该是：负责制定中国"走出去"战略的实施方针、政策和战略规划；在宏观上对跨国经营活动提供指导，对数额较大的投资项目进行审批和监督并提供必要的咨询服务；负责拟定和完善有关中国对外投资方面的法律、法规等。

（二）完善对外投资相关立法

目前，应抓紧制定《海外投资管理条例》、《海外并购促进法》、《对外承包工程管理条例》、《境外投资保险法》等综合性法律法规以及《境外中资机构和人员领事保护实施办法》等专门规定，完善鼓励企业"走出去"的法律体系。

（三）适时调整相关政策

1. 财税方面

首先，应改革现行的海外投资利润上缴政策。中国现行的海外投资利润上缴制度是 1998 年财政部修订的，这个制度以保证财政收入为第一需要，没有考虑中国海外投资处于初级发展阶段的现状，也没有体现政府对拓展海外投资必要的政策扶持产业政策导向，且分类复杂企业操作难度大。可以考虑在避免双重征税前提下，区别中国海外投资的投资规模、获利能力、投资地区和行业、经营时间长短等，分别采取税收抵免①、税收饶让②、延期纳税③、免税等不同的财税政策。通过财税政策引导企业实现政府宏观政策目标。同时，对企业作为实物投资的出境设备、器材、原材料，实行统一的零税率政策，鼓励企业不断扩大实物投资的比例。

其次，要建立"走出去"战略的财政资金支持渠道。根据中国实施"走出去"战略所处的不同阶段，在中央和地方财政预算中安排专项扶持资金；研究、调整现有中央外贸发展基金、国际经济合作基金等的使用管理方式和支出结构，积极配合"走出去"战略的实施。

2. 金融外汇方面

首先，应建立间接投资与直接投资、贸易与投资的互动政策。建议政府制定利用外汇储备支持对外直接投资和进口国内所需的技术、设备和资源的政策：政府可通过支持大企业发行债券或从银行贷款购买外汇储备模式鼓励更多企业"走出去"；政府有计划地减持美国国债、有价证券等美元资产，把部分外汇储备变成战略资源、黄金和股权储备，从海外市场购买非金融类大盘蓝筹股和国内紧缺的先进技术、关键设备；适时建立中国的海外投资风险基金和成立海外风险投资公司，为走出去的企业提供贴息贷款、信用担保和投资支持等。

---

①②③　请见本书第八章第一节中相关解释。

其次，放宽外汇管制，创造良好的用汇条件。第一，中央下放资本项目外汇管理审批权限，适当放宽境外投资购汇管理；第二，简化用汇审批程序，尽快完善对于境外企业流动资金贷款的管理，使企业可以及时获得正常的营运资金；第三，放松境外投资汇回利润保证金管理，将现行的投资款全额收回后返还保证金改为按汇回利润比例返还保证金，或直接取消境外投资汇回利润保证金。

3. 服务监管方面

根据世界银行跨国公司研究中心的测算，中国海外投资总额已经远远大于外经贸主管部门统计的海外投资额。这种统计口径的差异显示出相当部分的境外投资已游离于国家监管体系之外，所以政府迄今仍实行的海外投资审批制度，必须进行有针对性的改革。

首先，要改革审批制度，简化审批程序。参照中国利用外资的方式，制订中国境外投资产业指导目录，对鼓励类企业的审批权限下放到省级政府；其他类企业按投资金额区分，由相应机构审批；对鼓励类投资项目可实行登记制试点；允许私营和外资企业从事对外承包劳务，简化人员出入境手续，整顿外派劳务市场秩序。政府审批主要是控制对外投资总量、结构和方向。

其次，要加强海外企业产权管理，防止境外企业国有资产流失。在组建新的国家国有资产管理机构的过程中，应对使用国有资产进行跨国投资的产权管理问题给予充分考虑，要明确国有资产管理部门和行业主管部门对海外投资产权管理的职责，推动投资主体逐步建立、健全海外投资的自我约束机制。

最后，要改进和完善信息服务。信息服务要确立目标，即抓紧建立一个"走出去"的信息服务系统，提供《对外投资国别产业导向目录》和《国家对外直接投资年度统计公报》，以缓解海外投资信息的多元化需求与供给严重不足之间的矛盾，使中国海外投资的优势领域和项目与国外市场的需求之间紧密衔接，进而促进中国经济发展目标的实现。

二、微观层面：增强企业竞争实力

（一）加快建立现代企业制度

在市场经济条件下，产权是企业行为的基础，只有产权明晰企业才能成为真正的投资主体。中国企业普遍缺乏竞争力的内在原因是企业制度存在严重缺陷，尤其是国有企业。因此，企业要成功地进行跨国经营，首先要成功地建立现代企业制度。中国国有企业的股份制改造虽然已经进行了多年，但国有股独大、企业治理缺乏外部监督的弊病一直没有真正解决。只有进一步推进改革，在制度上保证企业充满活力，中国企业走出国门的基础性条件才算具备。有些企业在国内由于垄断、市场机制不完善或主管部门选了个能人而在国内市场上取得了暂时的成功，但一旦走出国门这些因素发生变化，企业就难保继续成功。所以，企业机制和制度改革是最重要的。

（二）提高国际化经营管理水平

中国大多数实施跨国经营的企业，目前尚没有一套科学的企业跨国经营战略和管理体系。人才不足是中国企业提高国际化管理水平的主要制约因素。提高国际化经营管理水平，不仅需要金融、法律、财务、技术、营销等方面的专业人才，更需要有战略思想和熟悉现代企业管理的经理人才。在目前国内比较缺乏国际化经营管理人才的情况下，一方面可以通过招聘优秀的国际人才来弥补；另一方面应该向世界上成功的大型跨国公司学习，在学习的过程中摸索本企业跨国经营的特点，并建立与本企业特点相结合的管理体系。学习是必需的，但别人的经验不是万能的，所以改革创新，全方位提高企业素质是跨国经营的重要条件之一。

（三）培育企业核心竞争力

发展具有比较优势的产业和产品，是中国企业国际化经营成功的重要前提。一些企业在国际化经营的过程中不注意发挥比较优势，培育和发展自己的核心竞争力，盲目扩大多元化的范围，最后使自己陷入被动境地。所以，当企业在进入国际市场初期实力尚不雄厚的情况下，应力争"小而精"。只有当企业发展到一定规模和建立核心优势后，才可以考虑充分发挥它的潜力，并根据实际情况考虑多元化经营的战略。企业核心竞争力中，最根本的是具有达到国际质量标准的核心产品、形成自主知识产权的核心技术和强大的企业品牌形象。而要真正做到这一点，中国企业除了扩大 R&D 的投入以外，另一个方面就是学会与跨国公司合作，提升自己的技术能力和水平，而战略联盟、合资开发等都是重要的合作手段和方式。

（四）建立企业联盟或企业重组

中国海外企业应加强与国内母公司的联系及其与关联公司的横向联盟或重组，形成一定的集团。国际上的竞争，都是以集团形式出现的，以单一公司为独立个体进行竞争的形式已经难以立足。目前海外中资企业还普遍存在着"各自为政"、"单打独斗"的做法，不但无法充分利用集团的整体竞争力，集团内部还可能因此出现不良竞争的局面。海外中资企业之间可以考虑进行适当合并与重组，通过兼并扩大企业规模，可节省各种费用的支出。同类型或互补型的海外中资企业，可以考虑形成具有中国特色的策略联盟，建立类似于日本综合商社的组织，以加强整体竞争实力。

中国企业走向国际化经营的过程是一个渐进的过程。我们坚信，通过中国政府和企业的共同努力，一批知名的中国跨国公司会脱颖而出，中国企业的国际化经营一定会结出丰硕之果。

第八章 国际投资的政策规范

近年来，随着经济全球化进程的加快，国际直接投资迅速发展，并对各国经济产生了重要影响。目前，国际投资的政策规范存在四个层次：一是单边层次，即投资国和东道国分别制定的投资政策；二是双边层次，即投资国和东道国订立的双边投资条约，仅适用于当事国双方；三是区域多边层次，以欧盟、北美自由贸易区和亚太经济合作与发展组织等制定的国际直接投资规则为代表，适用于各区域的成员国；四是国际多边层次，以 WTO《与贸易有关的投资措施协议》为代表，适用于 WTO 的所有成员方。由于双边层次的投资规范内容较少，在本章中我们主要对其他三个层次的政策规范进行介绍。由于这四个层次的政策规范都存在不同程度的局限性，因此在世界范围内，建立一个统一、公正、具有广泛约束力的多边投资框架（MFI）已成为国际投资领域的迫切需要。

第一节 单边层次的投资政策规范

单边层次的投资政策规范，包括投资国和东道国制定的涉外投资政策与法规，它只对本国境内的投资主体起约束作用。

一、投资国对外投资政策与法规

许多国家为了鼓励对外投资，在信贷、税收、财政等方面制定了优惠政策，同时为了保护本国对外投资也制定了相应的法规。

（一）鼓励性对外投资政策

1. 金融优惠政策

金融优惠政策主要包括政府为对外投资者提供资金支持、股本融资和贷款担保，以解决其投资资金不足的困难。

（1）资金支持。有些国家设立特别金融机构（如美国的海外私人投资公司、德国开发公司等），为对外投资者提供优惠贷款或直接的资金支持；而有些国家（如经济合作与发展组织的部分成员国）通过各类发展援助组织为私营企业向发展中国家的直接投资项目提供资金支持。

（2）股本融资。有些国家通过专门机构（如法国的中央经济合作局、比利时的国际投资联合会）采取收购部分股权的形式向投资者提供资金，在项目盈利后再让投资者购回其股权，以降低融资风险。

（3）贷款担保。有些国家设立特别融资机构（如印度进出口银行专门设置了海外投资融资部门）以帮助投资者从金融机构获取贷款。

2. 税收优惠政策

（1）税收抵免。对外直接投资涉及投资国和东道国两个国家，按照税收管辖权的属地原则和属人原则，两国均可对投资者征税。为了避免投资者双重纳税义务，许多投资国制定了税收抵免政策，允许纳税人从其应纳税额中扣除东道国已征收的税额。

（2）税收饶让。税收饶让是指本国投资者在东道国纳税后，投资国不再另征或补税，这是比税收抵免更优惠的税收政策。目前，日本、瑞典、挪威、荷兰、比利时等国实行这一政策。

（3）延期纳税。延期纳税是指投资国对投资者的海外投资收入，在汇回本国前不予征税。这相当于对外投资企业从本国政府取得一笔无息贷款。

（4）免税。免税是指投资国对投资者的某些海外收益免予征税。目前只有少数国家实施且附有一些限定条件。

（二）保护和管理性法规

1. 海外投资保险制度

海外投资保险实质上是投资国政府提供的保证保险，由国家指定的保险机构执行，以规避对外投资企业因东道国政治风险和信用风险所导致的投资损失。

2. 项目审批

一些发展中国家对国内企业对外投资项目有审批需求。如中国规定，国内企业申请进行境外投资须按投资规模大小，分别报相应级别的主管机构审批。

3. 外汇管理

在中国，国家外汇管理总局及其分局是境外投资有关外汇事宜的管理机关，负责境外投资的外汇风险和外汇资金来源的审查，以及对外投资外汇和收益外汇运行的监督管理。

4. 国有资产管理

在中国，由于相当比例的对外投资主体是国有企业，所以国有资产管理是中国对外投资管理的一项重要内容。为掌握境外国有资产状况，防止国有资产流失，需办理产权登记。

二、东道国利用外资政策与法规

东道国的利用外资政策与法规通常包括两个方面：一是为吸引外资而制定的鼓励性利用外资政策和法规；二是为防范外资对东道国产生消极影响而制定的限制性利用外资政策和法规。

（一）鼓励性利用外资政策和法规

1. 财政优惠政策

财政优惠政策主要包括：

（1）税收优惠。税收优惠是通过降低或免除外资企业所得税或其他税收来给予外国投资者的优惠措施。有的是直接减免应纳所得税或其他税收，有的是规定一段免税期，有的是准予加速折旧等。

（2）关税减免。关税减免通常是免除外商作为投资而进口设备、原材料等本应缴纳的关税。

（3）其他优惠。一些国家对出口加工区和高新技术开发区引进的外资企业提供特别的财政补贴。

一般而言，发展中国家为了吸引外资倾向于使用财政优惠政策。

2．金融优惠政策

金融优惠政策主要包括补贴性贷款、贷款担保、低息贷款与利息补贴等。

一般而言，发达国家倾向于使用金融优惠政策来引导外资流向，以促进特定产业的发展。

3．放松外汇管制

尽管发展中国家大多实行外汇管制，但允许外商在一定条件下可汇出原有外汇投资和利润。

4．提供涉外投资争端的解决途径

为消除外商对东道国争端解决程序的疑虑，大多数东道国在实施当地法院管辖权的同时，也允许将涉外投资争端提交境外仲裁机构解决。

（二）限制性利用外资政策和法规

1．对投资行业的限制政策

大多数国家一般禁止或严格限制外资在国防、通信及关系国计民生的行业投资。发展中国家为了发展民族工业，对外资投资行业的限制更多一些。

2．对外资企业所有权的限制政策

一些国家对外资企业中外资比例进行限制，甚至要求外资股权在一定期限内必须向当地人逐步转让，以保证本国公民对企业的控制权。

3．对外资企业的"当地化"政策

一些国家规定外资企业中的重要职位由本国公民担任并优先雇

佣本国员工；一些国家规定外资企业生产所需的原料在本国采购或规定产品成分的国产化率等。

4. 对外资企业经营的监管

对外资企业经营的监管，主要是对其进口设备作价投资、产品外销报价、企业盈亏状况、纳税金额核定、汇兑出入计算等方面进行审查。为了防止外商偷税漏税或滥用优惠政策，许多国家规定对违规外资企业的罚则，包括罚金、中止或取消原先给予的优惠条件。

第二节　区域多边层次的投资政策规范

在区域多边层次的投资政策规范中，我们只简要介绍几个重要的区域经济组织制定的国际投资规则。

一、亚太经合组织的国际投资规则

1994 年 11 月，在印度尼西亚茂物召开的亚太经济合作与发展组织会议通过了有关外国投资待遇的非约束性纲领文件。此纲领的拟定是根据一份报告而进行的。该报告指出外国直接投资是亚太地区经济飞速发展的主要动力，现有的双边投资条约已经远远不能满足现实的需要，应遵循透明度、非歧视和国民待遇等基本原则，应为投资者提供资金自由转移的保证，在出于公共目的实行国有化时应提供补偿，在解决争议时应提供商业性仲裁。亚太经济合作与发展组织各成员的政府不应再持任何背离国民待遇和最惠国待遇的原则。根据透明度原则，参加方政府应明确列出设立权或其他基本原则受到限制的产业部门。各参加方应提供与外国投资有关的实绩性要求（如最低出口限额、当地成分或股权要求）以及鼓励外国投资的任何税收或补贴措施。各参加方应承诺不再增加新的实绩性要求或投资鼓励措施，并在现有水平上逐步取消。各参加方应对转移定价及其他税收问题作出相应安排。

对上述报告提出的亚太地区投资原则，作为发达国家的美国和加拿大没有接受，因为这与它们的国内法相抵触：加拿大审查外资的法案和美国的 Exon—FIorio 修正案均授权行政机构，将任何被视为危及国家安全的外国投资拒之门外。而对美国而言，提供国民待遇可能会使日本公司长驱直入。故美国不太可能承诺此类约束性义务。而发展中国家更注重对进入境内的外国投资实行国家主权性的控制，也不可能接受上述约束性原则。所以最后只是达成了一项《亚太经济合作组织非约束性投资原则》，对外国投资待遇作出了指导性的规定。

《亚太经济合作组织非约束性投资原则》包括 12 项，主要有：透明度、非歧视性待遇、国民待遇、实际要求、征用和赔偿、汇出与兑换、争议的解决、人员入境与居留、避免双重征税、投资者行为、消除资本输出障碍等。美国主要针对国民待遇、经营实绩要求和利润汇回等问题提出反对意见。按照美国的观点，既然原则是非约束性的，那么从一开始就应该采取最高标准。

当然该原则也有积极的方面，如根据赫尔标准对补偿作出规定，要求增强所有涉及外国投资法律和法规的透明度，对外国直接投资经济体采取非歧视原则，通过仲裁机构解决争议以及避免双重征税。该指导性纲领建议实行国民待遇原则，但各成员国内法规定的例外除外。关于经营实绩要求的条款也只是一带而过，只是提及尽量减少此类要求的使用而未规定取消。其原因在于，亚太地区各国（地区）间经济发展存在很大差距，不可能采取统一的标准。该原则还体现了发展中国家的要求。第十一条指出外国投资者应遵守东道国的法律，这反映了整个投资过程国内化的倾向以及必须尊重东道国关于外国直接投资的法规。将这个似乎显而易见的原则纳入是为了进一步明确，如果外国投资违反了东道国的管理体制将不受该投资原则的保护。

二、北美自由贸易区的国际投资规则

北美自由贸易区，是一个南北合作的区域经济一体化组织。1992 年 8 月，美国、加拿大、墨西哥三国达成了《北美自由贸易协定》（NAFTA）并于 1994 年 1 月 1 日生效。

《北美自由贸易协定》取消了重要的投资壁垒，给予三国的相互投资以基本保障，并建立了一种投资者和成员国之间发生争端的解决机制，协定规定给予成员国的投资者以国民待遇和最惠国待遇。对于国家、州、省或市级的规定来说，国民待遇即为不低于给其本州、省、市的投资者的优惠待遇，使成员国的投资者获得国际法的充分保护。

自由贸易协定规定任何成员国均不得对在其境内的投资规定经营条件，如出口水平、最低的国内成分、对本国供应者的优惠待遇、进口受出口收入的约束、技术转让以及要求产品在某指定地区生产等。但上述规定不包括公共部门的采购、鼓励出口的项目以及关于国际援助的活动。

自由贸易协定成员国的投资者依协定可将其因利润、销售所得、借贷支付或其他与投资有关的交易额而拥有的合法流通的货币，按市场占优势的兑换率兑换成外汇。协定规定各成员国保证这些外汇可以自由转移。在征用方面，协定的任何成员国均不得直接或间接地征用协定成员国投资者进行的投资，除非是公益原因。因公益原因的征用必须在非歧视原则的基础上，并根据法律规定的手续进行。受此影响的投资者应立即得到赔偿，赔偿额根据被征用投资的市场合理价格加上适当的利息确定。同时，对于东道国由于违反争端解决条款而造成的损失，成员国的投资者可通过投资者和国家间的仲裁程序要求赔偿，或向投资东道国的法院起诉，以求得到公正合理的解决。

协定各成员国确定了实行自由化的承诺以及不履行国民待遇、最惠国待遇和经营条件规定的例外情况。考虑到墨西哥法律的规定，为墨西哥保留了某些例外，例如石油、天然气等部门的经营权和投资权。协定规定两年内各国将确定州和省一级的例外情况。除某些对进口敏感的部门外，一旦放开，即不能再变更为限制性。某些敏感部门，如基础电信、社会服务、海陆运输等，不受此限制的约束。

协定规定，任何成员国均不应为吸引投资而降低其环保标准，各国对执行这些条款进行磋商。这一规定主要是美、加政府担心墨西哥为大力吸引外资而降低其环境标准而制定的。《北美自由贸易协定》还就治理美墨边境的环境污染达成了协议。注重环境保护问题，最大限度地发挥国际直接投资的积极作用，这是《北美自由贸易协定》在投资方面一个非常积极的政策内容。

三、欧盟的国际投资规则

欧盟的一体化进程已获得了重大进展，统一的内部市场已经建立。允许资本自由流动，是欧盟内部关于要素自由流动的一个重要组成部分。

关于资本自由流动的规定，欧盟并没有要求成员国像实现商品、人员等自由流动那样绝对地取消限制，而仅要求达到保证市场正常运作的程度就可以了。可以说，欧洲经济一体化过程大大减少了资本在欧洲统一大市场自由流动的壁垒。联盟的不断扩张，为欧盟内部的国际直接投资提供了更广阔的活动空间。同时，欧盟通过竞争规则条款促使国际直接投资在联盟内部及进出联盟时更合理地流动。而且，由于对国际直接投资流入副作用的重视程度提高，面对国际投资以兼并、购并形式进入的方式，欧盟已加大了审查力度，以确保其内部正常的竞争秩序。应当说，在削减其内部保护壁垒的同时，欧盟对外树起了更高的保护壁垒。当然，这并不是说排斥国际直接投资进入，而是更注重如何有效地实现国际直接投资给自己带来的综合利益。

欧盟《欧共体条约》一般性地禁止对成员国之间以及成员国

与第三国之间的资本流动施加影响，但规定可以有以下例外：一是各成员国可以根据非成员国的不同在税收上采取区别待遇；二是各成员国可以基于公共政策或安全方面的理由采取合理限制措施；三是各成员国可以根据需要设立资本流动申报程序以防止非成员国违反相关法规。另外，条约中的竞争规则也对兼并和收购作出规定，禁止进行影响成员国之间竞争性的兼并和收购。

第三节　国际多边层次的投资政策规范

随着经济全球化日益加快，国际贸易与投资之间的关系变得更加紧密，同时国际投资方面的争端也日益增多。因此，在多边框架下创设国际投资规则的重要性也与日俱增。WTO 的《与贸易有关的投资措施协议》（简称《TRIMS 协定》）就是国际多边层次政策规范的代表。

一、《TRIMS 协定》的主要内容

建立国际直接投资领域国际规范的努力，最早可以追溯到第二次世界大战拟议成立的国际贸易组织。《国际贸易组织宪章》即《哈瓦那宪章》列有专门处理国际直接投资问题的部分，此宪章因未获美国国会的批准而最终胎死腹中，而临时适用的关贸总协定则不涉及国际直接投资。1965 年世界银行主持签署了《华盛顿公约》并设立了"国际投资争端解决中心"，但无实质性权利，其管辖权的前提是争端双方自愿将投资纠纷提交其解决，裁决不具实质效力。进入 20 世纪 80 年代，世界经济一体化和国际直接投资的迅速发展，使得制定与贸易有关的投资措施协议被提到关贸总协定的议事日程上来。

1986 年 9 月 15 日，关贸总协定在乌拉圭埃斯特角城召开了缔约方部长级特别会议。会后发表的《关于乌拉圭回合部长级会议宣言》即《埃斯特角宣言》中写道："投资措施限制并扭曲了贸易

流向，必须审查与这些投资措施相关的关贸总协定条款，并通过谈判制定合理的规定，以消除此类消极影响。"根据此项授权，与贸易有关的投资措施被纳入乌拉圭回合的谈判范围。

1990年7月，谈判组向关贸总协定提交了三套方案。1991年12月，在此基础上形成了《与贸易有关的投资措施协议》（草案）。1993年底，《与贸易有关的投资措施协议》（简称《TRIMS协定》）获得通过。

《TRIMS协定》由序言和九个条款以及附录组成，内容包括：适用范围、国民待遇与禁止数量限制、例外、发展中国家成员方、过渡安排、透明度、投资措施委员会、争端解决等。下面加以简要介绍。

（一）适用范围

根据《TRIMS协定》第一条的规定，其适用范围较窄，仅限于"与贸易有关的投资措施"，即指投资东道国政府采取的能够影响国际贸易流向和流量的措施，与贸易无关的措施不在该协定规范之列。值得注意的是，这里的"贸易"是狭义的贸易，仅指货物贸易，不包括服务贸易。

东道国政府采取的投资措施主要可分为鼓励措施和限制措施两大类。鼓励措施是东道国政府为了吸引更多的国外直接投资而采取的措施，包括对外国投资企业的关税减免、加速折旧、优惠提供贷款等；限制措施是东道国政府为了在吸引外资的同时保护本国经济不受冲击而采取的一系列措施，包括当地股权要求、外汇管制、国内销售要求、贸易平衡要求、当地成分要求等。《TRIMS协定》的立法目的主要是为了制约对国际贸易产生限制或扭曲作用的投资措施，因而主要涉及的是各种限制措施的禁止使用。

（二）国民待遇

根据《TRIMS协定》第二条的规定，将原本适用于货物贸易的国民待遇原则引申适用于与贸易有关的投资领域，投资东道国采取的与贸易有关的投资措施应符合《1994年关贸总协定》确立的国民待遇原则，即在投资过程中产生的进口产品的待遇仍适用国民待遇原则。值得注意的是，它只涉及进口"产品"的国民待遇，并不是所有外国直接投资活动都可以享有国民待遇，这是因为关贸总协定中国民待遇原则适用的对象是进口的"产品"，而不是其他。根据《TRIMS 协定》附录的规定，违反国民待遇原则的与贸易有关的投资措施不仅包括东道国国内法律和行政法规规定的强制性措施，而且包括那些采用后会给东道国带来竞争优势的措施。在乌拉圭回合谈判中，美国曾提出一份与贸易有关的投资措施清单，并被乌拉圭回合贸易谈判委员会所采纳，这一清单列举了十多项投资措施，包括当地成分要求、进口限制、贸易平衡要求、国内销售要求、外汇管制、技术转让要求、外汇平衡要求、当地股权要求等。但在最终达成的《TRIMS 协定》中，明文禁止东道国采取的与国民待遇原则不相符合的投资措施只列明了两种。

1. 当地成分要求

即要求外国投资企业购买或使用本国产品或来源于国内渠道的产品。这种投资措施对贸易的扭曲作用主要是可以阻止或限制进口产品的使用。具体包括以下形式：（1）规定外国投资企业必须购买指定的特定产品；（2）规定购买当地产品的数量或价值；（3）规定购买与使用当地产品的数量或价值的比重。

2. 贸易平衡要求

即要求外国投资企业购买或使用进口产品的数量或价值应与该企业出口当地产品的数量或价值相当。

（三）禁止数量限制

根据《TRIMS 协定》第二条的规定，投资东道国采取的与贸易有关的投资措施应符合《1994 年关贸总协定》关于禁止数量限制的规定。《1994 年关贸总协定》第十一条规定，禁止进出口贸易中的各种数量限制。数量限制的具体表现形式有配额、进口许可证、自动出口限制、数量性外汇管制等。《TRIMS 协定》在"附录"中规定，与普遍取消数量限制义务不相符的投资措施包括国内法律、行政法规的强制性规定以及那些采用后会给东道国带来竞争优势的措施。它具体列举了三种不符合禁止数量限制的投资措施。

1. 对外国投资企业进出口产品的限制

包括两种形式：（1）一般地限制企业用于当地生产的产品进口或与当地生产相关的产品进口；（2）规定企业出口在当地生产中所占数量或价值的比重。

2. 以外汇平衡的方法限制企业进口产品

具体方式是规定企业用于购买进口产品的外汇应与其出口产品的创汇额相当。

3. 限制外国投资企业出口其产品

具体形式包括：（1）对特定产品出口的数量限制；（2）对出口产品数量或价值的限制；（3）规定出口产品的数量或价值应在当地生产中所占的比重。

（四）例外规定

根据《TRIMS 协定》第三条的规定，《1994 年关贸总协定》规定的所有例外规定均适用于《TRIMS 协定》。关贸总协定中有关国民待遇原则的例外，包括：电影片的例外、特殊补贴的例外、差别运费的例外、政府采购的例外等。有关禁止数量限制的例外，主要是基于国际收支困难和外汇储备不足而采取的歧视性数量限制。此外，根据关贸总协定第二十条和第二十一条的规定，成员方还可以基于以下原因采取例外措施：（1）为维护公共道德；（2）为保障人民健康和动植物的生命；（3）为保护本国具有艺术、历史或考古价值的文物；（4）为保护国内可能用竭的天然资源；（5）为维护国家安全利益等。

《TRIMS 协定》第四条还为发展中国家和最不发达国家规定了特别的例外。对于发展中国家成员方基于建立特定产业而提供必要的关税保护、为国际收支目的而实施的数量限制等，可以"暂时"地保留违反国民待遇原则和禁止数量限制原则的投资措施。

（五）透明度

根据《TRIMS 协定》第六条的规定，各成员方就其采取的投资措施应当履行《1994 年关贸总协定》第十条规定的有关透明度和通报的义务，并遵守 1979 年 11 月 28 日通过的《关于通知、协商、争端的解决和监督的谅解》和 1994 年 4 月 15 日通过的《关于通报程序的部长宣言》中有关透明度和通报的规定。具体地说，每一成员方应向世界贸易组织秘书处通报其刊载有投资措施的出版物，这里的投资措施不仅包括成员方全国性的法律、法规的规定，而且包括其地方政府和权力机关制定的地方性法律、法规的有关内容。每一成员方对另一成员方索取有关资料的请求应给予同意和考虑，并且对另一成员方提出的有关投资措施的磋商请求应提供充分的协商机会。但是，对于那些一经公布将有碍法律的执行或违背公共利益或损害特定企业（包括公有企业和私有企业）合法商业利益的信息资料，成员方有权不予以公布和通报。

（六）管理机构与争端解决

根据《TRIMS 协定》第七条的规定，成立一个对所有成员方开放的组织机构——与贸易有关的投资措施委员会。该委员会应选举自己的主席和副主席，每年至少举行一次会议，或应任何成员方的请求而举行会议。该委员会的主要职责是：（1）履行货物贸易理事会为它规定的职责，管理和监督《TRIMS 协定》的实施与运作情况，并每年向货物贸易理事会提交有关的年度报告；（2）向各成员方提供与《TRIMS 协定》的实施与运作有关的任何事宜的协商机会。

根据《TRIMS 协定》第八条的规定，与《投资措施协议》实施有关的争端解决应适用《1994 年关贸总协定》第二十二条和第二十三条有关争端解决的规定。

总之，从以上内容看，《TRIMS 协定》作为国际间投资问题的重要多边协议，对国际直接投资具有积极的影响。由于该协定构成对与贸易有关的投资措施的有力约束和限制，从而改善了投资环境，使国际直接投资的发展速度加快。但我们也应清醒地看到，由于当时许多情况的制约，《TRIMS 协定》仍然存在一些遗留问题。因此，将来有必要针对遗留问题进行深入研究和直接投资的相关措施进行多边谈判，再达成新的协议。

二、MFI 与中国经济战略利益

近年来，国际直接投资迅速发展，各种问题层出不穷，而现有的各类政策规范已难以满足其需要。与国际贸易和国际金融相比，对国际投资的国际性协调极为滞后。前两者已分别建立了以 WTO 为核心的国际贸易体制和以 IMF 为核心的国际金融体制。尽管与贸易有关的投资措施（TRIMs）的制定和实施，在一定程度上推动了国际投资领域国际协调的发展和国际规范的制定进程，但 TRIMs 本身存在着诸多不足之处：第一，协议所列举的仅是与货物贸易有关的投资措施中的一部分，涵盖范围极为有限；第二，协议所涉及的投资措施都是对贸易具有副作用的限制性投资措施，并未涉及鼓励性的投资措施；第三，协议不包括广大发展中国家广泛关注的限制性商业惯例问题，而限制性商业惯例恰恰是多数与贸易有关的投资措施所针对的对象。服务贸易总协定（GATS）在投资方面也仅仅涉及与服务贸易有关的市场开放。知识产权协定（TRIPs）也只涉及部分以知识产权为投资的保护。除了 TRIMs、GATS 和 TRIPs 等多边协议之外，还有双边及区域多边层次上的投资政策与协定。从国别来看，各国国际直接投资政策自由化程度与限制的差别很大；从双边层次来看，大量双边投资协议的内容和标准存在较大差异；再从区域的角度看，各个区域经济一体化组织的投资自由化进程不尽一致，它们在待遇标准、争端解决和投资保护措施等方面的规则也不相同，区域性的措施有很多局限性，还具有对非区域成员的排他性。

总之，由于现存国际投资的各种安排不尽完善，导致相当多的国际投资者仍面临投资壁垒、歧视性待遇、政策法规的不确定性以及由此而引发的各种矛盾和纠纷。加强国际投资方面的国际协调，建立一个统一、公正、具有广泛约束力的多边投资框架（Mulfinational Framework on Investment，MFI），已势在必行。

1996 年 12 月，WTO 新加坡首届部长会议决定设立一个贸易与投资工作组，研究订立更高层次的国际投资政策协议的必要性。1997 年以来，WTO 贸易和投资工作组一直在讨论建立一个全面的关于全球性外国直接投资框架问题的协议。

目前，发展中国家主要关注的问题是，国际多边投资框架（MFI）将会束缚政府的行为，使政府难以根据其国家发展需要和战略导向引导外国投资。此外，即使政府可以在双边或区域层次上承诺特定规则，他们也不愿意在多边层次上作出相同承诺，使自己被"锁定"在多边框架内。在建立国际多边投资框架方面，发展中国家正在面临两种选择：一是积极参与全球性规则的拟定；二是简单遵循别人已经制定好的规则。相比较而言，发展中国家无疑能够从第一种方式中受益，而在第二种方式中受损。尽管经济强国对全球投资规则的制定过程具有较大影响力，但是发展中国家也不能全盘接受别人设计的全球投资体系，而应根据其自身发展需要及本国的强弱势地位，通过集体谈判的力量，努力参与设计和制订国际投资体系的全球性解决方案。随着参与制订多边投资框架的国际活动增多，发展中国家还应该以更加开放的姿态，不断融入到全球一体化的进程当中。

（一）未来多边投资框架的主要内容

未来多边投资框架中所涉及的主要内容是：

1. 含义与范围

在各种国际论坛中，对 MFI 的适用范围一直存在争论。争论的焦点集中在 MFI 应该使用宽泛的含义还是狭义的含义。现有的国际投资协议，特别是双边和区域层次上的协议，大都采用宽泛的含义。协议不仅适用于外国直接投资，也适用于各种形式的间接投资。许多协议中明确适用于"任何资产"。从适用的投资者来看，既包括外籍个人和建立在东道国之外的公司，还包括海外本国人、无国籍人士、由外国人控制的当地公司、政府间组织和外国政府。由于采用广泛的含义和范围，涉及因素众多，问题比较复杂，许多国家在使用时比较谨慎。目前，在世界贸易组织（WTO）和联合国贸易发展会议（UNCTAD）的审议中，多数国家倾向于未来 MFI 中使用狭义的国际投资含义，即 MFI 只管辖国际直接投资，而不包括间接投资。

2. 自由化

投资自由化通常包括三方面内容：

（1）投资进入和建立。有关国际直接投资的政府措施通常包括管制性投资进入。各国管制的程度不同，从禁止、选择性开放、大部分开放到完全自由进入，各种情况都存在。有的国家对于关键性行业，甚至会对外国投资者关闭，或需要附加某些条件，才能允许外资投资者进入。

（2）进入后待遇。外国企业要服从东道国管辖。近几年来的谈判努力主要集中在消除对外国企业的歧视性政策上。对进入和进入后的经营实行国际待遇标准，即最惠国待遇和国民待遇，不因其来源地不同而对外国企业进行歧视，对外国企业和国内企业也不歧视对待。在具体应用过程中，允许有例外和限制，其中最常见的是涉及公共秩序和健康以及国家安全方面的例外和限制。

（3）商业便利。这类条款是针对外国投资者经营的跨国特征，处理与其相关的具体问题并提供一定的保证措施。其主要条款涉及外国投资者向东道国之外转移资金（利润、资本、版税等）以及雇佣外国管理人员和专门人员免除限制。

3. 投资保护

投资保护涉及保护外国投资者利益，使其免受因东道国政府措施而造成的过度损害。投资者寻求保护主要是针对东道国政府征收、国有化和其他剥夺投资者财产、侵害投资者权益的情形。保护条款也适用于一些危害甚大的政府措施，例如忽视保护知识产权、随意拒发许可证等。

4. 争端解决

争端解决条款是为了补充上述保护条款。主要涉及投资者与另一企业之间、不同国家之间、投资者和东道国之间三种争端类型。投资者与东道国之间的争端解决方式是最易引起争议的问题。目前，尚难以将其纳入 MFI 框架之中。

5. 市场职能与企业行为

在世界经济趋于一体化的形势下，市场职能的良好发挥，需要东道国采取管制外国投资者行为的一系列政策措施，需要存在一个免受公共或私人行为干扰而造成市场扭曲的国家法律和国际法律框架。

企业行为主要涉及诸如限制性商业措施（包括转移价格）、污染、消费者保护和劳动保护等问题。近年来，规制企业行为的呼声甚高。国际组织和社会利益团体设计这方面的法规，旨在引导或限制企业行为，平衡跨国公司和东道国政府之间的权利和义务。

6. 发展问题

发展问题在 MFI 中居于重要位置，人们十分关注 MFI 将会对发展带来的影响。与所有其他国际协议一样，MFI 在一定程度上约束了参与国的行动自由，从而限制了政策决策者追求发展目标所能应用的政策选择。这样，问题也就不可避免地出现了：参与国际投资协议的发展中国家，在多大程度上能够维持特定的政策空间，通过直接或间接政策，影响它们所吸引的 FDI 数量，规范跨国公司的行为，从而促进本国的经济发展？这方面对发展中国家特别重要，促进发展一直是它们最为重要的目标。于是，发展中国家就面临这样一种困境：一方面，政府需要建立一个稳定、可预测并且透明的 FDI 政策框架，吸引跨国公司的直接投资，并使外国投资企业能够根据其所处的政策环境，制定适宜的长期发展战略，实现企业的发展目标；另一方面，政府又要保留必要的、最低限度的制定政策的自由空间，以有利于实现本国的发展目标。

（二）未来多边投资框架与中国经济战略利益

目前，各国就建立多边投资框架存在着许多争议。多数国家倾向于建立高标准的多边投资协议，许多发展中国家希望多边投资框架符合其发展水平，部分发展中国家对此持谨慎态度，个别国家持反对态度。那么，中国对此应当持何种态度？从根本上说，这取决于多边投资框架对中国经济战略的影响。

中国既是世界上利用外资最大的发展中国家，也是发展中国家对外投资的大国。从长远看，中国对外投资的发展潜力更大。参与设计未来的多边投资框架，对中国而言，不论是作为外资的主要吸收国，还是作为对外投资国，都有着特殊而广泛的战略利益。

1. 作为利用外资国的战略利益

尽管中国利用外资起步较晚，却取得了优异业绩。据统计，截至 2008 年底，中国实际利用外资金额达 9754 亿美元。中国的外资存量已居于世界领先位置，已连续 16 年保持发展中国家第一。积极参与 MFI，对中国实施"引进来"战略具有重要意义。

首先，中国参与 MFI 将使外国投资者在中国享受到更安全、更公平的待遇及更可靠的市场准入，有利于进一步改善中国的投资环境，吸引更多的跨国公司投资。事实上，中国目前无论是在国家立法方面，还是在双边、多边投资方面所作出的承诺，均已达到国际标准，有些多边承诺甚至超出乌拉圭回合中 TRIMs 协定。为此，可以借助于 MFI 谈判，将中国目前在多边领域的承诺与其他国家对等或持平。

其次，有利于规范竞争行为，减少东道国利益损失。十几年来，全球、区域以及地方层次上吸引 FDI 的竞争逐渐加剧，这种竞争导致所有参与者的福利损失。MFI 将严格约束发达国家的金融激励，约束发展中国家的财政激励，同时也约束中国各级地方政府的优惠政策竞争，以避免两败俱伤的竞争结果。在吸收外资的国际规制上，当各国、各地区处于同一平台上竞争时，中国的市场规模以及各生产要素禀赋才能显示出巨大的区位优势。

2. 作为对外投资国的战略利益

目前，中国已经成为发展中国家的主要对外投资来源地。据统计，截至 2008 年底，中国境外投资企业（不含金融类企业）已达 3 万多家，累计投资额 1452.9 亿美元，遍及全球 173 个国家和地区。

未来中国将成为重要的 FDI 输出国。根据著名经济学家邓宁的投资发展阶段理论，一个国家对外直接投资的决定因素与其经济发展的阶段和结构密切相关。中国 2008 年人均 GDP 已达 3266 美元，正进入投资发展周期中 FDI 流出超过。流入的第三阶段，积极参与 MFI 对中国实施"走出去"战略具有重要的意义。

第一，与西方跨国公司的实力和开拓国际市场的经验相比，中国企业的国际竞争力不强，与东道国打交道的能力较弱。国内企业在海外经营中，比发达国家跨国公司更需要稳定、可靠、有透明度和有保障的法律体系，更需要依靠多边机制解决纠纷。

第二，由于中国企业的对外投资东道国绝大多数属于发展中国家，今后的发展方向也以发展中国家为主，而多数发展中国家的投资立法不健全，投资保护措施不完善。所以，建立一个维护对外投资者权益的多边投资框架，符合中国对外投资的长远利益。

第三，为中国企业创造对外投资的安全环境。积极推进 MFI，有利于保护中国对外投资者，使其免受因战争、没收、汇款限制等非常规风险而带来的损失，促进同缔约国之间互利的投资合作。MFI 的主要内容应包括：保障中国投资者与投资对象国企业享受同等待遇、最惠国待遇；禁止对中国投资者采取国有化及没收措施（如不得已而采取有关措施，必须有效地赔偿所致损失）；赔偿因发生战争、政变、暴动等突发事件而造成的损失；保障投资本息和利润自由汇回；规定有关发生投资争议的解决程序等。

3. 在国际投资规制中的战略利益

这主要体现在两个方面：

一是参与 MFI，可以减少或替代双边投资协定。目前，与中国签订了双边投资保护协议的国家和地区有 102 个，约占同中国有贸易投资往来的国家和地区的 60%。也就是说，有 40% 的国家和地区尚未与中国签订这种协议。同中国正式签署避免双重征税协议的国家和地区有 77 个，约占同中国有贸易投资往来国家和地区的 45%，其余 55% 的国家和地区尚未签订这种协议，这显然不利于中国企业的对外投资活动。况且，已经签署的协定，分别反映着中国不同时期的对外开放水平，协定之间相互不一致，而重新谈判则耗时费力。建立多边投资框架，覆盖绝大多数投资贸易伙伴，可达到一举多得之效。

二是积极参与 MFI，还可以降低其他区域一体化有关投资安排对中国歧视的影响。未来的国际投资框架将在现存的双边、特别是区域和多边协议模式的基础上形成。世界上绝大多数国家均已不同程度地参与了区域协议的谈判和制订。这些协议或者是包括投资内容在内的区域一体化安排（如欧盟、北美自由贸易区、东盟投资区等），或者是有关产业或部门的安排（如能源协议）。这些投资以及与投资有关的贸易安排对中国企业的投资市场准入以及投资保护均存在歧视性待遇，中国可利用多边投资框架的建立削弱或减少此类歧视。

对中国经济战略利益的界定，可从两个角度考虑：狭义界定指中国内地；广义界定包括中国内地、香港、澳门和台湾。无论是从现在上述的经济一体化深度和广度考虑，还是从未来祖国统一的发展大局以及经济进一步融合的长远发展考虑，中国的经济战略利益应立足于广义界定。在此基础上，中国应根据自身的贸易和投资实力，预测未来的发展趋势，科学地为中国的经济战略利益定位，从而确定在未来多边投资框架谈判中的方针、立场和策略。

第三篇

战略决策

    这部分内容是从企业角度，探讨如何开展对外直接投资。要取得跨国经营成功，最重要的是正确进行国际投资的战略决策。由于中国企业"走出去"的时间不长，在这方面尚无系统的经验和理论可循。本篇以发达国家跨国公司的投资战略为鉴，可以为中国企业进行对外直接投资战略决策提供重要的参考。

第九章　国际投资的区位选择

国际投资区位选择，是企业对外直接投资面临的第一个战略决策，其决策的重要依据就是投资环境如何。有利的投资环境是对外直接投资顺利进行和健康发展的客观保证，所以选择良好的投资环境，对企业跨国经营至关重要。

第一节　国际投资环境的内容

国际投资环境，是指一个国家或地区吸引和接受外商前来进行直接投资的区位条件。国际直接投资的顺利发展以有利的投资环境为基本前提。国际投资环境又称投资气候，包括的内容很广，可以分为硬环境和软环境两个大的方面。

一、硬环境

硬环境是指能够吸引外资的外部物质条件，所以又称为物质环境或有形环境。它主要由自然地理条件和基础设施条件构成。

（一）自然地理条件

自然地理条件一般是指由先天自然因素所形成的外部条件。其中某些因素会对国际投资活动产生直接的影响，如寻求资源型投资对自然资源条件的要求，旅游业对旅游资源条件的要求等。另外一些因素可能会对国际投资活动产生间接的影响，如自然地理条件对一国经济特点的影响，对一国市场的影响等。构成自然地理条件的因素主要有自然地理位置、面积和地形、气候和自然风光条件、自然资源的禀赋和分布情况、人口和城市分布情况等。

（二）基础设施条件

基础设施是指后天人为因素形成的外部条件。一般包括两个方面的内容：一是工业基础设施的结构和状况；二是城市生活和服务设施的结构和状况。良好的基础设施是进行投资和经营活动的基本条件。基础设施条件主要有：

1. 能源供应

主要是基础能源和水力、电力、热力等能源供应系统和供应状况。

2. 交通运输

主要是铁路、公路、海运、内河运输和航空运输等方面的设施与条件。

3. 通讯设施

包括邮政、广播、电视、电话、计算机网络等方面的设施和通讯条件。

4. 原材料供应系统

当地是否具有原材料和零部件的供应商和健全的采购网络。

5. 金融和信息服务系统

当地是否具有方便的融资渠道和金融服务、信息服务的设施和机构。

6. 城市生活设施

如住房、娱乐、餐饮、购物等生活条件是否健全、方便。

7. 文教、卫生设施和其他服务设施

服务设施是否配套并能为子女就读、诊病等提供良好条件等。

基础设施条件是与直接投资密切相关的外部物质条件，一个基础设施条件很差的地区是很难有外资进入的。因此，为了吸引外国直接投资，许多东道国政府都十分重视本国工业基础设施和城市生活服务条件的改善。

二、软环境

软环境是能够影响吸引外资的各种非物质因素，所以又称为人际环境或无形环境。它主要由以下四个方面的因素构成。

（一）政治因素

政治因素是投资环境中非常重要的一个方面，它直接关系到投资本身的安全性。由于国际直接投资是一种长期的投资活动，所以投资者极为关注投资地区的长期稳定状况和法律法规是否健全、公正。政治因素主要包括：

1. 政治体制

政治体制通常是指一个国家政体的制度，包括国家的管理形式、政权组织形式、政党制度形式以及选举制度、公民行使政治权利的制度等。一个国家的政治体制总是同该国的根本性质及其社会经济基础相适应的。政治体制的不同具体表现在政治和行政管理体制、经济管理体制、政府部门的结构、行政效率等方面。一般来说，与母国不同的政治体制可能会给对外投资者带来一定程度的风险。

2. 政治的稳定性

政治的稳定性首先在于政府的稳定。政府的稳定应该不受到任何国家外部与内部问题的困扰和动摇，如内部的分裂、民族问题、经济问题、潜在的政变因素、不规则的更迭等。政府应具有对付一切冲突的应变能力，否则会被认为存在着某种程度的不稳定。当然，这些问题能否恰当地解决还取决于政府的宗旨、政策、政府官员的意志和才能等因素。就目前情况来看，有些国家即使在政府改组的情况下也不致影响到政治的稳定性，而另外一些国家在同一情况下则可能产生政治不稳定，甚至政治混乱的后果。政治稳定的另一个方面就是政策的连续性，这种连续性不仅在于同届政府的政策要具有稳定性和持续性，同时也不会因为政府的正常更迭而改变政策。在国际投资中，投资者极为关注政策的连续性，一国的政策连续性越强，说明该国的稳定性越高，否则稳定性就越差。

3. 政府的服务效率

投资者对政府服务的关注主要体现在两个方面：一是政府对一般工商企业的态度，是有意创造一个适于工商企业自由竞争的环境，放手让企业自主经营，还是对工商企业进行限制，干预企业的经营活动；二是政府对待外资的态度，这对外国投资者有直接影响。政府对待外资的态度直接影响该国外资政策和法规的制订，而政府效率则会影响外资企业的投资决策和生产实际经营活动。一些国家政府部门工作效率低下，管理人员渎职腐败，不仅损害政府形象，还会挫伤外商投资信心。

4. 政府的对外关系

一般包括由于自身原因或参与国际条约的原因而与他国发生冲突的可能性、与主要贸易伙伴的关系、与他国政府的正常关系等方面。一国政府对外关系的现状和发展前景同样会影响到外国投资者对该国政治环境的评价。

5. 法律制度与司法公正

法律制度主要体现在法律体系的完善和各项法规的制订上。一个国家或地区法律环境状况主要通过三个方面来体现，即法律完整性、法制稳定性和执法机构的公正性。法律完整性主要看有关的法规是否健全，如金融、审计、经营、进出口贸易、投资、专利等法规的全面性、完整性和配套性。法规不健全会给投资者带来较高的风险。法规是否稳定对投资者影响也较大。法规是否稳定与政治稳定性有关，政治稳定有助于法规稳定，而法规稳定则促进政治的稳定，两者相辅相成。但在一个非法制国家向法制国家转轨的过程中会出现较多的法规变更，这是难以避免的正常现象，是法制不断趋于稳定的表现。但是，即使一个国家的法制稳定、法律也完整而执法机构不公正，也仍然表现为法制不健全，投资者就会产生不安全感。因此，执法机构的公正性也是十分重要的。对于外国投资者来说，尤其关注有关外国投资者权益保护的投资法、海关法、外汇管理法、企业法、税法等能否保障投资者收益，有关利润汇出的限制以及能否公正执法等。总之，法律制度与司法公正都涉及投资安全。

（二）经济因素

经济因素是直接影响外国直接投资活动的重要因素，发达的经济和成熟的市场对投资者有强大的吸引力。一国经济发展水平的高低往往决定着该国的市场规模和市场的完整性，同时也是投资者进行成功经营活动的关键因素。对投资者有重要影响的经济因素主要有以下几个：

1. 经济发展水平

对于各国经济发展水平的划分，主要有以下几种方法：（1）最一般的划分，是将世界上大多数国家分为发达国家和发展中国家，再将发展中国家细分为原料出口国、石油出口国、制成品出口国和新兴工业化国家，这几类国家之间差距很大。（2）美国经济学家罗斯托（Walt Rostow）将世界各国划分为五个不同的发展阶段：传统社会、起飞前夕、起飞阶段、趋向成熟和高度消费时期。大致说来，凡属前三个阶段的国家可称为发展中国家，而处于后两个阶段的国家则可称为发达国家。（3）人均国民生产总值划分法，世界银行通常按人均国民生产总值将世界各国分为低收入国家、中等收入国家和高收入国家，并进而将中等收入国家细分为上中等收入国家和下中等收入国家。实践表明，处在不同经济发展水平的国家，其产业结构、消费水平、市场规模和经营条件都存在着很大的差异。

2. 市场购买力

市场购买力主要取决于居民收入。在居民收入指标中，国民生产总值（GNP）或国内生产总值（GDP）、人均收入、个人收入（个人可支配收入及个人可任意支配收入）、收入分配、消费者储蓄和消费者信贷等是重点分析内容。上述指标对于评价和把握投资机会的意义是不同的：在评价市场规模时，人均 GNP 或 GDP 水平一般与中低档消费品和工业品的需求量成正比；人均收入主要用来评估中、高档消费品的市场规模；个人收入是影响消费者个人和家庭购买力总量的重要因素；个人可支配收入是影响消费者购买的决定性因素；个人可任意支配收入是购买高档消费品和各种服务产品的来源；而不同国家的收入分配则直接影响市场需求的构成。

3. 市场的完善度和开放程度

资本的运行需要有一个完善和开放的市场环境。一个国家如果形成了完整的市场体系，则意味着该国已具有各类主要市场，如商品市场、金融市场、劳动力市场、技术市场、信息市场等。市场的完善程度一般可以从两个方面体现出来，一是要形成一个市场体系，其次是体系内的主体应是健全的。市场的开放度指一国是否允许外国投资者不受限制地进入该国市场。如果在对一国市场的利用方面不存在本国投资者和外国投资者的差别待遇，则被认为是公允的，该市场有较高的开放度；否则，就被认为开放度较低。对于外国投资者来说，较高的开放度是一个关键问题，否则对该国的市场只能可望而不可即。外国投资者在多数发展中国家遇到的市场问题一方面是市场不够完善，另一方面是受到较多的限制从而阻碍了外国投资的进入。

4. 经济与物价的稳定情况

经济的发展和物价的稳定是保证企业正常经营活动的基本条件之一。在经济和物价不稳定或经济状况较差的情况下，企业很难达到预期的经营效果和利润水平，因而也很少有投资者愿意在这种条件下投资。一个国家的经济和物价状况可以从通货膨胀率、利率和汇率的变化来判断，而这些指标的变化又取决于一个国家的内外债务、国际收支状况、通货膨胀、商业信用、资本市场供求、宏观经济等情况。

（三）政策因素

一国的经济政策与该国的经济发展有着密切的关系，它既取决于经济发展水平，又决定着经济发展前景，因而一国的经济政策对该国的经济结构、产业结构、就业、物价等方面都有直接的影响。对国际投资活动有较大影响的经济政策主要有：

1. 经济开发政策

主要有工业化政策、产业开发政策和地区开发政策等。工业化政策的产业内容主要是促进和保护本国工业的发展。多数发展中国家在实行工业化政策时面临资本和技术不足的困难，因而希望通过引进外资来弥补这种不足，从而推动本国工业化的进程。实行工业化政策的国家一般都限制制成品的进口，鼓励在本国进行生产。这种情况下，原有的出口商往往采用在当地投资生产或采取其他合作方式进入该国市场。产业开发政策往往是提倡某些产业的优先发展，一般多以优先发展新兴产业为主，东道国往往对这类产业的外国投资提供某些优惠。此外，地区开发政策也是经济开发政策中的一部分，世界上许多国家都制订了优先开发边远落后地区或重点发展地区的优惠投资政策。一般来说，符合一国经济开发政策的外国投资可以不同程度地享受优惠待遇。

2. 贸易和关税政策

贸易政策从总体上划分为自由贸易和保护贸易政策两大类，但事实上很少有这种简单的情况。在国际竞争日益激烈的情况下，多数国家在承认自由贸易的原则下，又都不同程度地采用奖出限入的政策。发展中国家在采用这一政策的同时，也大都采用进口替代政策，以本国的生产代替国外商品的进口。这些政策的实施都在不同程度上限制了商品进口，同时较有利于外国直接投资活动。外国投资者对关税政策和管理的关注主要是关税的差别待遇，即政策的公允性。

3. 货币与财政政策

货币政策对直接投资的影响主要表现在对一国货币币值和货币汇率等方面的影响。从外国投资者的角度出发，所关注的主要是货币的稳定性和可兑换性。

4. 外汇、外资政策

外汇和外资政策直接影响到外国投资者的利益，关系到外国资本能否自由进出，利润和其他收益能否自由汇出等。

（四）社会和文化因素

各国在社会和文化方面的差异也给外国投资者带来许多障碍。由于这些差异的存在会影响一国居民的生活方式、消费倾向、对待外资的态度、价值观念等，所以社会和文化条件也成为投资环境中不可缺少的一部分。社会和文化因素的内容主要有：

1. 宗教制度

世界上并存着基督教、伊斯兰教和佛教三大宗教，若是把小的宗教派别和分支都包括进来至少有几十种之多。不同的宗教信仰对人们的价值观念、生活态度和消费倾向都会产生重大影响。因此，外国投资者必须了解不同国家的宗教差别，否则难以进行成功的生产经营活动。

2. 语言与文化传统

语言与文化传统的差异往往是外国投资者进入东道国的无形障碍。不同的文化传统造就了不同的社会观念和思维方式，加上语言文字的不同使外国投资者更难与东道国居民沟通和交流。投资国与东道国之间语言和文化传统的差异越小，就越容易相互沟通和交流，也就更易于进行成功的投资和经营。

3. 教育水平和人口素质

教育水平和人口素质是不可分割的两个方面。教育水平高的国家和地区，人口的素质普遍较高。从投资的角度来看，这种情况有利于较高水平的投资活动，这从不同国家的投资产业分布状况也可以看出。一国教育水平和人口素质低下，必然导致生产和技术落后，技术人员和熟练工人缺乏，而这些又直接影响着投资水平和投资效益。

4. 社会心理

社会心理因素对外国投资者的影响是微妙的，同时也是多方面的。其基本内容包括民众的一般价值观念、对国外投资活动的态度、对上下级关系的态度和民族意识等。这些因素可以影响一国对外资的接纳程度、外资与当地资本和行政当局的合作程度以及合资企业经营成果的分配等。

第二节　国际投资环境的风险

风险是指人们因客观条件的不确定而对未来行为的决策偏离预定目标的可能性。在国际投资过程中，由于投资国与东道国之间在自然条件、政治制度、文化背景、经济发展、经济政策等各方面存在差异，导致了国际投资风险的不可避免。国际投资环境中的风险一般包括国家风险、金融风险、法律风险和文化风险。

一、国家风险

国家风险是国际投资活动中最难以预测与防范的风险。随着发达国家经济发展不平衡的加剧、区域经济一体化进程的加快以及世界各国对经济政策的不断调整，国际投资活动所承担的国家风险日益加大。

（一）国家风险的特点

国家风险是指在国际投资活动中，由于东道国在政治、法律、经济政策方面的变化给投资者造成经济损失的可能性。

国家风险一般具有以下三个特点：

1. 国家风险会损害其他国家的利益

国际投资活动不同于国内投资活动，后者不会受到其他国家经济政策变化的直接影响或受到的影响极小。目前，在世界上几万家跨国公司中，每年因各种原因破产的就达几百家，而每一家跨国公司的破产会给来自不同国家的很多投资者造成损失。例如，国际信用和商业银行的业务范围遍及世界73个国家和地区，拥有四百多个办事处和来自83个国家与地区的1.4万名职员，这家银行于

1991 年宣布破产，使世界各国或地区的一百三十多万人遭受损失。此外，它还给许多国家政府造成了重大的财政负担，因为很多国家为支持本国企业或个人从事海外投资而提供了国家风险担保。

2. 国家风险与国家主权关系密切

国家风险具体表现为东道国制定的不利于外国投资者的法律法规以及对外国投资者的歧视性待遇。任何国家的政府都会根据国家利益的需要制定对外国投资者的政策，并随时根据具体情况变化进行调整或改变。经济处于起飞阶段的国家一般采用吸引外资的优惠政策，而一些较为保守的国家则往往采用限制外资流入的政策。制定什么法律和政策既是属于一个国家的内政，也是国家主权的表现。停止或延期偿还债务、实行国有化的政策、实行外汇管制和提高对外商征收各种税率等都属于外国投资者可能面临的与国家主权相关的国家风险。

3. 国家风险是不可抗拒的

由于国家风险表现为东道国不利于外商的法律与政策，属于东道国的内部事务和国家主权的体现，这就显示出国家风险与其他风险不同，它是不能通过协议或其他手段改变或免除的。一个国家的法律与政策是通过政府指定的部门强制执行的，不容许任何国家、企业、个人或国际组织进行干涉。

（二）国家风险的分类

按风险发生的性质不同，国家风险大致可以分成以下几类：

1. 主权风险

主权风险实际上是指一个国家在特定的情况下，为了保护本国利益而采取的行为给外国投资者造成经济损失的可能性。常见的主权风险有以下两种情况：

（1）国际性债务危机。即当主权国家因其国际收支恶化或其财力不足而无法向债权人偿还债务时，宣布拒绝或延期支付债务，从而使投资者蒙受损失。例如，1982 年 8 月 13 日，墨西哥政府通知美国财政部门无力偿还到期债务以后，巴西和阿根廷等三十多个发展中国家先后宣布延期偿还债务，从而引发了一场空前的国际性债务危机。国际性债务危机从此成为国际投资活动中一种新的国家风险。

（2）主权国家实行对某国单方面的制裁行动。当两国政府处于敌对、战争或经济战等状态时，其中一国可能单方面给予另一国各种形式的制裁。例如，冻结对方国家政府、企业、个人在本国的财产，限制或禁止某些产品对敌对国的进出口，中断与敌对国的一切经济关系等。这些做法均会给投资者造成风险损失。

2. 政治风险

政治风险是指东道国政局动荡、民族或宗教派别冲突、战争以及各项经济政策的变化等因素，给外国投资者造成经济损失的可能性。政治风险具有不确定性和不连续性。它具体表现为以下四种风险：

（1）政治变动风险。这主要指东道国政治的不稳定程度，主要体现在五个方面：一是东道国政府更替的频繁程度；二是东道国政府领导人变动的频繁程度；三是不同政治派别发生冲突的方式；四是宗教派别的多寡与冲突的状况；五是民族冲突的状况。如菲律宾的南北宗教对立，英裔种族冲突都是政治风险的典型表现。

（2）经济政策变动风险。经济政策变动风险主要表现在东道国的土地政策、税收政策、市场政策及外汇政策的变动。土地政策涉及外国投资者对东道国土地的购买、占用土地的时间和土地税等。缩短占用土地期限或增加土地税，往往会影响外资的流入和外国投资者的收益。税收政策的变动直接影响着投资者的利益。如营业税和所得税的增加会使外国投资者的利润减少，影响外资企业的发展规模。市场开放度不够的东道国会使外国投资者的投资活动受到某种限制，进而影响投资的收益。外汇管制政策使外国投资者的利润不能汇出。

（3）国有化风险。所谓国有化就是东道国政府将外国投资的企业收归国有，国际投资中最严重的政治风险就是国有化。当东道国政府认为某些行业与国家安全和主权有关，或认为某些行业控制在外国投资者手中会影响国家的形象和经济收益时，便会对这些行业采取国有化政策。例如，埃及曾于 1958 年将苏伊士运河收归国有；中东地区的石油生产国从 20 世纪 60 年代末纷纷开始将石油的开采和经营实行国有化。国有化通过没收与有补偿的国有化两种形式来实施。没收实际上是一种无补偿地将外国资本收归国有；有补偿的国有化则是东道国在实行国有化的同时，对外国投资者给予一定程度的经济补偿。有补偿的国有化虽然使投资者得到了一定程度的补偿，但数额一般都低于扣除通货膨胀因素以后的最初投资值，更远远低于最初投资时的目标利润额，因而也使投资者蒙受了损失。

（4）价格控制风险。一个国家面临通货膨胀危机时，政府往往对重要物资、重要产品实行价格管制。有的国家对进出口商品实行最高限价的规定，减少进口商品利润以达到减少进口的目的；有的国家对进口商品实行最低价格的限定，削弱进口商的市场竞争力以达到减少进口的目的。因此，在这些国家销售产品会碰到很大的困难。

二、金融风险

金融风险主要反映在受通货膨胀和外汇汇率变动所产生的风险。此外，对发展中国家进行投资时，还存在着利润汇回风险，因为这些国家特别限制大量的外汇从本国流出。

（一）汇率风险

汇率风险对国际投资的影响，主要表现在汇率的波动会对企业经营过程中的外汇交易带来影响并相应改变对企业经营活动结果的评价。汇率风险主要有：

1. 交易风险

交易风险也称外汇结算风险，是指企业在进行以外币计价的交易时因将来结算时所适用的汇率不确定，使企业有蒙受经济损失的可能性。交易风险主要表现在以下几种交易中：

（1）以延期付款为支付条件的商品或劳务进出口。当一方已经提供商品或劳务以后，在对方尚未支付货款或劳务费期间，如果汇率发生了变化，可能给交易的一方带来损失。

（2）以外币计价的国际信贷活动，在债权债务活动清偿之前，如果汇率发生了变化，也可能会给债权人或债务人带来损失。

（3）待交割的远期外汇合同到期时，如果汇率发生了变化，交易的一方也可能会受到损失。

2. 转换风险

转换风险也称会计风险或折算风险，是对企业经营活动结果评价时产生的风险，它主要是指由于汇率的变化而引起企业会计报表中的外汇项目金额发生变动，从而产生账面上的损失或收益。一个国际性公司在其他国家拥有的资产和负债、收入与费用一般都是用所在国的货币来计量的，而在进行核算时必须将原来用外币计价项目的发生额转换成本国货币重新表示，以便适应报告的需要。由于各国之间汇率的变动，转换时所适用的汇率与当初入账时特定的汇率会有较大不同，从而使账面上出现损益的差异。转换风险造成的损失虽然不是实际损失，但也会使企业感到一种威胁。当企业的收益或资产由于转换风险的作用而减少时，会直接影响到企业向社会公开营业报告书的成果，并使其股票发行和价值受到影响。因此，转换风险也是企业必须加以控制与管理的，应该采取一些措施尽量减少它给企业带来的不利影响。

3. 外汇预测风险

外汇预测风险是指企业在预测汇率变动趋势并作出有关决策时，与将来汇率变动的实际情况存在差异而带来损失的可能。外汇预测风险的大小取决于企业在一定时间内预测未来汇率变动的能力。预测是否准确将直接影响企业的生产、销售与融资等方面的战略决策。

（二）利率风险

利率风险就是指由于国际金融市场中未来利率的不确定，而使借款人或贷款人蒙受经济损失的可能性。

国家间借款的成本不仅要考虑利率的差异，而且要考虑汇率的高低。从长期来看，这两个因素是互相抵消的。当一国的利率较低时，促使借款者涌向这个国家，对该国货币的需求增加，最后导致该国货币汇率上升。而汇率的上升反过来又提高了借款成本，使借款者减少对该国货币的需求，从而达到一定的平衡。从利率平衡原理可以看出，在国际金融活动中利率与汇率是紧密相连的。利率的升降常常会引起汇率的涨落，汇率的高低又会影响利率的水平。20世纪 70 年代以后，由于布雷顿森林体系崩溃，西方各国普遍以浮动汇率制取代了固定汇率制，使国际汇率的风险日益增大。汇率的大起大落必然导致国际金融市场的贷款利率发生剧烈的波动，使借款人和贷款人都要承受很大的利率风险。对于作为借款人的投资者，利率风险影响十分明显。例如，当一个企业以浮动利率向国际金融市场筹措中长期贷款来投资某一项目时，如果在偿还期内贷款利率水平提高，该项目的成本就会提高，导致盈利减少甚至出现亏损。可见，国际利率风险进一步推动了经济风险的国际传递，使国际经济活动更加复杂与不确定。

三、法律风险

在分析国际投资环境的风险因素时，不可避免要涉及法律风险。面对东道国陌生的法律环境，对国际投资企业构成潜在威胁的是东道国的外资立法及其有关法规条例。各国外资法或公司法是否给外国投资者优惠待遇；是否一视同仁地给予国民待遇；对各类行业的投资是持开放态度，还是严加限制甚至封闭，这都是国际投资企业首先需要关注与弄清楚的。同时，各国有关外国公司的法律规范又主要受该国法律体系基本框架的制约。只有对东道国的立法从外资企业组建、消费者与生产者利益、公平竞争、贸易管制以及司法公正度等方面逐一加以研究，才能勾画出东道国法律对企业跨国经营活动影响的大致轮廓。

总体上看，世界各国均以维护国家主权和经济利益为前提，制定出本国的外资法律法规。西方发达国家经济实力雄厚，技术先进，它们通常采取比较开放的立法态度，限制性措施少，但鼓励措施也较少，其立足点在于使外资立法更加有利于资本输出。而发展中国家的经济比较落后，资金技术匮乏，其外资立法宗旨在于引进技术和资金，以利于平衡国际收支和促进本国经济发展。具体落实到立法上，发展中国家制定的优惠措施较多，但同时限制的措施也多，立法态度始终不够开放。由于长期的历史原因和社会原因，发达国家的法制一般比发展中国家更为完备，法律环境总体上要优于发展中国家。

四、文化风险

文化风险就是指对外心理、民族意识以及风俗习惯带来的风险。这种文化风险不是由于政策或制度造成的，而是一种长期沉淀的文化环境差异导致的风险。当进入一个国家投资，如果事前不考虑到该国的文化风险，投资活动就很可能遭受失败。文化风险主要体现在以下几个方面：

1. 文化背景差异

文化背景差异是指由于整个民族的文化土壤、文化氛围、文化历史的不同而给投资者带来的风险。东方与西方的文化背景不同，东方文化推崇的是传统儒家思想，提倡含蓄、勤劳与节俭，而文艺复兴后西方文化则崇尚自由、财富与平等。由于这种群体意识的差异指引着人们的思想和行为，使各个社会的社会心理因素和国民性各有不同。社会心理因素包括整个社会的价值观念、伦理道德、精神面貌、文明程度、民族抱负、满足期望的方式、商业意识等。国民性是指一国的一般国民状况和民族意识，包括一国对外国投资的一般态度和对外来文化的适应能力。如果两国的文化差异悬殊，将会影响投资模式或投入程度。评价异国的文化，如果挟带文化的偏见，往往会出现按自己所处的文化背景忽视某些事情或贬低其价值。此外，东道国对文化创新的容忍程度或抗拒程度也构成风险的因素，尤其是某些具有文化性质的跨国性服务公司更应注意这方面差异。美国原计划投资法国修建迪斯尼乐园，竟引起一场意想不到的文化风波就很能说明问题。

2. 风俗习惯差异

由于地域和种族不同造成风俗习惯的差异，而这种差异往往会给投资者带来一定的风险，即风俗习惯差异风险。例如，20 世纪 70 年代，美国堪萨斯公司在香港开设了 90 家烤鸡店，满以为香港人一定能接受，可没几天全部蚀本关门。其原因就是美国老板忽视了中国同类食品如广东的炸子鸡、霸王鸡、醉鸡，四川的贵妃鸡、叫化鸡、白斩鸡、棒棒鸡等香港都有，而且比美国的烤鸡好，所以他们失败了。而美国汉堡包的推销在香港却获得了成功，因为中国没有类似的食品。由此可见，如果投资者对东道国的风俗习惯不了解或知之甚少，在投资项目的选择、技术方式的确定以及具体的生产经营过程中都可能遇到许多麻烦。

3. 语言差异

世界上的语言大约有三千多种。语言是跨国企业管理和营销中人们相互沟通的主要工具，掌握当地语言不仅能表达思想和相互交往，而且能使投资者有一种亲切感，投资更易进入。反之，语言掌握不好，则会在词意的理解与表达上出现误解，给投资经营活动带来障碍。例如，美国通用汽车公司曾推销"Nova"型雪佛莱汽车，它的英文意思是"神枪手"，但在西班牙语中意思则是"跑不动"，因而销路不佳。这说明，不能正确地了解和使用语言，也可能成为投资者的投资风险。因此，在选择投资区位时，那些与本国文化有密切关系的国家对投资者无疑更具吸引力。

4. 宗教差异

宗教差异是国际投资环境中的一大风险。因为不同的宗教有不同的文化倾向，从而影响人们认识事物的方式、行为准则、价值观念，影响到人们的消费行为。如果在国际投资中忽视宗教会激起东道国教民的强烈反感与抵触，导致投资失败。例如，伊斯兰教民禁食猪肉，禁止饮酒，所以猪肉食品和烈性酒的制造厂家如果选择了伊斯兰教的国家，注定要失败。相反，可口可乐的推销与投资在当地大获成功，原因是可口可乐不含任何酒精成分。

5. 教育水平差异

各国的教育水平不同，会影响到国际投资产业结构和市场营销策略的差异。一般发达国家的教育水平比较高，消费者对信息产品的需求很大，对新产品的鉴别能力较强，购买时理性程度也较高；而落后国家则相反。如果把高精尖的技术产品以及功能多、品质高的产品的生产与推销放到教育水平落后的地区，那么在雇佣人员、生产加工和以后的销售环节中可能出现不少问题，从而增加投资者的投资风险。

第三节　国际投资环境的总体评价

要想对投资区位作出正确的抉择，仅仅对投资环境进行微观分析是不够的，还必须进行总体评价。在总体评价某地的投资环境优劣时，一般应分析以下四个方面：（1）本次投资获利的可能性及其大小；（2）本次投资的安全性；（3）本次投资所获利润可否汇回本国；（4）本次投资是否会给自己造成竞争对手。对这四个方面的分析，因侧重点不同会产生许多不同的评价方法。从理论上讲，这些评价方法有三种：定性分析法、定量分析法、定性与定量相结合分析法。定性分析一般只用于一些内容比较简单的投资环境的分析，或是只用于最初对投资环境所进行的评价。定量分析则具有一定的准确性，但也有缺陷。为此，有些人就将上述两种评价方法结合起来，产生了定性与定量相结合的评价方法。这种方法可对上述两种方法趋优避劣，使得出的结论更符合客观实际。

对国际投资环境进行总体评价常采用以下主要方法。

一、投资环境等级评分法

这是美国经济学家罗伯特·斯托鲍夫在 1969 年于《如何分析对外投资环境》一文中提出的。他认为，在投资环境中各个因素对企业投资的作用是不同的，不能同等看待。他首先将影响投资环境的因素分为八项，然后根据不同因素的作用确定其等级评分，再按每一个因素中的有利和不利程度给予不同的评分，最后把所有因素的等级分数加总作为对投资环境的总体评价。总分越高，就表示投资环境越好，反之，则表示投资环境越差。其评价因素和标准详见表 9 – 1 所示。

表 9 – 1　　　　　　　　投资环境等级评分法

投资环境因素	当地情况	等级评分
抽回资本的限制		0—12 分
	无限制	12
	只有时限制	8
	对资本外调有限制	6
	对资本和红利都有限制	4
	限制繁多	2
	禁止资本抽回	0
外商股权的规定		0—12 分
	准许并欢迎全部外资股权	12
	准许全部外资股权但不欢迎	10
	准许外资占大部分股权	8
	外资最多不得超过半数股权	6
	只准许外资占少数股权	4
	外资股权不得超过 30%	2
	不准外资控制任何股权	0
对外商管制程度		0—12 分
	外商与本国企业一视同仁	12
	对外商略有限制但无管制	10

投资环境因素	当地情况	等级评分
对外商管制程度	对外商有少量管制	8
	对外商限制并有管制	6
	对外商限制并严厉管制	4
	对外商严加限制和管制	2
	禁止外商投资	0
货币稳定性		4—20 分
	完全自由兑换	20
	黑市与官方汇率差距 < 10%	18
	黑市与官方汇率差距在 10%—40% 之间	14
	黑市与官方汇率差距在 40%—100% 之间	8
	黑市与官方汇率差距 > 100%	4
政治稳定性		0—12 分
	长期稳定	12
	稳定但实行人治	10
	内部分裂但政府掌权	8
	国内外有强大的反对力量	4
	有政变和动荡的可能	2
	不稳定，政变动荡可能性极大	0
关税保护程度		2—8 分
	很少或不予保护	8
	给予少量保护但以新兴产业为主	6
	给予相当保护但以新兴产业为主	4
	给予充分保护	2
当地资金的可供程度		0—10 分
	有完善的资本市场，有公开的证券交易所	10
	有少量的当地资本，有投机性证券交易所	8
	当地资本少，外来资本不多	6

续表

投资环境因素	当地情况	等级评分
当地资金的可供程度	只有短期资本且数量极其有限	4
	资本管制很严	2
	高度的资本外流	0
近五年来的通货膨胀率		2—14 分
	<1%	14
	1%—3%	12
	2%—7%	10
	7%—10%	8
	10%—15%	6
	15%—30%	4
	>30%	2
总计		8—100 分

资料来源：引自罗伯特·斯托鲍夫："如何分析对外投资环境"，《哈佛商业评论》1969 年第 9 期。

二、多因素加权评分法

多因素加权评分是美国一家商业环境咨询服务公司编制商业环境指数所采用的一种方法。它包括了 15 个因素，并根据它们所具有的重要性确定了具体的权数（见表 9 - 2），最高权数是 3，表示最为重要。每一项的最高分值规定为 4，该项条件被认为最佳时可得 4 分。所有各项的总权数是 25，最高值则为 100。指数值越高表示环境风险水平越低。具体编制采用专家评估的方法，由 100 多名专家分别对几十个国家的上述因素进行评价，然后综合而成。该公司的商业环境指数所表示的环境风险水平标准分为四级：70—100为稳定的商业环境，以发达工业化国家为典型；55—69 具有一定程度的商业风险，但是在一般情况下政治结构稳定，可以使企业进行连续的经营活动而不会遭到严重损失；40—54 表示外国企业投资面临高风险，除非有特殊的原因方能考虑进行投资，如为了取得稀有原料或商业利润等；0—39 为外国投资者不能接受的商业环境，无法进行投资。

国外跨国公司在分析和评估投资环境时，普遍都注重信息来源的多样化。以美国道氏化学公司为例，它所使用的信息来源包括"思想库"专家、美国国务院的专职研究员、政治经济问题分析师、美国商务部的专职研究员和世界银行常去各国出差的官员的看法；国际货币基金组织的刊物，如《国际金融统计》等关键性的资料来源；世界银行集团的国别资料档案；其他公司的经历；各大学国际研究中心学者的报告，等等。

表 9-2　　　　　　　　多因素加权评分法

商业环境指数的评价内容	权数
（1）政治的连续性	3.0
（2）对外国投资者和盈利的态度	1.5
（3）国有化	1.5
（4）通货膨胀	1.5
（5）国际收支	1.5
（6）官僚拖延	1.0
（7）经济增长	2.5
（8）货币的兑换性	2.5
（9）合同的履行	1.5
（10）劳动力成本/生产率	2.0
（11）专门服务和承包商	0.5
（12）通货和交通	1.0
（13）当地的管理与合伙人	1.0
（14）短期信贷	2.0
（15）长期信贷与风险资本	2.0

三、国别冷热比较法

这种方法是美国学者利特瓦克（Litwak）和拜廷（Bedding）提出的。这也是一种把各种环境因素综合起来分析的方法。他们把七种主要因素的资料加以分析，得出"冷"、"热"差别的评价。表9－3所列因素中前四种程度大，就称为"热"环境，后三种因素则相反，其程度大，就称为"冷"环境。相反，则分别颠倒为"冷"环境和"热"环境。"冷""热"环境中又分别有大小程度的差别。不"冷"不"热"则为中。把各国的各因素评价综合成一张表，从中比较，可以选出最佳的投资地点。表9－3是用美国投资者的观点对10个国家的冷热环境分析。

表9－3　　　　　　　　　10 国投资环境的冷热比较

国别		政治稳定性	市场机会	经济发展水平	文化一元化	法令障碍	实质障碍	地理文化差距
加拿大	热	大	大	大		小		小
					中		中	
	冷							
英国	热	大			大	小	小	小
			中	中				
	冷							
德国	热	大	大	大	大		小	
						中		中
	冷							
日本	热	大	大	大	大			
							中	
	冷					大		大
希腊	热					小		
			中	中	中			
	冷	小					大	大

续表

国别		政治稳定性	市场机会	经济发展水平	文化一元化	法令障碍	实质障碍	地理文化差距
西班牙	热							
			中	中	中	中		
	冷	小					大	大
巴西	热							
			中		中			
	冷	小		小		大	大	大
南非	热							
			中	中		中		
	冷	小			小		大	大
印度	热							
		中	中		中			
	冷			小		大	大	大
埃及	热				中			
	冷	小	小	小		大	大	大

资料来源：利特瓦克和拜廷：《国际经营安排的理论结构》，引自 R. L. 金编：《市场和计划新科学》，第 460—490 页。

四、其他评价方法

对投资环境的评价还有以下一些方法，可以根据不同情况加以选用。

（一）动态分析法

投资环境不仅因国别不同而异，即使在一个国家也因不同时期而变化，所以在评价投资环境时不仅要看过去和现在，而且还要估计今后可能产生的变化。这对跨国公司对外直接投资来说也十分重要，因为国际投资是一项长期行为。美国道氏化学公司的环境评估方法就属于这一种（见表 9－4）。

表 9 – 4   美国道氏化学公司的环境评估法

一、企业现有业务条件	二、引起变化的主要压力	三、有利因素和假设的汇总	四、预测方案
评价因素：	评价因素：	对前两项进行评价后，从中选出 8—10 个在具体国家具体项目上能获得成功的关键因素（这些关键因素将成为不断查核的指数或继续作国家评估的基础）。	提出四套国家/项目预测方案：(1)未来七年中关键因素造成的"最可能"方案；(2)如果情况比预期好，会好多少？(3)如果情况比预期差，会差多少？(4)会使公司"遭难"的方案。
(1) 实际经济增长率	(1) 国际收支结构及趋势		
(2) 能否获得当地资产	(2) 受外界冲击时易受损害的程度		
(3) 价格控制	(3) 经济增长与预期差距		
(4) 基础设施	(4) 舆论界和领袖观点的变化趋势		
(5) 利润汇出规定	(5) 领导层的稳定性		
(6) 再投资理由	(6) 与邻国的关系		
(7) 劳动力基础水平	(7) 恐怖主义骚扰		
(8) 劳动力稳定性	(8) 经济和社会进步的平衡		
(9) 投资刺激	(9) 人口构成和人口趋势		
(10) 对外国投资者态度	(10) 对外国投资者态度		

资料来源：转引自《国际贸易》1986 年第 3 期，第 25 页。

表 9 – 4 第一栏是现有情况，第二栏是估价社会、政治、经济事件对今后投资环境可能产生的变化（有利、不利或中性）。

该公司分析以七年为期，因为该公司预期项目决策后的第七年是盈利高峰年。这种动态分析最终要评估出未来七年中的环境变化，并由此制订出四套预测方案（第四栏），供决策参考。

（二）成本分析法

和其他经济决策选择一样，西方对投资环境的分析很多是归结到成本和收益分析的。他们把投资环境因素都折合为数字作为成本的构成，然后得出是否适合于投资的决策。英国经济学家拉格曼（A. M. Rugman）提出的公式非常具有代表性。他认为，把各种投资环境因素作为成本构成代入公式，会出现三种情况，其中只有第二种情况适于选择对外直接投资。

假设 C 表示投资国国内生产正常成本；C^* 表示在东道国生产正常成本；M^* 表示出口销售成本（包括运输、保险和关税等）；A^* 表示在国外经营的附加成本；D^* 表示各种风险成本（包括技术泄密、产品仿制）。

（1）如果 $C + M^* < C^* + A^*$ 也应选择出口，因为出口比对外直接投资有利；如果 $C + M^* < C^* + D^*$ 也应选择出口，因为出口比技术转让有利。

（2）如果 $C^* + A^* < C + M^*$ 也应选择建立国外子公司，因为对外直接投资比出口有利；如果 $C^* + A^* < C^* + D^*$ 也应选择建立子公司，因为对外直接投资比技术转让有利。

（3）如果 $C^* + D^* < C^* + A^*$ 也应选择技术转让，因为技术转让比对外直接投资有利；如果 $C^* + D^* < C + M^*$ 也应选择技术转让，因为技术转让比出口有利。

显然，这种方法不仅综合了各种因素所导致的成本，而且把成本因素和企业进入国际市场的三种形式直接结合起来，具有量化分析的特点。

（三）三菱评价法

这是日本三菱综合商社常采用的评价投资环境的一种方法。日本三菱综合商社将国际投资环境分成四大评价要素：经济活动水平、地理条件、劳动条件和奖励制度，然后对各要素所包含的具体内容进行详细分析，最后得出总的整体评价结论，以决定是否向某一地区投资。在三菱评价法中，经济活动水平包括工业生产增长指数和产业现代化指数两个子因素；地理条件包括工厂用地条件和交通运输状况两个子因素；劳动条件包括工资水平和劳动力保障两个子因素；奖励制度包括东道国政府对外资鼓励政策的制定和实施两个子因素。三菱综合商社通过对这些内容进行具体分析评定出各国投资环境的优劣，从而指导其海外投资决策。

（四）抽样评价法

抽样评价法是指通过对将要投资地区已有的外资企业进行抽样调查，来了解该地区投资环境的一种评价。其一般的工作方法是：首先随机选定不同类型的外国投资企业若干个，同时列出投资环境的要素，再由外国投资企业的高级管理人员进行评价。这种评价常是让其填写一份或几份抽样调查表，最后收回调查表，由统计比较得出最终评价结论。对于投资者而言，这种最终结论可作为了解某一地投资环境的背景资料。对于东道国而言，这种最终结论可使其了解本国投资环境对外资的吸引力到底如何以及还有哪些不足之处。通过这种方法可以获取第一手资料，有利于直接了解当地投资环境的优劣。但这种方法由于列出的评价要素往往不能太多，所以常常不能全面反映出某一地的投资环境，并且由于评价要素的列出各有侧重，所以又常常会使最终结论带有很强的个人主观色彩。

（五）投资障碍评价法

投资障碍评价法是根据潜在的东道国存在的投资障碍因素来评价投资环境的一种方法。这种方法是将某一国投资环境的基本构成要素与本次投资所要达到的主要目的的结合起来考察，在此基础上列出对达到投资预期目的具有阻碍作用的要素，然后对它们加以详细的分析和比较，最后得出结论。一般地讲，直接影响投资目的的障碍有四个：政治障碍、法律障碍、经济障碍和政策障碍。其中，政治障碍包括政治制度、政权的稳定性、战争风险、民族矛盾等；法律障碍包括法律的稳定性与完整性、当地执法的公正性等；经济障碍包括经济发展状况、通货膨胀、融资难易程度、基础设施与原材料等；政策障碍包括对待外资的态度、政府与企业的关系、外汇与进出口政策等。如果对上述障碍各要素的分析所得出的最后结论是对自己不利的，则此投资环境欠佳；反之，可对不同的环境加以比较，再从中选取一个最优的场所，以决定自己最终的投资目标国家或地区。

（六）关键要素评价法

关键要素评价法是对投资动机影响最大的环境因素进行评价的方法。投资者到某一国去投资总有一个主要目的，而这个主要目的与当地的某些特定环境要素关系密切，其他环境要素的重要性则降为一般或可以忽略不计，这时对这些特定环境要素作出准确的评价就显得尤为重要，而对那些一般性要素则可以不作评价。采用这种评价方法时，投资者首先必须十分明确了解自己投资要达到什么主要目的，并以此为基础确定与这一个或几个目的密切相关的环境要素，再根据它们的重要性确定各自在整体环境评价中所占的分量，进行分级评分，最后得出结论。这种评价方法由于目的性和针对性强，因而有一定的准确性。但由于它有特定的针对性，所以它又不能代替一般的环境整体评价，因此很少被单独使用，而仅是在对某一国投资环境作出了一般评价后，再根据特定目的进行评价，以使整体评价更具客观性和针对性。

从以上几种方法可以看出，在进行投资区位选择决策时不仅要对投资环境的各个方面作综合分析，而且要比较不同国家、不同时期的投资环境变化。只有这样，才能实现正确的投资区位选择，从而为成功开展国外直接投资走好第一步。

第十章　国际投资的经营战略

国际投资战略，是任何一个从事跨国经营的企业都必须认真对待的问题。一个企业能否制定正确的投资战略并付诸实施，将直接关系到 FDI 的成败。由于中国企业开展 FDI 的时间太短尚无经验可言，本章介绍了发达国家跨国公司的一些投资战略，以此为中国跨国企业进行战略决策提供重要的参考。

第一节　国际投资的分析框架与战略选择

20 世纪 90 年代以来，经济全球化的步伐不断加快，对于想"走出去"的中国企业，如何适应这一新变化并制定出相应的投资战略，已成为其面临的一个重大问题。

一、对外直接投资决策的分析框架

对外直接投资直接关系到企业的长远发展和未来利益。因此，跨国企业必须对如何进行对外直接投资进行科学决策。科学决策，就是要在充分调查研究的基础上，全面分析国外环境和自身条件，权衡利弊得失，制定最优的投资方案。这是一个不断明晰思路的过程，同时也是一个选择决策的过程。在这个过程中，企业至少必须对以下五个问题作出清楚的回答，才能减少对外投资的盲目性从而提高成功率。

（一）WHY——为什么要到境外投资

这是企业在决定对外直接投资前必须回答的首要问题，也是分析开展对外投资的动因。一般来说，国外环境的引力和企业发展的动力是企业开展对外直接投资的两个根本原因。

从企业生存环境来看，经济全球化的迅猛发展和中国入世的新形势，正在深刻地改变着企业生存的外部环境。关税的不断降低和市场准入程度的扩大，使仅仅以国内市场为导向的企业面临更加严峻的挑战；与此同时，国外广阔的市场空间和丰富的生产要素又对企业向海外发展产生巨大的吸引力。

再从企业发展来看，目前面临各种"制约因素"，比如，国内市场饱和或竞争激烈，生产能力严重过剩；生产成本上扬，资源供应紧缺甚至面临"断炊"的危机；进口国采取贸易保护措施而使出口受阻；需要某种先进技术而国内却难以寻找。凡此种种，使企业的比较优势不能发挥而严重影响整体效益的提高。为了克服这些制约因素，企业就需要拓宽视野，走跨国经营之路。归纳起来，企业对外投资的动因大致有以下几个方面：降低成本，提高经济效益；绕过贸易壁垒，维持和扩大出口市场；转移剩余生产能力，延长产品寿命周期；开发新产品，提高技术水平；开发利用国际资源，弥补国内资源缺口等。但作为具体企业而言，必须明确自己到国外直接投资的目标到底是什么。

（二）WHERE——到哪里去投资

这是解决企业对外投资的空间定位问题。全球有二百多个国家和地区，投资环境千差万别，这就需要企业在广泛调查研究的基础上，寻求"最佳"投资区域，即该区域的各种因素能适宜企业生存和发展的需要，实现企业预期的投资目标。

显然，所谓"最佳"，是因企业而异的。为此，企业必须经过一个由粗到细、由一般到重点的筛选过程。企业可以先根据社会、政治、经济、技术等因素的粗略分析，来确定投资的大"区位"，然后再对进入候选名单的国家和地区进行详细评价，以确定最终的投资位置。为此，应该进行投资环境评价。评价时，投资者一般至少要考虑四个要素：获利性、安全性、利润可汇回性和不造成竞争对手。评价的方法较多，一般都是将总投资环境分解为若干项具体指标，分别打分后再综合评判。在确定投资国别的基础上，再选定具体的城市或地区。就中国的一般制造业来说，当前可以主要考虑非洲、南亚、中亚、中东、东欧、南美等一些政局稳定、投资环境较好、与中国关系友好且双方有相当经贸合作基础的国家和地区作为投资重点。对高新技术企业，可考虑向发达国家发展，在美国、日本、德国等高水平国家寻求合作伙伴，以合资或合作方式设立研发中心，跟踪先进技术，开发新产品。

（三）WHAT——投资什么

这里面包含两层含义：一是指企业投资什么领域或行业；二是指企业用什么去投资。

企业投资于什么行业，往往取决于企业的整体发展战略。从世界跨国公司的投资情况来看，国际直接投资主要有三种类型：水平型、垂直型和混合型。（1）水平型投资，也称横向型投资，指企业到国外投资建立与国内母体生产经营方向一致的子公司，它能独立地完成产品的全部生产与销售。这种类型一般适用于机器制造业和食品加工业。（2）垂直型投资，也称纵向型投资，指企业到国外投资建立与国内产品生产有关联的子公司，并在母公司和子公司之间实行专业化分工与协作。具体又可细分为两种方式：一种是子公司和母公司属于同一行业，但分别承担同一产品生产过程的不同工序。这种方式常见于汽车、电子行业。如中国现在很多企业在国内生产零部件，然后到国外建立组装厂进行组装和销售。另一种形式是子公司和母公司处于不同的行业，但它们互相衔接、互相关联。这种方式常见于资源开采和加工行业，即在国外投资开采资源，然后运到母公司进行加工。（3）混合型投资，是指企业到国外投资设立与国内企业生产和经营方向完全不同的子公司。这主要是一些实力雄厚的大企业，为了充分利用东道国的某种优势资源而进行的跨行业的跨国经营活动。目前世界上只有少数的巨型跨国公司采用这种投资方式。

企业对外投资的要素主要有现金、实物、工业产权、非专利技术和其他财产权利。工业产权包括专利权和商标权，非专利技术主要指专有技术，它们都是无形的知识资产。一项投资可以是所有权中的某一种，也可以是几种的组合。目前，国家大力鼓励企业以现有设备和成熟技术对外投资，开展境外加工贸易，并为此而专门制定了一系列鼓励和扶持政策。开展境外加工贸易有利于带动和扩大国内设备、技术、零配件及原材料出口，也有利于企业转移剩余生产能力，提高设备的使用效率，延长产品的生命周期，推动产业和产品结构的调整。因此，中国有较强比较优势的轻工、纺织、机械、电子、服装、医药等行业可将境外加工贸易作为近期对外投资的首选形式。

（四）WHEN——何时去投资

这是确定企业对外投资的时间安排问题。其中又包括两个方面：一是企业何时开始投资；二是从准备投资开始直到最后产品上市各阶段的时间安排。

企业何时去投资，这是一个复杂的问题，在作出决策时既不能盲目草率，也不能长期犹豫不决、坐失良机。对制造业而言，美国哈佛大学维农教授提出的产品生命周期理论既从技术垄断的角度解释了国际直接投资产生的原因，同时也为企业确定对外投资的时间提供了分析参考。该理论认为：在产品进入成熟阶段后，产品的成本因素也日渐重要。当边际生产成本与边际运输成本之和逐渐超过产品在国外生产的平均成本时，在国外生产就比较有利；在产品进入标准化阶段后，由于生产技术已经标准化，产品的相对优势已不再是技术而是价格，此时可以选择到那些能保证生产成本最低的地区进行生产。由此可见，企业对外投资的最佳时机应是在其产品的成熟阶段（以保住和扩大市场为主要目的）或标准化阶段（以降低成本为主要目的）。

然而，从准备投资到最终成功，还需要经历一系列复杂过程。一般包括市场调查、目标选择、资金筹措、设备采购运输、厂房建设、设备安装调试、人员招募培训、各种手续办理、试生产到最后大量生产，等等。对每个阶段所可能遇到的困难和所需的时间，企业都应有充分的估计和合理的安排，编制进度计划，落实责任人员。只有这样，才能保证如期建成，按时投产。

（五）WHO——谁去管理经营

从跨国公司的经营实践来看，海外子公司的主要管理人员来源一般有三条渠道：一是由母公司外派。其优点是人员选派比较容易，派出人员了解母公司意图，有利于人才培养；缺点是不熟悉当地环境，需要一段时间的学习和适应。二是在东道国选择。其优点是当地人熟悉环境，对当地员工有激励作用；缺点是他们会站在东道国的立场上考虑企业的发展。三是从第三国选择。其优点是这些人都是职业经理，有丰富的管理经验，他们也不代表任何国家，比较中立；其缺点兼顾前两种方式。一般企业在设立初期，往往都是从母公司选派，待企业发展到一定程度后，就会考虑从东道国或第三国选择。

（六）HOW——怎样投资

这主要涉及两个方面：一是企业境外直接投资的方式是什么；二是海外企业的所有权形式是什么。

从世界跨国公司的实践来看，企业境外直接投资的方式主要有两种：一是创建；二是并购。两种方式各有利弊，应根据企业自身条件和东道国情况合理选择。

海外企业的所有权形式主要有两大类：一是单一的所有权形式，即独资经营企业；二是联合的资本方式，又分为股权式合营（合资企业）和契约式的合营（合作经营）。独资企业可以避免合作经营中投资双方在经营、出资、利益分配等方面的矛盾，提高管理效率；同时又可利用东道国的资源、广阔的市场和廉价的劳动力，从而获得较高的回报。合资企业能有效地减少或避免政治风险，便于及时了解东道国的政治、经济、社会、文化等情况，有利于开拓市场、扩大产品销售并能得到当地政府更多的支持；同时这本身也是在海外利用"外资"，能充分发挥自有资金的"杠杆"作用，也能够学习合作伙伴的先进技术和管理经验。合作经营企业既具有合资企业的许多优点，又比较灵活，是在国际投资中常见的方式。当然，无论是合资还是合作，都必须了解拟合作对象的基本情况，包括它的历史、资金规模、人员状况、经营范围、组织结构、客户渠道、技术水平、信誉等级，等等。只有了解清楚，才能更好地合作。

总之，对外直接投资是一项复杂的系统工程，上述的五个"W"一个"H"只是为企业对外投资决策提供了一个基本的分析框架，要真正形成一个完备可行的投资方案，还需要做大量调研和具体分析工作。

二、国际投资战略的选择

（一）国际投资战略的含义与特点

国际投资战略是指跨国企业把全球经营活动作为一个整体，为实现在世界范围内合理配置生产经营资源和提高企业竞争优势，以获得最大利益的一系列战略安排。

第二次世界大战后作为发达国家跨国公司的国际投资战略具有以下特点。

1. 以确立全球竞争优势为战略目标

第二次世界大战以前，早期跨国公司国际直接投资的目的是确保国内原料供应，开辟国外产品市场及利用国外廉价劳动力。第二次世界大战后，现代跨国公司则是通过国际投资战略来创造其在全球的竞争优势。这些竞争优势主要是：第一，技术垄断优势。这是跨国公司不断增长的动力并取得全球竞争的关键。为了防止技术扩散，跨国公司在国外设立独资子公司，通过企业内部的技术转移来阻止国外企业对其技术的模仿，以保持其对技术长期垄断。第二，经营资源互补优势。现代跨国公司往往通过国际直接投资和国际合作，加强与东道国在研究开发领域中的技术合作，开发和利用当地的智力资源和新技术，来实现自身更大发展。第三，区位配置优势。现代跨国公司往往将信息收集、研究开发、生产、销售等经营活动转移到世界上成本最低且最有利的国家，利用各国优势来弥补自身的不足，通过企业经营活动的最佳国际组合来创造竞争优势。

2. 以全球化研发、生产和销售为经营方式

全球化经营方式主要表现在：第一，建立全球组织结构。跨国公司在这一立场上确立全球经营战略，统一制订产品、价格等战略。第二，建立全球性研发、生产、销售体系，将产品的设计、研发、生产、销售各环节分别置于成本最低的国家或地区，以实现生产经营资源在世界范围内的优化配置。

3. 以高新技术产业为投资重点

20 世纪 80 年代以来，发达国家之间的相互直接投资不断增长，其主要投向高新技术产业，如计算机与办公设备、通讯设备与电子元件、航空工程、汽车制造、合成材料、生物工程等。这清楚地表明，发达国家跨国公司在知识经济中正通过抢占高新技术的制高点，从而保持对某一领域的长期垄断。

4. 重视非股权安排下的国际合作

过去，跨国公司高度重视通过股权控制来参与国际经营，往往强调在国际直接投资中拥有多数股权。近年来，越来越多的跨国公司采取非股权安排下国际合作的方式参与国际经营，这是为了适应国际经济既竞争又合作这一新变化而发生的重大转变。所谓非股权安排下的国际合作是一种非股权投资的国际经营方式，它包括专利技术转让、生产许可协议、共同研究开发、共同生产、委托加工、市场销售合同、国际承包等形式。目前，这种形式的国际合作正呈现以下特点：一是发达国家大型跨国公司之间的合作占全部国际合作的 55% 以上，构成当前国际合作的主体；二是合作双方大多数是垄断型大企业，其中 70% 是竞争者之间的合作，通过这种既竞争又合作的方式来取长补短，实现"共赢"；三是这种形式国际合作的 80% 集中在高新技术产业，这表明这种合作的一个重要目的是为了分散研制和投资上的巨大风险。

（二）国际投资战略的选择

根据对外直接投资的分析框架，当企业开展 FDI 时必须要在融资方式、技术转移、国际生产和市场营销等方面作出战略选择，并根据公司长期目标，制定公司的国际投资经营战略。国际投资经营战略主要包括国际融资战略、国际技术战略、国际生产战略和国际营销战略等。此外，还要根据对公司内外部环境条件的影响以及公司目标体系的需要，确定各项经营战略的优先次序。

由于近年来国际竞争日益激化，国际投资战略得到公司高层决策者的高度重视，近年来欧美跨国公司的权力已有很大一部分转移到分管战略计划的副总裁手里，这就是重要佐证。这些副总裁有权力决定哪些产品应当维持、哪些投资项目应当取消。其中尤以营销战略的位置最重要。因为营销战略对跨国公司总的发展战略有着举足轻重的影响。

下面通过图示来说明跨国公司战略的选择程序（见图 10－1）。

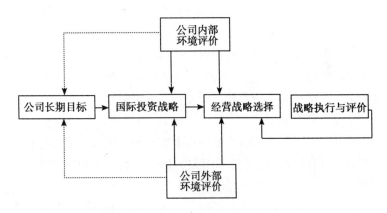

图 10－1　跨国公司战略选择程序示意图

图 10－1 中，实线箭头所示表示作用方向；虚线箭头表示公司环境对公司目标的修正作用，在程序上可以视为不受较大影响。

第二节　国际融资战略

　　制定国际融资战略是跨国公司在投资项目确定后应做的第一步工作。国际融资战略主要包括三个方面：利用什么方式融资？如何使融资成本和风险最小？如何建立公司最佳财务结构以保证融资能力？由于跨国公司的融资在全球范围内进行，所以其融资战略带有国际性特征。

一、跨国公司的融资方式

　　为了向投资项目提供充足的资金，跨国公司除了动用自有资金外，还可利用下面一些融资方式。

　　1. 发行国际债券

　　国际债券是在国际金融市场上发行的以外国货币为面值的债务融资凭证。跨国公司可以利用这种方式筹集长期资金，期限多为10—30 年。按发行主体、发行地和面值货币三者的关系国际债券可分为外国债券、欧洲债券和全球债券三类。但在实务中，常根据国际清算银行（BIS）按债券利率特点和与股权的联系，分为固定利率债券、浮动利率债券和与股权相联系的债券。

　　2. 发行国际股票

　　国际股票，是在国际金融市场上发行的以证明持有人拥有公司资产部分所有权和相关权益的凭证。跨国公司可以利用这种方式积聚国际资本，且无还本付息的压力。国际股票常见的一种分类是按股东享有权利和承担风险的不同，分为普通股和优行股。另一种分类是按发行地不同，分为海外直接上市的股票、在本国上市而以外币购买的股票、存托凭证和欧洲股权等。

　　3. 国际衍生证券

　　这是在国际金融市场上出现的一种金融衍生工具，其实质是一种双边合约，可赋予持有者对某种金融资产或实物进行买卖的选择权。常见的分类是按对执行合约是否有选择权分为远期类衍生证券和期权类衍生证券。前者投资者对签订合约没有选择权必须执行，主要包括远期合约、期货合约和互换合约三种；后者投资者对签订合约是否执行则有选择权，主要包括期权合约、利率上限或下限合约等众多品种。

4. 国际项目融资

这是大规模筹集国际资金的一种方式，多用于大型采矿、能源开发、交通运输、化工冶金等建设项目的融资。这类建设项目不仅耗资巨大而且要求复杂，往往跨国公司也难以独揽。正是在这种情况下，国际项目融资方式应运而生。国际项目融资的资金来源多样化，主要来自国际商业银行、出口信贷机构[①]、开发银行、保险机构、国际金融机构[②]以及项目受益人[③]等。

5. 风险投资

这是高风险高收益建设项目的一种融资方式，多用于高新技术产业建设项目的融资。这类项目风险极大，但收益也高。风险投资的资金来源主要包括部分基金[④]、银行控股公司、富有阶层、保险公司和投资银行等，其中投资银行可为大型收购项目提供融资和相应服务。

6. 跨国银行贷款

跨国银行是指在一些不同的国家和地区设立分支机构且业务范围国际化的大型商业银行。因其拥有雄厚的资金和发达的国际经营

---

①　出口信贷机构在不同国家有所不同：美国为进出口银行；加拿大为出口开发公司；英国为出口信贷担保部；日本为出口保险局等。

②　例如世界银行集团的国际金融公司、欧洲投资银行、亚洲开发银行、非洲开发银行、泛美开发银行等，都可以为一些工业项目或发展项目提供资金。

③　除了投资方以外的项目受益人也可以成为项目贷款的来源，尤其当项目提供的产品为用户急需或欲长期订货时。如一些国家常向石油公司进行石油开发预付货款，以确保未来石油和天然气的优先供应。

④　这部分基金主要有养老基金、退休基金和捐赠基金，其中养老基金所占比重最大。如美国的风险资本中53%为上述三项基金。

网络，贷款使用不受限制且在贷款条件上比较灵活，因此对跨国公司很有吸引力。跨国公司利用跨国银行贷款的形式很多，从短期贷款来看，一般常用的是：（1）透支，主要用来应付短期的现金流量波动；（2）短期预支款额度；（3）银行间短期拆放；（4）承兑和票据贴现。而从中长期贷款来看，主要有：（1）固定利率放款；（2）浮动利率放款；（3）转期放款①。跨国银行在进行巨额贷款时，常采用辛迪加贷款方式②。

7. 东道国商业信贷

这是从东道国银行按市场条件获取的贷款，贷款资金基本为东道国货币且数量不大，主要用于短期资金流通。

8. 东道国优惠贷款

许多国家为了扩大本国出口和改善国际收支向本国境内的出口企业提供利率低、期限长的优惠贷款，同时也向购买本国产品的外国企业提供这种优惠贷款。跨国公司可利用其全球生产和销售网络，通过优化的购销安排来获得这种优惠贷款。

二、融资成本和风险最小化

由于不同的融资方式所承担的利息、汇率、税负和风险不同，因此如何合理选择融资方式以实现融资成本和风险最小，成为跨国公司国际融资战略的第一目标。

（一）降低融资成本的安排

融资成本由国际市场上筹集资金的利息、汇率和税负构成，因此降低融资成本应着眼于减少这三个影响成本因素。

---

① 转期放款（Roll-overcredit），指银行按一定条件以合同形式向客户承诺发放一定数额的短期贷款，但又允许客户到期后转期，利率在转期时调整。这种转期放款在跨国银行中期贷款中十分流行。

② 辛迪加贷款，又称银团贷款，是20世纪60年代后出现的国际信贷新的组织方式。它由一家或几家银行牵头，组织一批银行，按共同的贷款条件对一个客户进行放贷。

1. 选择合适的融资方式

如果从减小企业还本付息的压力看，显然发行国际股票和争取东道国优惠贷款是个不错的选择。但前者手续复杂，而后者数额往往不足。可见，选择合理的融资方式不能仅考虑一种因素，还需兼顾筹资数额、使用期限、手续繁简、项目特性等情况。即使是跨国公司向国外子公司投资项目提供自有资金，也应以债务形式而不是以股本形式，因为几乎所有国家都规定国际间债务支付享受税收抵免而红利支付则不是。

2. 选择合适的融资货币

由于采取不同货币融资的税后成本是不同的，因此在对外汇损益和利息支付实行税收优惠或抵免的情况下，选择成本最低的融资货币应是名义利率最高的国家货币。目前，世界上许多国家都不对外币交易债务带来的外汇损益征税，但也有少数国家对此征税且税率不尽相同。因此，选择融资货币时除根据上面提出的基本原则外，还要考虑外汇损益税收的因素。

3. 选择合适的融资地点

不同的融资地点对国外项目融资的税收成本影响亦不同。以美国为例，美国对支付给国外投资者的红利和利息通常要征收高达30%的预提税。尽管在名义上支付国外债务利息的税负由国外债权人承担，但国外投资者常要求将较高的税前收益率作为补偿，这样纳税负担又转嫁到本国债务人身上。因此欲在国外融资的美国企业为了避免这种纳税负担，往往选择那些不征或少征这种预提税的国家为融资地点，如卢森堡、瑞士、荷兰的安第列斯群岛等。在这些国家或地区设立离岸金融子公司，专门负责在国外发行证券，筹措资金，然后将其通过内部交易或其他渠道转移到国内母公司或其他子公司供投资用，这样便可降低公司整体融资成本和纳税负担。

（二）降低融资风险的安排

跨国公司的全球融资安排不仅要考虑融资成本最低化，还应考虑融资风险最小化。

1. 降低外汇风险

外汇风险是指由于不确定的汇率波动而造成的公司资产价值的变化风险，主要起因于公司经营中出现的而又未加抵补的外币净资产（或净负债）头寸。这种未抵补的净资产头寸通常被称为外汇暴露。因此，要降低外汇风险，跨国公司的融资安排就应有利于消除或降低存于某种货币上未抵补的净头寸。目前，许多跨国公司还利用平行贷款①和货币互换②等方式来避免融资中的外汇风险。

2. 降低政策变动风险

政策变动风险，是指东道国或其他国家的政治、经济政策变动所带来的企业经营风险。它不仅关系到跨国公司海外投资利润的汇回，而且直接威胁到其所拥有的海外资产。因此，为了降低政策风险，在国际融资时坚持的基本原则是：（1）应尽量利用公司外部资金，如果东道国或其他方面要求母公司必须提供内部资金，则应尽量采取贷款的方式；（2）坚持以国外投资项目或子公司的生产盈利来归还贷款，这样可促使债权人从自身利益出发来关心该项目或子公司的经营活动，从而将投资项目或子公司纳入一个由银行、政府机构以及客户组成的全球利益关系网。东道国的任何外汇管制和征用等行为都可能恶化与其他国家的政府、银行以及客户的关系，遭到国际社会的普遍反对从而遏制东道国政府对外国投资采取过激行为。另外，利用跨国公司之间的平行贷款也可以起到降低政策变动风险的作用。

3. 实现资金来源多样化

拓宽融资来源的选择范围，减少对单一或少数几个融资方式的

---

① 平行贷款（Parallel loan）是由两家跨国公司达成的向对方子公司提供当地货币贷款的一种安排。这样，既满足了各自子公司的资金需要，又避免了外汇风险。

② 货币互换（Currency swap），是不同国家的两个公司之间达成的货币交换协议：双方按即期汇率进行两种货币的等量交换并规定在将来某一日期按固定汇率再进行反向交换。由于货币互换不是贷款，因此不作为负债记录在资产负债表上，而且不产生外币应收款或应付款，所以能避免外汇换算风险和交易风险。

依赖，不仅可以降低全球融资的风险还可以增加其金融和经济信息来源。例如，日本公司到美国金融市场出售股票筹措资金正是出于上述目的。甚至有时跨国公司向商业银行贷款并不是出于经营中的资金需要，而是为了保持现有的现金来源或融资渠道，以保证在货币紧缩的情况下仍能获得所需的资金。

三、建立公司最佳财务结构

一个公司的财务结构（即债务/股本比率）不仅直接关系到股东的预期利润，而且还影响到公司的融资能力。而任何一笔融资，无论是采取股本形式还是采取债务形式，都必然会影响公司的财务结构，进而影响公司总体的融资能力。因此，为了保证公司的融资能力最大化，应建立一个最佳的公司财务结构。

1. 公司总体财务结构

跨国公司的最佳财务结构是在全球范围内的公司总体上建立的，所以要实现融资能力最大化，应经常监测和调整公司总体的债务股本组合。由于跨国公司的子公司分布于世界不同国家，各国的法律规定又各有不同，跨国公司要确定和保持一个最佳的债务股本组合往往十分困难和复杂。一般来说，跨国公司的债务/股本比率都高于母国的纯粹国内公司。因为经验证明，来自国外收益的大小和多样化与公司收益波动幅度之间存在负相关关系，而一家公司的违约和破产风险又取决于其收益变动性，所以资金提供者容易接受跨国公司较高的债务/股本比率。跨国公司的国外收益和经营多样化，使其在不影响融资能力的条件下能利用更多的债务资金。

2. 子公司财务结构

子公司的财务结构是由公司总体合并报表后的财务结构决定的。目前，跨国公司确定子公司财务结构所依据的原则主要有三个：（1）与母公司财务结构保持一致；（2）与当地企业财务结构保持一致；（3）成本最低化。其中，采用最普遍的是成本最低化原则，即根据每个子公司的具体融资成本来确定不同的债务/股本比率。比如，允许低成本国家的子公司高于公司总体的标准，而高成本国家的子公司低于这个标准，这样即可以降低融资成本又可以保持公司总体的目标财务结构。如果死板地坚持各子公司的财务结构必须与母公司保持一致，有时会使子公司失去利用当地政府优惠贷款和国际机构低成本贷款的机会，不敢利用当地贷款来预防政策风险和外汇风险。同样，如果主观要求各子公司的财务结构必须与当地企业保持一致，也会影响其融资能力。

第三节　国际技术战略

跨国公司在国际市场上的竞争优势，不仅由于其资本雄厚，更重要的是由于其国际性技术垄断。正因如此，国际技术战略在其全球战略中占有很重要的地位。国际技术战略的内容主要包括三个方面：其一，如何实现研究与开发资源的整体配置和利用；其二，如何进行世界性技术管理；其三，如何利用以公司内部转移为主导的国际技术转移形式。

一、研究与开发资源的整体配置和利用

对跨国公司来说，要实现研究与开发资源的整体配置与利用，必然涉及三个方面内容，即人力资源、研发资金的全球配置和研究与开发的区位选择。

（一）人力资源的全球配置

跨国公司将人力资源视为竞争优势之根本所在，因此非常重视网罗世界上最优秀的科技人才。尤其是美国跨国公司的研究开发部门，其外国科技人员与本国科技人员的比例比欧洲公司高，比日本公司更高。其原因是美国公司所提供的研究环境、设备条件以及报酬，对任何一国的科学家和工程师都有相当大的吸引力。

跨国公司在全球范围内网罗科技人才的方法主要有：

（1）在母国招聘本国籍和外国籍的高校毕业生。为此，著名

的贝尔实验室每年派出的招收考核人员就达四百多人。

（2）邀请外国高校教授到本公司研究机构从事长期或短期的研究工作，并与国内外的有关高校保持密切的学术交流与人事交流关系。

（3）在国内外并购某一研究所，这不仅使跨国公司一举拥有了该所的设备、专利，而且拥有了该所的高级人才。

（4）在国内外科技人员密集的地方设立研究机构，大力招聘当地优秀科研人才。

（5）将国内外初露锋芒的一流人才招聘至本公司的研究开发部门工作。

正是依靠上述有力措施，跨国公司实现了高级人力资源的全球配置。

（二）研发资金的全球配置

由于现代科技创新日益复杂，使得研究与开发资金费用巨大，如何实施研发资金的优化配置和利用，直接关系到研究开发项目能否成功。因此，跨国公司努力用最低的资金费用，达到最佳的研究开发效果。跨国公司在这方面的做法是：

（1）在研发资金分配构成方面，轻基础研究，重开发研究。研究开发可分为三个环节：基础研究、应用研究和开发研究，跨国公司重视的是应用研究和开发研究环节，至于基础研究则占很低的比例。以美国的跨国公司为例，研究与开发资金分配的比例一般为：应用研究占 31%，开发研究占 68%，而基础研究只占 1%左右。

（2）在研发资金来源构成方面，国外子公司直接出资的比例高，母公司仅负担较小的比例，大部分研究开发资金由子公司直接出资负担。仍以美国跨国公司为例，母公司与子公司之间的出资比例约是 27：71[①]。

————————

① 其余部分研发资金来自东道国政府。

（3）在争取政府资金支持方面，跨国公司在基础研究环节得不到东道国政府资金的直接支持，而在开发研究环节可以得到东道国政府的一些直接支持。而在母国，跨国公司除在开发研究环节可以得到本国政府的资金支持，在基础研究环节得到的政府支持资金比例更大。

（4）在母公司与国外子公司科研资金的使用重点方面，母公司除了将一小部分研究开发资金投入基础研究，绝大部分投入开发研究，对应用研究投入很少。而国外子公司则把开发研究所需资金摆在首位，同时还把相当一部分资金投入到应用研究，对基础研究基本不投入。

（三）研究与开发的区位选择

区位选择是跨国公司研究与开发管理中面临的一个新问题。长期以来，跨国公司在研究与开发区位选择中一直采取集中策略，即把绝大部分研究与开发活动集中在母国或极少数发达的东道国进行。20世纪70年代以来，出现了分散化趋势，即越来越多的跨国公司开始将部分研究与开发活动分散到海外子公司进行。据统计，现在跨国公司的海外研究与开发支出已占总支出的15%以上。

跨国公司研究与开发活动的区位选择是根据其市场战略目标而决定的。跨国公司的市场战略目标有三种：一是以占领本国市场为目标；二是以占领东道国市场为目标；三是以占领世界市场为目标。以此而划分的三类跨国公司，在研究与开发的区位选择上存在较大的差异。

1. 以占领本国市场为目标的跨国公司

这类跨国公司的海外投资目的，主要是利用海外资源或廉价劳动力生产各种原材料和零部件然后进口为母公司服务，增加其产品在国内市场的竞争力。这类公司数量相对来说不多，它们在海外主要从事采掘业和零部件装配。由于它们不在或很少在海外销售，加之其产品多为标准化产品，因此它们在大多数场合并不需要在国内市场以外进行研究与开发活动，通常只在国内集中进行研究与开发新产品，以便充分利用规模经济效益，同时减少泄密风险。

2. 以占领东道国市场为目标的跨国公司

这类跨国公司数量所占比例很大，涉及的行业也很广，从制造业到服务业无所不至，而且要为各种不同的东道国市场服务。鉴于这类跨国公司的目标市场高度分散，且市场需求又复杂多样，为此它们一般采取分散化的研究与开发区域管理体制。究其根本原因，是因为在现实中，在一国有效地研究另一国技术和市场需求的成功例子不多。距离和语言等障碍可以通过研究人员的努力得到克服，但外部市场的各种特殊条件和机会却很难把握。于是，解决这一问题的最好办法是各子公司发展自己的研发机构，直接和充分利用各东道国环境，增加子公司的适应力和竞争力。这类跨国公司的海外研究与开发机构的规模通常要小于国内母公司研发机构，其研究范围相对较小，一般只专门从事区域性的开发研究与应用研究而不进行基础研究。

3. 以占领世界市场为目标的跨国公司

以世界市场为目标，是指海外子公司相互配合为产品标准化的国际市场服务。这类公司管理结构高度集中化，它们利用先进技术，生产高度标准化的国际产品以获取规模经济效应，因而其研究与开发活动基本集中在母公司。但是为了设计符合各地不同需要的商品与服务，它们也需要相对分散研究与开发活动，以便尽可能了解和满足当地市场需求。以生产农药的跨国公司为例，它们需要在不同的销售市场研究当地害虫或者气候对农药效用的影响。于是这方面的研究与开发工作就移至海外。这类公司在海外设立研究机构的另一个重要目的是设法获取当地各项专门技术。出于这一目的所设立的海外研究与开发机构，一般与其现有国际生产和销售业务的区位无关，主要考虑东道国知识、人才的先进和集中程度。这类跨国公司将其大部分的海外研究与开发机构设在发达国家。

二、世界性技术管理

世界性技术管理是国际技术战略的一个重要组成部分。所谓世界性技术管理，是指跨国公司总部搞研究与开发的中央研究所，对国外子公司研发机构的国际性管理和控制。在这种管理方法之下，各研究机构之间在研究与开发目标、项目及课题方面进行分工，以使各研究机构的研究开发能力得到充分发挥，其研究开发资源在国际范围内得到合理配置。

从组织形式上看，如果东道国研究与开发机构效率较高且职能健全，跨国公司总部就可能让该机构成为区域中心，将许多权限授予该中心，其目的在于逐渐使该中心担负起处理和解决附近诸国研究与开发或者技术难题的任务。它们均根据母公司的指令，不断地向中央研究所报告研究与开发成果。在 20 世纪 80 年代，美国 IBM 公司在世界各处设有约 30 个区域研究中心。

当然，并非所有跨国公司都在国外设立为数众多的分支研究机构。不同的跨国公司，由于目标市场不同其组织形式也不同。以母国市场为目标且相对较小的跨国公司，基本没有国外研究机构。另外一些尚处在一般生产国际化阶段的跨国公司，主要利用东道国的劳动力和资本等生产要素及市场，只在这些国家设立少量研究与开发机构，其组织形式见图 10 – 2（a）所示；只有那些处于生产国际化更高阶段的跨国公司，它们在外国不仅利用一般生产要素，而且注重国外研究与开发方面的资源利用，并大量聘用外国优秀科技人员，才谈得上在技术战略层次上的世界性技术管理。其组织形式见图 10 – 2（b）所示。

跨国公司实行两种公司内部的国际研究分工：其一，中央研究所与子研究所之间的分工。中央研究所更多地搞基础研究，其课题所占比例较少（例如，在杜邦公司这一比例为 1/3），但起主导性作用。子研究所则集中搞适应市场需要的应用研究与开发，其课题所占的比例较大（杜邦公司这一比例为 2/3）。其二，各国子研究

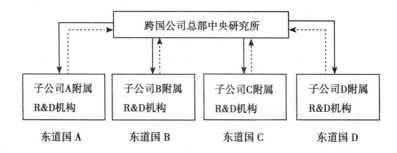

图 10 − 2（a）　跨国公司研究与开发组织形式 I

注：该图适于以东道国市场为目标的跨国公司。图中实线表示管辖方向，虚线表示报告方向。

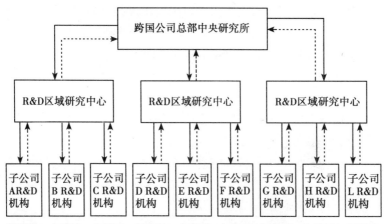

图 10 − 2（b）　跨国公司研究与开发组织形式 II

注：该图适于以世界市场为目标的跨国公司。

所之间则是根据各子研究所的不同外部环境条件进行分工。这表现在将不同的子研究所配置在不同的国家。例如，尤尼莱佛公司将搞基础的研究所设在其两个母国——英国和荷兰，而将包装研究所安排在原联邦德国。

跨国公司通过上述组织形式和公司内部的国际研究分工，较好地实施了世界性技术管理：一方面，中央研究所侧重于基础研究和科技发展趋势的预测分析，有利于公司在技术上的长远发展；另一方面，各子研究所侧重于应用研究和开发研究，有利于充分利用东道国的研究与开发资源，使整个公司在技术上不断创新。

三、国际技术转移形式

（一）国际技术转移形式

跨国公司主要是通过商业性手段在国际范围内转移技术，其主要形式有：

1. 对外直接投资

对外直接投资一直是跨国公司进行国际技术转移的主要形式。通过这一形式，跨国公司将资金、设备连同专利、专有技术一起向国外子公司转移。子公司在技术转移方面没有决策权，转移来的技术不能随便再扩散。

2. 交钥匙工程

交钥匙工程是成套工厂设备买卖与技术转移结合起来的形式。采用这种形式承包的技术转让项目大都含有较为复杂的过程技术。其特点是技术规模大，各环节之间配合严密，专有技术成分较高，其赖以进行的市场是外部市场。化工、冶金等行业的跨国公司以这种形式进行国际技术转移最为常见。

3. 许可贸易

许可贸易是由交易双方通过签订许可协议的形式进行的一种技术转让。转让方允许受让方在一定条件下使用自己的专利、专有技术和商标，并获得从事相应产品制造和销售的合法权利。为此受让方必须支付技术费用及其他报酬，并须承担保守技术秘密及其他有关的义务。

许可协议按照受让方是否取得许可项下的专利、商标或专有技术的独占使用权或排他使用权，分为三种：（1）独占性许可协议；（2）排他性许可协议；（3）普通许可协议。对于不同类型的许可贸易，转让方所索取的技术使用报酬也有所不同。一般对独占许可要价最高，排他性许可次之，普通许可相对较低。

4. 咨询服务

咨询服务合同是由雇主和咨询工程公司签订的一种咨询服务合同。根据这种合同，咨询工程公司负责解决雇主所提出的技术课题，或向雇主提供某种技术服务。跨国公司也常常利用其雄厚的技术力量，获取技术咨询费。

5. 补偿贸易

在补偿贸易中，跨国公司向国外独立企业提供机器设备、生产技术、原材料和劳务，后者以进口设备所生产的产品或以双方确定的其他商品或劳务来清偿。

6. 特许专营

特许专营是指已经取得成功经营的企业将其商标、商号名称、服务标志、专利、专有技术以及经营管理方法转让给其他企业，后者为此向前者支付一定金额的特许费。特许专营的一个重要特点，是各个使用同一商号名称的特许专营企业并不是由一个企业主经营的，被授予企业不是授予企业的分支机构或子公司，也不是各个独立企业的自由联合，它们是独立经营、自负盈亏的。特许专营合同是一种长期合同，适用于商业和服务业，也适用于工业。这种合同最初出现在美国，现在欧洲、美洲和亚洲的跨国公司尤其是第三产业的跨国公司，常采用这种形式在国际上转移其有关技术，同时借此维持公司在国际上的垄断优势。

7. 合作研究与开发

合作研究与开发是双方企业共同研究开发技术项目，其成果如专利权、版权等均属双方共有。合作研究与开发成功以后，双方可以分开进行生产销售，也可以进一步进行合作生产，这主要视技术使用特点、生产加工条件、生产成本因素、市场销售方式等方面情况而定。

8. 合作生产

合作生产是指不同国家的独立企业为同一产品而进行生产上的合作。合作各方根据自己的特长确定专业分工：或者各自提供设计和生产制造手段分别完成不同的零部件，然后在一方装配成产品；或者双方根据协议规定分别制造对方所需要的零部件，然后相互交换组装成自己的产品自行销售。合作生产所采用的技术，可以由一方提供并按照统一的技术标准和设计进行生产，也可以在技术上互相合作取长补短。在合作生产协议中还可以包括销售合作，即利用一方现有的销售网，建立起共同的销售渠道。

9. 大公司之间互换协议

一些大型跨国公司，为了共同维持在某些领域的控制地位，往往相互之间订有互换技术的协议。双方通过享用对方的新技术发明来提高各自的垄断地位。

（二）国际技术转移形式选择的决定因素

以上这些国际技术转移形式是适应跨国公司的不同需要而产生的。跨国公司在选择技术转让方式时，应当综合考虑以下几种因素。

1. 技术特性

根据判断的角度不同，技术有不同的分类：从表现形式上，可以区分为产品实物形式的技术（如设备）、劳动过程形式的技术（如工艺）和信息形式的技术（如配方）；从内容上，可以区分为硬件和软件；从被公开程度上，可以区分为专有技术、专利和一般技术；从环节上，有的技术适用于设计环节，有的则适用于制造环节或使用环节。跨国公司经常根据技术的特性来选择技术转让的最佳方式。例如计算机软件产品，其技术特性主要表现在设计环节和使用环节，转让的形式就较多地采用合作研究与开发或者许可贸易。又如包含着大量专有技术的化工产品制造工艺，从头到尾形成了"一揽子"的专门技术，跨国公司往往是通过交钥匙工程形式来进行转让。

2. 技术收益

跨国公司选择国际技术转移方式的过程，就是权衡各种方式对公司研究与开发的成本和收益的比较过程，即根据收益最大化原则，择优选择。对技术收益可从以下两方面进行考察：

（1）总附加价值。企业技术收益来源于产品的总附加价值，它主要由五个部分组成，即研究与开发的附加价值、加工过程的附加价值、装配过程的附加价值、市场分配的附加价值和销售过程的附加价值。技术转移方式选择的具体标准是总附加价值的最高增值。许多跨国公司为了增强其在国际市场上的竞争实力，必须设法降低加工过程和装配过程的成本，以便进入国际市场和建立销售渠道。于是它们就较多地考虑在国外投资设厂，通过技术转让来获得从加工过程到销售渠道四个组成部分的附加价值。对于计算机软件技术来说，主要增值环节是研发和销售渠道。计算机行业跨国公司采取与国外公司合作研发和合作经营的方式，则可以增加产品的附加价值。

（2）产品生命周期长短及技术所处的周期阶段。这些因素也影响到各种技术转移方式的收益率。例如，半导体元器件的产品生命周期一般较短，进入成熟阶段后，生产半导体产品的经济利润就变得很小，这时跨国公司就愿意选择补偿贸易方式来转移技术。又如，从产品生命周期的发展过程来看，出口、许可贸易、国际直接投资这三种方式存在着一定的相继替代关系：在创新阶段，跨国公司在开发新产品方面取得优势以后，最为有利的安排就是垄断技术，在国内进行生产然后出口。因为这时对跨国公司来说，垄断创新技术是能否实现高额垄断利润的关键因素。在成长和成熟阶段，跨国公司便到收入水平较高、技术吸收能力强的国家建立子公司进行生产，以维持市场份额。在衰退阶段，产品完全标准化，竞争主要表现在价格上，这时跨国公司主要把设备技术等转移到原材料、工资成本均十分低廉的发展中国家进行生产，从而从技术和管理能力的外流中获得好处。但是如果东道国市场较小，或者东道国因进入壁垒限制外国企业直接投资时, 跨国公司往往采用许可贸易来替代直接投资。

3. 国际经营环境

发展中国家由于外汇不足并缺乏相应的管理经验, 一般比较愿意采用合资企业形式来转让技术。20 世纪 80 年代前半期的东欧国家, 大多不采用合资企业形式, 更多的是采用补偿贸易与许可贸易形式从国外转让技术。日本政府在第二次世界大战后相当长的时间内不允许外国直接投资, 来自国外的技术转让主要采取许可贸易形式。

在现实经济中, 跨国公司在转移技术的方式选择上十分灵活, 经常交叉使用。例如在直接投资中经常包含许多专利、专有技术和商标的许可协议。

第四节　国际生产战略

如何对国际生产进行有效灵活的管理以取得在国际市场中的垄断地位, 这是跨国公司经营战略体系中的一个重要内容。国际生产战略主要包括四个方面: 其一, 国际生产的筹供形式; 其二, 国际生产的物流方向; 其三, 厂址的国别选择; 其四, 国际生产的整体控制与协调。

一、国际生产的筹供形式

跨国公司生产与国内公司生产的不同之处, 在于跨国公司生产是在多国空间进行的, 其生产规模比国内公司大, 且其前向和后向关联的厂商也比国内公司多。因此跨国公司进行国际生产, 就不仅表现为一国范围内企业内部的生产活动, 而且表现为在国际上进行主件、零部件等各种投入品的制造、运输、采购、储存和装配成品等广义的生产活动。这样的生产活动也可看作是筹供活动。所谓筹供 (sourcing), 指企业获取物资供应的业务活动。因为跨国公司下属各子公司之间存在着前向、后向连锁关系, 诸如制造、运输、采购、储存、装配等业务环节之间存在着筹供联系，所以跨国公司的国际生产活动也就可视为筹供活动。

（一）国际生产的筹供形式

根据控制程度的高低，跨国公司的国际筹供控制形式可以分为内部筹供和外部筹供两种。

1. 内部筹供

内部筹供，即跨国公司通过股权占有来控制子公司生产，为公司另一些企业取得生产投入品的内部供应，是控制程度较高的形式。此类形式还可细分为两种：其一为公司通过与国内外独立厂商合资，共同参与股权经营，进行有关投入品的生产；其二为公司通过设在国内外的完全控股权的子公司进行投入品的生产。前者比后者的控制程度往往要低一些。

2. 外部筹供

外部筹供，即公司通过国内外的外部交易市场，为公司另一些企业取得有关投入品的供应。外部筹供是在竞争性的交易市场上进行，其控制程度往往低于内部筹供。此类形式的筹供也可细分为两种：其一，公司通过国内外的某一商品买卖市场，采购本公司所需的生产投入品；其二，公司通过与国内外独立厂商签订转包生产合同，或以其他非股权安排进行有关投入品的国际生产。从公司对其国际生产的控制程度来看，前者要比后者更少受到控制。

总之，在公司的独资持股子公司生产、合营企业生产、转包形式生产、采购这四种筹供形式中，跨国公司的控制程度依次降低。

（二）选择筹供形式的依据

跨国公司采取内部筹供还是外部筹供，这与该公司核心产品所需投入品的要求不同有关。一般来说，选择筹供形式的基本依据是：

1. 生产投入品所需的数量

当跨国公司生产所需投入品的数量要求超过其生产量的最低有效规模时，大多选择内部筹供，因为这种选择是国际生产所必需的。

2. 生产投入品供应的可靠程度

在石油、钢铁、化工、计算机生产和通讯设备生产等许多垂直一体化工业部门中，跨国公司对其最终产品的主要投入品的依赖程度很高，因而筹供渠道极易受到国际市场波动的严重影响。这样，上述工业部门的跨国公司为避免外部筹供的市场风险，往往倾向于扩大其内部筹供的范围，将生产有关投入品的独立厂商合并到该公司的内部子企业体系，或者新建属于本公司的生产投入品的企业。在外国直接投资受到东道国限制时，跨国公司将设法与投入品生产厂商签订长期的供货合同。

3. 主要投入品市场的垄断程度

首先，看供应方垄断程度的影响。如果投入品供应方实行某种程度上的垄断，作为需求方的公司就倾向于实行内部筹供的策略性选择；反之，一个投入品市场是一个有众多供应厂商的竞争性市场，则作为需求方的跨国公司倾向于外部筹供。实际情况表明，食品加工业的公司较少实行内部筹供，这是因为食品加工业所需的原料一般都有较多的供应商。

其次，再看需求方垄断程度的影响。如果需求方是垄断性大公司而供应方规模较小则市场势力足以保证供应厂商自觉地向该大公司供应投入品。在这方面，汽车工业是典型的例子。在供需力量对比悬殊的情况下，汽车工业部门的大公司作为汽车整车制造所需零部件的独买者多倾向于选择外部筹供。因为汽车零部件制造商数目多、规模小，大汽车公司的外部筹供并不会影响投入品供应的可靠性，相反可以带来生产成本的节约。

4. 生产投入品的种类和规格

如果生产所需投入品种类多、规格杂，则一般不会采用公司内部筹供的策略。例如装配一部汽车所需零部件成千上万种，一个讲究经济效益的汽车制造公司，会尽量向外部市场采购其所需的零部件甚至主要部件，高度依靠外部筹供。

5. 生产部门的技术变化

如果公司所在工业部门的技术更新率高，则对所需生产投入品实行外部筹供。这是因为，研究与开发的结果可能需要突然改变投入品的性质、种类、规格、数量等，从而影响最终产品生产的盈利。当然，这些公司实行外部筹供，还必须存在可供选择的投入品生产厂商为前提。否则，相关零部件生产厂商仍可以被旨在保证供应的大型跨国公司所兼并。

6. 企业规模

在同一工业部门，筹供的形式还受公司规模及与此相关的产出因素影响。在电子工业部门，规模很大的公司如 IBM 公司与 ITT 公司（即美国国际电话电报工业公司）偏重于采用内部筹供方式；而规模较小的公司，则依靠外部市场筹供它们的投入品。在美国汽车工业部门，福特公司和通用汽车公司偏重内部筹供，而规模比它们小的克莱斯勒公司和美国汽车公司相对偏重于依靠外部厂商的投入品供给。

二、国际生产的物流方式

跨国公司在进行国际生产过程中，还需要面对物流方式的重大抉择：到底是采用中心筹供还是分散筹供？这涉及运输成本、厂址的区位配置、生产经营的管理与组织等问题。因此，国际生产的物流方向同样是跨国经营活动过程中不可回避的重大问题。

（一）物流方式的分类

跨国公司进行国际生产，其物流方向基本可以分为两类：一类是有中心的，一类是分散的。由于广义的国际生产可视为筹供，国际上的学者根据国际生产过程中筹供活动的物流方向，将物流方式分为中心筹供和分散筹供两大类型。鉴于这两种物流方式各有利弊，后来又有学者将两者进行折中，提出第三种物流方式——整合筹供。

1. 中心筹供

中心筹供是指公司成品的主要投入品，如原料、材料、半制成品等的筹供基本上围绕着该公司的某一中心工厂而展开。即，公司选定中心工厂作为国际生产物流中心，将生产的关键部分放在中心工厂内进行，生产技术研究与开发一般也在中心工厂或其附近进行，而大部分半成品和原材料的生产加工则放在公司国际生产网络中的各国工厂进行，然后将半成品、零部件运到中心工厂经过加工（或装配）成为成品，最后将成品从中心工厂输往国内外各个市场销售。

中心筹供方式下的国际生产其优越之处：一是规模经济使公司能以最低成本进行生产；二是易实行生产自动化与集中式的质量控制以确保产品质量高度一致。日本公司的经营绩效表明，在中心筹供方式下生产的制成品质量高、成本低，在国际市场上保持强劲的竞争力。但是，中心筹供方式下的国际生产也有其弱点，主要是：（1）成品生产投入品物流易受各种因素影响（如国际运输、工人罢工等）而中断；（2）成品销售易受市场所在国政府的进口限制（关税或非关税壁垒）；（3）易于被竞争对手夺去市场份额；（4）中心工厂的生产成本易受国际经济环境因素（如技术更新、关税率、汇率变化等）的影响。

总之，中心筹供的优点和缺点都很明显。这一方式能否成功，在相当大程度上取决于其增加的生产效率能否超过额外成本，而其增加的生产效率则与产品的成本结构和公司选择何种工业技术紧密相关。

2. 分散筹供

分散筹供是指公司成品主要投入品的筹供不集中在一个中心工厂，而是分散在若干相距较远的中心工厂进行。一些国际性大公司将国际市场划分为若干个分市场，并在各主要分市场所在国设立中心工厂。各分市场的中心工厂生产关键部件，而大部分半成品、零部件则安排在中心工厂较近的生产性子公司生产，最后由各中心工厂将半成品和零部件加工（或装配）为成品并在各自的分市场销售。

分散筹供方式下的国际生产物流是在各个市场所在国（东道国或者母国）范围内流动的，这种国际生产的物流方向，在一国之内是有中心的，在各市场所在国之间则是分散的。这种国际生产，其特点是，投入品生产和制成品生产（或加工装配）之间的投入—产出链存在于各市场所在国—国范围内。

分散筹供方式下的国际生产的优点是：（1）可以降低运输成本；（2）不易受处在另一国市场的子公司生产的影响；（3）在市场国对进口制成品严加限制时可进行替代进口生产，以巩固生产与成品销售之间的联系；（4）生产成本较少受汇率变动的影响；（5）能及时对当地市场变化作出反应以控制公司的生产成本和数量。但分散筹供方式之下的国际生产，可能面临两大困难：一是不能充分利用大工厂生产的规模经济；二是不能通过在公司范围内实施的深层次国际分工进一步提高生产效率。

3. 整合筹供

由于上述两类物流方式各有利弊并相互转化，许多跨国公司往往采取折中的整合筹供。整合筹供，是指若干个相邻市场所在国的工厂各自生产不同的半成品或零部件，然后在次中心工厂完成最后的生产或装配。整合筹供方式下的国际生产一体化程度比分散筹供或中心筹供方式要高。采用这种物流方式的跨国公司日益增多，它是以第二次世界大战后各个国家之间经济联系日趋密切为背景产生的。国际竞争的压力迫使更多的公司对自己拥有或间接控制的生产企业的经营进行合理化调整，而整合物流方向可以大幅提高效率并带来若干效益：（1）公司可以借助较大型（相对于高度的分散筹供而言）次中心工厂生产的规模经济来降低生产成本；（2）促进制成品销售额增加和公司规模扩大；（3）避免了中心筹供方式下所致的生产经营不能灵活调整的弊病。

（二）选择物流方式的因素

公司在进行国际生产时应如何选择上述三类物流方式，取决于各类物流方式下公司的成本、收益以及有关因素。它们之间的对应关系可由表 10-1 说明。

国际生产物流方式的选择，最终取决于能否提高公司对其资源配置及操作的效率。一般说来，一家大公司为实现高效率生产的目标，往往特别重视筹供活动中的某些方面。例如，以中心筹供方式进行生产的公司，必定高度重视中心工厂厂址的选择；以分散筹供方式进行生产的公司，必定重视其具有的先进生产技术能否在本公司国际生产网络内顺利转移；以整合筹供方式进行生产的公司，则非常重视有关区域经济一体化的进展。

表 10-1　　　　　　　国际生产物流方式的选择因素

选择因素	中心筹供	分散筹供	整合筹供
收益	实现最大程度的规模经济；实现统一的质量控制。	可对当地市场作出灵活反应；具有多元筹供的灵活性；运输成本低；受关税和外汇管制影响较小。	可对若干国家组成的区域市场需求作出反应；实现一定程度的规模经济；易受总公司的控制。
成本	面临关税壁垒和外汇管制影响较大；运输费用高；零部件、半成品和成品等库存水平很高。	生产成本较高；产品质量难以实现统一控制；总公司难以完全控制子公司。	运输费用和库存水平居于前两种物流方式之间。
其他相关因素	中心工厂所在国对产品出口的鼓励政策；产品工艺和生产过程的连续性。	子公司所在国政府对进口的限制；是否采用劳动密集型生产技术。	相邻国家的经济一体化程度；各子公司所在国家的生产成本差异。

三、国际生产中的厂址选择

（一）厂址选择对国际生产的意义

在跨国公司的国际生产战略中，正确选择其各个生产性子公司的地址具有重要意义。如果进行国际生产的大型工业公司厂址选择失误的话，重新更改厂址可能意味着在某国的重大撤资，其机会成本很高。厂址选择还涉及国际生产过程中各种投入要素在何地组合最有效的问题，而且与产品的国际营销紧密相连。

（二）厂址选择的影响因素

在国际生产中跨国公司选择在哪个国家设厂，需要考虑以下主要因素。

1. 原材料供应及运费

在选择厂址时，首先要考虑能否以最低的运输费用得到生产所需的原材料、辅助材料和动力燃料，尤其是为生产某种产品所消耗的原材料多于成品，即原料指数（Materialindex）大于 1 时，运费问题更为突出。原料指数等于需运输的原料吨数除以产出物的吨数。这一因素对采矿、冶炼等行业的厂址选择，往往具有决定性的意义。例如，石油业跨国公司的原油生产离不开油田所在地；炼铝业跨国公司则将电力丰富、电价低廉的国家作为其中心工厂选址首先考虑的区位；造纸业的国际生产往往放在那些森林资源丰富的国家和地区。

2. 劳动力因素

厂址选择时，还需要考虑劳动力的可供性和工资费用等问题。对于进行跨国生产的公司来说，最重要的是劳动力的可供性以及单位产品成本中工资所占的比率。跨国公司在厂址选择上有两种策略：一是在发展中国家设厂，利用东道国廉价的半熟练劳动力生产劳动密集度较高的产品或半成品，以便取得生产成本优势。二是在发达国家设厂，利用所在国技术熟练劳动力，使之与先进设备相结合，生产资本和技术密集度较高的产品。第一种选址策略大量地体现在半导体工业和纺织工业的跨国公司选择偏好上，它们偏好于将这些劳动密集型产品或某些生产环节放在发展中国家；第二种选址策略则体现于化工工业等部门的跨国公司选择偏好上，它们偏好于在发达国家建立其生产性子公司。

3. 各国税收差别

由于各国对外来投资者的税收有不同规定，那些税率低，甚至免税的国家和地区，无疑对跨国公司厂址选择具有很大吸引力。一些公司为了追求利润目标，往往利用转移价格以逃避或减轻东道国的应纳税赋。在这一过程中，设在低税或免税国的生产性子公司具有两种作用：它既是公司进行国际生产所需的物流输出入机构的一部分，又是公司在国际间进行内部收入再分配的基地之一。爱尔兰、墨西哥边境加工区等低税和免税地区与美国的高税率形成鲜明对比，这往往成为美国许多公司在这些地区选择厂址的重要诱因。

尽管国际税收差别对选择厂址有重要的影响，但受到三种因素的限制：一是如果东道国有巨大的市场和很高的生产率，即使税率高，也还是理想的生产地址；二是如果母国与其他国家签订避免双重纳税的协定，也会使公司在国外选址时较少考虑国际税收差别的影响；三是为了达到同行业的寡头竞争均势，会使得"追随者"公司在"领袖公司"刚立足的国家迅速建立自己的工厂，而不考虑该东道国的税率高低。

4. 交通与通讯条件

跨国公司在选择国际生产区位时，多将工厂设在港口城市、交通枢纽或水陆转运地。这些地方不仅交通方便可以降低运输成本，而且通讯条件一般也较好。例如新加坡地处印度洋、太平洋航道要冲，就是靠优越的交通条件吸引了许多外国公司在那里设厂生产，成为吸引外国直接投资比例很高的发展中国家。制造业跨国公司的迅速发展，显然是以第二次世界大战后世界交通与通讯条件的巨大改进为其必要条件的，这一点已被国内外学者所公认。

5. 环境保护费用

20世纪80年代以来，发达国家立法部门制订的环境保护法规日益增多，对企业征收的反污染费用也日渐提高。而发展中国家由于注重经济增长而对工业污染的立法滞后，公众对环境污染的舆论也不强烈。于是，许多发达国家的跨国公司纷纷将污染环境的生产项目迁往发展中国家，以降低生产成本。

6. 东道国市场条件

东道国的市场条件表明该国总的商业潜力。东道国市场规模对厂址选择的影响很大，特别是对于进口替代型国际生产的公司有着决定性意义。如果一个国家的市场规模较大，在该国设厂生产既可占领市场，避免关税壁垒或非关税壁垒的限制，又可实现规模经济，跨国公司必会选择在该国设厂。当然，市场规模和关税还不是市场条件的全部，还包括东道国政治稳定性、人均收入水平、资金汇出的难易、汇率稳定以及经济增长率等。所有影响市场条件的因素综合作用形成东道国的商业潜力。当商业潜力与跨国公司的竞争能力结合在一起时，则对跨国公司厂址的选择起着决定性作用。

四、国际生产的整体控制与协调

跨国公司在进行国际生产时，为了保证各部门和各子公司在生产经营上符合总公司的战略目标，就必须对本公司的生产实行整体控制并在各部门和各子公司之间进行协调。广义的生产控制和生产协调主要涉及三个方面：一是国际生产能力的协调；二是国际生产中的质量控制；三是公司内部各部门、各子公司之间的有效沟通。

（一）国际生产能力的协调

对于跨国公司来说，国际生产能力的协调即为公司创造国际生产能力的最佳状况。不管是中心筹供方式下的生产，还是分散筹供方式下的生产，生产能力的运转总是以不同程度的分散决策为基础的。因此，跨国公司必须对国际范围内的生产进行协调。而分散决策一般依据的是局部情况和基层负责人的个人经验，很有可能偏离总公司的战略目标。

西方国家的跨国公司在国际生产的早期阶段，往往采取管理联系较松散的母子组织结构。处于这一阶段的跨国公司，生产和经营业务的主要部分在国内，在国外的生产性子公司数目较少而且规模也小，公司整体生产能力的协调多采用二分策略，即国内公司的经理负责国内生产经营部分，而各子公司经理则决定国外生产经营计划。这种二分策略是低度协调效率与低度协调成本的平衡。与这种协调策略相一致的是二分式生产体系，即国内生产和国外生产基本上自成体系。

当跨国公司的国外业务不断扩大，其组织结构最初由母子结构变为国际部结构，最后又演变为全球性组织结构。与此同时，公司在国际整体生产协调上采用二分策略的弊端则日益明显，主要表现在：其一，二分式协调导致国内外生产活动中间接管理费用重复并使生产流程缩短，从而增加了整个系统的生产成本；其二，跨国公司难以在最佳水平上配置国际生产能力，从而难以达到规模经济；其三，由于公司在整体上缺乏统一协调，各子公司的生产往往重复与短缺并存，严重影响公司的整体生产能力。

鉴于上述原因，目前跨国公司在进行国际生产能力的协调时，已将二分策略改为一元化集中协调策略，以改善生产系统的整体运行。这一协调策略主要体现在：

1. 扩充生产能力的协调

跨国公司在全球范围内认真比较，判断何国何地成本最低。如果正好同现有某厂址重合，跨国公司则倾向于对其生产设施扩大投资来提高公司的整体生产能力，以避免重复投资。

2. 生产储备能力的调整

国际生产经营环境比国内复杂得多，由于国际生产和营销需要远距离运输，都要求较多的原材料和成品库存。这种较高的库存水平，使生产成本上升并促使跨国公司进行生产合理化安排，如通过认真选择国外厂址和整合筹供等途径，对公司的生产储备能力在全球范围内进行统一调整，以尽量降低库存水平。

3. 生产规划的统一制定

跨国公司为了全球经营目标的实现，往往统一制定国内外各母子公司的生产规划，使子公司的生产能力受总体生产规划的制约，不得擅自扩充。

（二）国际生产中的质量控制

对产品质量进行严格控制是跨国公司进行国际生产的基础性管理环节，直接关系到跨国公司技术和管理优势的发挥。

跨国公司对国际生产的质量控制有以下特点：

1. 质量控制部门比较庞大

一些跨国公司在公司总部或者产品分部专门设立质量控制机构并配备各类专业人员，直接或者间接参与相关部门、工厂和车间质量管理监督活动。

2. 质量控制的重点是国外生产现有产品的质量

跨国公司在国际生产中质量控制的目的，主要是"保"名牌而不是"创"名牌。

3. 加强对国外子公司的质量控制

跨国公司常将必需的精密仪器和测试方法输往国外子公司，同时加强培训子公司的专业质量控制人员，以确保公司在全球生产的产品质量高度一致。

（三）公司内部的沟通

跨国公司的国际生产协调需要分布于不同国家的各部门和子公司之间进行信息交流，而不同国家的文化心理、语言障碍常导致交流困难，从而引起信息传递的延迟和误解。为此，跨国公司常采用三种措施来解决。

1. 弥补性措施

弥补性措施主要包括：一是派有国际经营经验的人或有东道国血统的本国籍人员任国际事业部经理。二是母公司或子公司经理经常互访，双方在经验、见解以及人际感情上加强交流，从而增强共识；三是指定专人负责双方的信息交流，以保证沟通的有效性与及时性。这些弥补性措施，是跨国公司进行国际生产经营不可缺少的，它不仅加强了公司内部各单位之间信息、意见的沟通，使公司在制定政策和执行决定方面有一个上下级组织相互信赖的基础，各国外子公司的生产、采购活动也因此得以一定程度的协调。

跨国公司为了降低制造成本，往往把劳动力密集的产品或生产工序转移到发展中国家的子公司进行。但由于发展中国家当地生产人员质量意识不强且专业素质不高，使其产品往往难以达到总公司规定的质量标准，成为国际生产中质量控制的一个薄弱环节。为此，跨国公司总部一方面为发展中国家子公司的专业人员进行技术培训，甚至提供出国进修的机会；另一方面，为发展中国家子公司提供许多精密的质量检测仪器，确保跨国公司在各国生产的产品质量完全一致，从而在国际市场上保持强大的优势。

2. 组织调整性措施

弥补性措施虽然有积极作用，但这些措施同全球经营战略所要求的公司内部沟通、交流的准确性、大信息量以及有效及时的反馈和处理等相比，还是很不够的。因此，当公司国外业务和活动范围不断扩大的时候，就需要在企业组织上作相应的结构调整，使之适应国际生产经营发展的需要。例如，由母子结构调整为国际事业部结构，或者进一步调整为全球性的组织结构，使国际生产经营的分散化决策程度与管理体制的分权程度相适应。

3. 计算机管理措施

在母子公司和各子公司之间的国际信息交流与处理上采用计算机管理系统，以便更有效地配合公司总部在国际生产中的整体控制和协调。

第五节　国际营销战略

按照国际市场格局①来划分，跨国公司的国际营销战略可以分为两种：寡占型国际营销战略和非寡占型国际营销战略。跨国

---

① 从理论上说，市场结构分为完全竞争、垄断竞争、寡头垄断和完全垄断四种类型，但在现实中，绝大部分产品的国际市场只呈现寡头垄断和垄断竞争（又称为寡占型和非寡占型）两种格局。

公司主要是根据自己在国际市场上的地位①，来选择相应的营销战略。

一、国际营销战略的选择

（一）寡占型营销战略

寡占型市场结构，是指某个产品的市场被几家大型跨国公司所垄断，它们彼此实力相当，形成一种市场竞争均势。而寡占型国际营销战略的特征则是，占据寡占地位的跨国公司实施的每一项营销措施皆以模仿竞争对手为依据，以避免在市场份额上落后于竞争手。实施这种战略的公司将维持原有的市场份额作为经营成功的重要标志，为此常配合以价格和产品两方面的营销策略。

1. 竞争导向定价策略

当一个公司制定的价格主要是依据其竞争对手而定价时，这种价格策略就是竞争导向的定价策略。其特征是，在价格与成本或需求之间没有一个固定不变的对应关系，即使公司成本和市场需求没有变化，只因竞争对手价格变化，公司价格也随之改变。这种定价策略实际上是寡占公司在市场价格上的一种"默契"，通过这种价格"默契"，所有寡占公司既可避免恶性竞争带来的两败俱伤，又可共同瓜分市场份额和利润。

2. 产品深度开发策略

为了保持原有的市场份额，寡占公司往往以现有产品为基准，对同一产品市场中不同消费者作区隔分析，使每一区隔消费者群体的特殊要求都得到满足并及时推出系列产品，尽量占领多个细分市场。寡占公司正是靠这种产品深度开发构成竞争对手难以克服的"进入障碍"，以此控制该类产品的国际市场。

---

① 一般说来，影响跨国公司国际市场地位的主要因素有：公司在国际市场上的竞争地位；本公司的资源优势和整体战略目标；国际市场的需求状况；公司产品和技术所处的市场生命周期阶段；公司所处行业的特点等。

（二）非寡占型国际营销战略

许多情况下，国际市场寡占态势并不明显，而往往表现为一种垄断竞争格局，即公司之间的竞争远多于默契。在这种情况下，跨国公司的营销战略就会偏离寡占型营销战略模式转变为非寡占型营销战略模式：即同行中居领先地位的跨国公司采取市场领袖战略，而其他公司根据具体情况或采取市场挑战者战略，或采取追随者战略。

1. 市场领袖战略

在各类制成品市场上，几乎都有某一公司在相当长时期内被公认为领袖，该公司绝对市场占有率最高，与同类产品企业相比，其价格水平、新产品研制、流通渠道以及促销媒介等方面都处于领先地位，因而成为其他公司注意的焦点。它在竞争者面前暴露得最充分，其营销战略目标就是要竭力保持其领袖地位。市场领袖战略的这个总目标又可分解为两个分目标：扩大整个市场规模；保持现有的市场份额。

为了实现第一个分目标，一般有两种策略可供选择：（1）市场渗透策略，即采取积极的营销措施，在现有市场中增加现有产品的销售额；（2）市场发展策略，即把现有产品推广到新市场，从而扩大现有产品的市场容量。

为了实现第二个分目标，一般有三种策略可供选择：（1）创新策略，即在产品、顾客服务、流通手段、生产技术等各方面不断创新，为保持领袖公司地位创造条件；（2）筑垒策略，即合理定价，同时用一个品牌/商标大量生产不同型号和档次的产品，满足不同消费者的需求，不给竞争对手留下可乘之机；（3）正面对抗策略，即对竞争对手的挑战及时回应，或加强促销，或低价反击，使之望而却步。

应该看到，作为一个市场的领袖虽然有最高的垄断地位但也不能长期确保，在激烈的竞争中稍有不慎就可能失去领先地位。即使在产品生命周期处于完全成熟阶段的行业中，由于新一代技术的发明突破，也可能使该行业的领袖迅速失去领先地位。因此，领袖公司与寡占公司在重大决策上有一定的相似之处，即公司重大的营销战略决策往往以竞争对手的反应行为或预测的反应行为为依据。

2. 市场挑战者战略

市场挑战者公司大多是在本行业产品销售额中处于前几名的大公司，如美国的西屋公司、百事可乐公司长期居于市场挑战者的地位，它们的营销战略目标主要是不断增加市场份额。这种战略无异于向领袖公司发动正面攻势，所以被称作市场挑战者战略。市场挑战者的总目标又可以细分为三个分目标：向领袖公司发动直接的进攻；向其他急剧上升的公司发动进攻；向较小的公司发动进攻。这三个分目标旨在增强公司的竞争地位，扫清通向领袖公司道路上的障碍。

市场挑战者战略是进攻性的，为了实现其战略目标可选择的策略更是多样。如在产品策略方面可采用名牌产品策略、产品扩散策略、产品创新策略以及低成本策略等；在促销策略方面可采用促销组合策略、流通渠道创新策略等。

实行市场挑战者战略的跨国公司往往分布在高新技术行业，或者分布在原有寡占格局被打破而新的市场格局尚未形成的行业。在挑战者公司看来，其所属核心产品在市场上有较大的扩张潜力，因此，这些公司将多样化经营作为辅助性营销策略时倾向于考虑核心产品多样化，而较少倾向于混合多样化经营。

3. 市场追随者战略

市场追随者虽然也是跨国公司，但在同类产品市场上所占的份额一般都比较低，其主要产品的绝对市场占有率往往排第五六位甚至更靠后。它们受领先公司的竞争压力很大，只能接受现有的市场格局而采用市场追随者战略。这种营销战略的主要特征是"随大流"，即追随市场领袖公司的经营行为，其目标就是尽力保持现有的市场份额。

为了实现这一目标，追随者公司主要采用两种营销策略：

（1）在国际中心市场紧跟领袖公司，即在发达国家市场密切注意领先者在产品开发、市场价格等方面的变动，然后依此制定营销对策，亦步亦趋；（2）在国际边缘市场尽力扩大经营，即在领先者暂时注意不到的落后国家市场扩大投资和销售，以弥补在中心市场国家可能失去的市场份额。

追随者公司采用这种战略的根本原因是：一方面，这些公司在国内外市场上的竞争力量相对较小，无力实行以进攻为主导的市场挑战者战略；另一方面，这些公司的经营资源约束更大，采取随大流的务实态度，可以减少营销过程中的风险。

二、国际价格策略的运用

价格策略是实现跨国公司国际营销战略目标的重要工具之一。它主要包括跨国公司的定价目标、定价影响因素、转让价格等方面内容。

（一）跨国公司的定价目标

跨国公司的定价目标服从于公司的整体经营目标，其目标主要有四个。

1. 利润最大化

追求利润最大化是所有企业制定价格的主要目标。对于跨国公司而言，它所追求的利润最大化有两个特点：一是指以公司长期的最大利润为目标，并非短期的最大利润。因此，它允许新的子公司在开创之初或公司的新产品上市初期有一段赔本期，至少是利润不佳的时期。二是在空间上是指公司全球总利润的最大化而并非单一公司或单一产品的最大利润。

2. 预定的投资利润率

许多美国大公司为了减少在定价过程中考虑过多影响因素，将实现预定的投资利润率作为公司定价的主要目标。投资利润率等于净利润占投资额的百分比。其具体的定价方法是：企业管理部门制定出长期投资利润率指标，然后加上产品的成本。这种定价方法比较简单，但公司采用这种定价方法时，必须考虑以下重要因素：第一，本公司是否在所属行业中居于领先地位，否则无法应付同行对手的竞争；第二，这种定价方法对公司整个业务扩展有无不利影响，如果有，是否事先制定了相应的对策。

3. 维持或扩大市场占有率

市场占有率有两种：一是绝对市场占有率，指某一特定企业的产品销售量占本行业同类产品全部销售量的百分比；二是相对市场占有率，指本企业产品的市场份额与同行业占统治地位的企业所占市场份额的百分比。随着国际市场竞争日益激烈，许多跨国公司认为维持和扩大市场占有率比获取预期投资利润率更重要。因为公司市场占有率越高，则该公司的市场地位越稳固，意味着该公司必然有较高的利润率。据美国经济学家的调查，如果企业的绝对市场占有率为9%左右，那么该企业的年均投资收益率就会低于10%；如果绝对市场占有率超过40%，那么企业的年均投资收益率就会上升到30%左右。当价格是影响销售量的重要因素时，较低的价格可以最终取得较高的市场占有率。因此，许多财力雄厚的跨国公司在支持子公司开辟新市场时常不惜采取低价政策，以争夺更大的市场份额。

4. 应付和防止竞争

跨国公司对竞争对手的价格水平非常敏感，在制定本企业产品价格之前，大都广泛收集对手的有关信息来与本公司同类产品相比较，然后再制定产品价格，以应对和防止竞争。低价常常是阻止竞争企业进入市场的有效策略，也是资本雄厚的跨国公司击败对手争夺市场份额时常采用的武器。

跨国公司虽然有四个主要的定价目标，但在具体实施时往往有所侧重。不同的子公司往往根据所在国的具体市场环境加以选择，同时还要考虑与公司的其他相关决策（如新产品开发、新市场拓展等）相协调，才能取得理想的效果。

（二）影响跨国公司定价的因素

影响跨国公司产品定价的因素很多，归纳起来可分为三类。

1. 成本因素

对于任何企业来说，产品价格至少必须补偿产品的成本才能生存下去。毫无疑问，成本因素也是影响跨国公司定价的首要因素。由于跨国公司实行多国经营，不必要求总成本一定要在每个子公司所在国市场得到补偿，但从公司整体来看，总销售必须补偿其总成本。跨国公司在确定产品的市场价格时，与一般的国内公司一样，首先是考察产品的生产成本。除此之外，由于跨国公司实行跨国经营，其产品定价还需要着重考虑以下几个方面的成本因素。

（1）运输成本

由于跨国公司实行国际生产和国际销售，尽管它在规划国际生产区位和选择物流的筹供方式时反复比较以确定一个合理方案，但其庞大的物流量还是远远超过国内企业，由此产生的巨大运输费用分摊到产品成本中占据了相当高的比重。

（2）关税和国内相关税收

关税是对所有国外产品的价格歧视。许多国家有消费税或货物税、增值税或周转税以及零售税，这类税收在相当程度上提高了商品的最终价格。公司所得税一般都已计入产品的基本生产成本之内，因而对一个企业的定价政策没有直接的影响。相比之下，关税是最重要的价格歧视。跨国公司在进行国际性经营时，非常重视关税对商品价格的影响。在确定生活用品零售或工业品销售价格时，必须将关税和各种国内税收考虑在成本之内。

（3）中间商成本

跨国公司在与国外中间商打交道时，还得考虑中间商成本的因素。国际市场上商品销售渠道长，环节多。在许多国家，销售渠道的基础设施非常不发达，这必然增加销售成本进而影响到产品的价格。而且，跨国公司在国外进行销售时还可能因为经销数量太小而使商品的库存成本增加，也可能因为与缺乏资金的中间商打交道而增加了垫付资本。

（4）金融成本和风险成本

跨国经营常遇到通货膨胀、汇率波动一类的国际性金融风险，这必然影响到商品的成本。在通货膨胀严重的国家里，销售价格不仅应该与产品的销售成本相联系，而且应该将固定资产更新成本的增加金额包括在内。当支付有可能拖延几个月或签订长期合同时，企业必须把通货膨胀的因素考虑到成本和价格中去。同时，外汇汇率波动对成本，进而对价格的影响亦应加以考虑。

2. 市场因素

与成本因素一起，市场因素也是定价的重要基础。市场因素主要包括需求状况和市场竞争状况两个方面。

（1）需求状况。消费者对商品的需求程度和支付能力在某种程度上决定价格变动的幅度。在世界市场上，跨国公司所面临的需求状况受社会经济、收入分配、文化背景等多种因素的影响，其中，有些因素如收入与分配等基本经济指标是可以量化的，而有些因素如文化背景、心理与习俗等则是非量化的。因此，跨国公司考虑需求状况时，必须深入了解东道国的各种经济、文化与社会因素，才能准确判定各个具体市场的需求状况。如果消费国的需求对定价有着重大影响，那么跨国公司在定价时必须详细考察不同市场的商品需求、价格弹性的动态变化。

（2）市场竞争状况。目前在国际市场上采用的价格竞争主要手段有：①低价销售，以抢占市场。②达成价格默契，以共同操纵市场。这种状况往往存在于国际寡头垄断的市场，垄断企业为了避免价格竞争带来各自的损失，往往在一定时期里结成公开或隐蔽的联盟，来共同操纵价格和市场。③实行价格折扣。目前，实行价格折扣已变成企业促销的重要竞争武器。④其他优惠措施，如向买方提供更为优惠的商业信贷条件，给予消费者期限更长的售后服务等。跨国公司在定价时必须认真考虑竞争对手采取上述手段的影响。

3. 政府的行政干预

跨国公司在各国市场进行经营活动时，不可避免会受到各国制定的有关价格措施和法规的影响。这些措施和法规主要有：

（1）限制边际利润。有些国家政府要求中间商不得背离边际利润幅度范围，而对于制造商则规定高于成本的利润率，以达到对收益水平的控制。

（2）规定最低价格或最高价格。有些国家制定的法案规定，商品的价格不能低于其成本加政府规定的利润率；而有些国家则对涉及国计民生的商品（如粮食、食品、燃料等）规定最高限价。

（3）限制价格变动。一些国家许多商品的价格变化都受政府管理，通过税收影响产品的最终价格，也会起到限制价格变动的作用。

（4）政府直接参与市场价格竞争。美国政府曾经动用国家战略储备参与市场竞争来控制铝价，在小麦市场和其他商品市场上也采用过类似方法，最终达到管理和控制市场的目的。在某些国家里，政府拥有很大的生产能力和资产，这也成为政府管理和控制市场价格的强大物质基础。

（5）通过政府补贴影响价格。政府补贴大多是支持本国企业在世界市场上进行降价竞争。这种补贴有直接与间接之分：直接补贴是政府对出口的最终产品进行价格补贴；间接补贴是政府对非出口的零配件进行补贴，而这种零配件是出口产品的组成部分。

（三）转移价格

前面讨论的是跨国公司对外部企业的定价，而跨国公司在企业内部（即母子公司之间、各子公司之间）实施的转移价格，也是跨国公司价格策略中的一个重要组成部分。

1. 转移价格的含义和目的

转移价格（Transfer Price），是指在跨国公司内部（即母子公司之间和各子公司之间）进行商品、劳务及其他资源相互转让的规定价格。转移价格与市场价格相比，具有以下特征：第一，在交易主体上，市场价格在不同所有权单位之间的交易中采用，而转移价格则在享有共同所有权的单位之间进行交易时采用；第二，在定价依据上，市场价格依据各种成本、利润率、市场需求等客观数据计算所得，而转移价格则带有很大的主观性，它主要是依据跨国公司的全球战略目标来判定，以谋求公司在全球经营的利润最大化。

转移价格作为跨国公司实现全球战略目标的重要手段，主要有以下几种目的。

（1）使跨国公司整体纳税最小化。跨国公司纳税主要体现在向所在国交纳企业所得税和进口关税两方面。由于各国之间在所得税和进口关税的税率上差异较大，跨国公司往往通过以下两种手段来减少公司整体的纳税额。

其一，通过转移价格来减少公司整体的所得税纳税额。例如，A 国的所得税率高于 B 国而其他环境因素相同，跨国公司总部就可以规定，将 A 国子公司的产品低价销售给 B 国的子公司，或者让 A 国子公司用高价购买 B 国子公司的产品。于是 A 国子公司利润减少了，B 国子公司的利润增加了，即利润从高税率的 A 国子公司流到低税率的 B 国子公司，从而减少了整个公司所交纳的所得税额。但是，如果母国政府征收"差额税"（这种税是母国政府对跨国公司母公司所接收的海外利润汇款所征收的一种特别税），那么，跨国公司通过上述方式得到的利益就会被抵消。对此，跨国公司会再一次运用转移价格把利润转移到设在母国境外的低税区或免税区的控股公司，其中设在"避税港"内的"皮包公司"是这种途径的典型形式。这类子公司不从事任何生产活动，而是作为中间商通过提供相互发货清单的方式在母子公司之间以及子公司之间进行活动，在某种程度上成为跨国公司海外利润的"贮存器"。跨国公司将利润暂时存放在这里，供日后调用。这样，跨国公司既可以逃避东道国的征税，又可以绕过母国对母公司的海外汇回利润的征税。另外，跨国公司可以通过转移价格转移公司内部间无形产品的相互支付额，从而减少公司整体的所得税额。例如调整子公司欠母公司的无形资产价格、贷款利率、各种服务费率、子公司分摊的总管理成本费用支付等，都可以给跨国公司运用转移价格达到少纳税目的提供广大的活动余地。

其二，通过转移价格来减少公司整体关税纳税额。例如，A国的进口关税率高于 B 国而其他环境因素相同，则 B 国子公司向A 国子公司出口应采用较低的转移价格，以达到少缴关税的目的。显然，在进口税方面，仅是偏低的转移价格才有利可图。而在公司所得税方面，依环境不同，转移价格可以偏低或偏高。如要同时达到公司所得税最小化和进口税最小化这两个目标，则可能会发生矛盾。从上述例子可以看出，如果 B 国子公司以偏低转移价格向 A 国出口，虽然会减少关税额，却会被 A 国较高的所得税所抵消。所以，两种手段在具体实施时，应权衡得失之后再进行合理选择。

（2）避免或减少各种经济与政治风险。这主要包括三个方面的内容：

一是避免或减少外汇风险。例如，本来子公司在国外的利润必须到年底结算后才能汇回母公司，而在这段时间内如果子公司所在国货币贬值，母公司在向子公司发货时就可采用高转移价格，提前转移出子公司的利润，以避免货币贬值造成的损失。

二是避免或减少东道国外汇管制和资金管制的风险。有些国家对外国投资的利润汇出进行外汇管制，这对跨国公司利润或销售量最大化目标的影响很大。因此，如果某东道国政府外汇管制过严或子公司保留利润过高时，跨国公司就可以高转移价格向该东道国子公司提供服务，以提高子公司产品名义成本并降低其利润，从而达到调出利润的目的。同样，如果子公司所在国政府对资金流动加以严格控制，为了及早收回资金，避免投资风险，跨国公司也可利用高转移价格向该子公司发货，将资金由子公司调出。跨国公司还可以利用高利贷款方式，用子公司支付高额利息的途径将资金调出，达到避免东道国资金管制风险的目的。

三是避免或减少投资的政治风险。当跨国公司面临国外资产被东道国政府国有化或没收的危险时，可以用高转移价格，向子公司提供产品和服务，或压低子公司出口商品的价格，使子公司逐渐耗空过去积蓄以便从该东道国调回资本。

（3）开辟和争夺市场。如果跨国公司需要在国外开辟市场，则可以先建立一个新公司，然后以低转移价格向新建子公司提供原料、中间产品和服务，帮助子公司迅速打开局面站稳脚跟。同样，利用转移价格机制，子公司之间也可以互相支持，甚至子公司也可以支持母公司争夺母国市场，加强竞争能力。

（4）减少与东道国的利益冲突。跨国公司的自身利益和全球目标，与东道国政府、企业及消费者各方的利益往往存在着矛盾，利用转移价格可以避免矛盾冲突并保持和扩大公司自身的利益，为其全球目标服务。比如，跨国公司与国外某公司创办一个合营企业，当合营企业的利润分配不利于跨国公司时，跨国公司可以采用转移价格的办法调出利润，以避开与东道国合营伙伴利益目标的冲突。跨国公司也可以利用转移价格来减少子公司过高的利润额，以对付东道国政府或劳工方面增加工资和福利的要求。

2. 转移价格的运用条件

转移价格按定价水平可分为两类：高转移价格和低转移价格，跨国公司在运用这两类转移价格时的前提条件是不同的。

（1）实施高转移价格的条件。跨国公司在子公司所在国面临下述情况时，其母公司一般以高转移价格向子公司提供商品和服务：①在合营企业里，为了多分利润或避免增加的利润被合营伙伴瓜分；②遇到子公司劳工方面要求提高工资和福利待遇的压力，希望降低子公司账面利润额；③子公司的高利润率有可能吸引更多新竞争者进入该行业或该市场；④子公司所在国的所得税率高于母国；⑤子公司所在国限制投资利润汇出或实行资金管制；⑥子公司所在国政府以产品成本为标准对最终产品价格实行严格控制；⑦子公司面临被东道国政府国有化和被没收的政治风险；⑧东道国政局不稳，投资气候不佳。在上述情况下，跨国公司就可以高转移价格来调出利润或资金，以避免和减少损失。

（2）实施低转移价格的条件。跨国公司在子公司所在国面临下述情况时，其母公司一般以低转移价格向子公司提供商品和服务：①子公司所在国实行高关税；②子公司所在国对进口产品的价值量进行限制；③子公司所在国实行外汇定量配给制；④子公司所在国的所得税率低于母国；⑤子公司在当地面临众多竞争对手，为了进行市场渗透或开辟新市场；⑥子公司希望获得当地贷款，而当地办理贷款以子公司的财务状况为依据；⑦子公司所在国的通货膨胀率低于母国。在上述情况下，跨国公司就可以低转移价格来调入利润或资金，以增加子公司的竞争能力和跨国公司的整体利益。

需要指出的是，上述分析仅仅是理论上的，现实中并不是仅仅存在一个方面的条件，而往往具有两个方面以上的条件。因此，跨国公司在选择高转移价格和低转移价格时，必须权衡利弊，利选其重，弊选其轻。例如，母公司以低转移价格向高关税国的子公司出口零部件或半成品，虽然子公司可因此降低成本增加利润，但又可能导致多交纳企业所得税。因此，转移价格的选择应根据子公司所在国的关税与所得税的差额而定，并与跨国公司的具体战略目标联系起来考虑。另外，跨国公司在运用转移价格大多涉及两个国家以上，这更增加了问题的复杂性。这不仅需要权衡每一个转移价格的得失，而且还需要经常地调整跨国公司的内部定价，因为每一个国家运用转移价格的条件总是不断变化的。

参考文献

［1］金明善：《现代日本经济论》，辽宁大学出版社 1996 年版。

［2］冯舜华、杨哲英、徐坡岭：《经济转轨的国际比较》，经济科学出版社 2001 年版。

［3］谢康、于蕾、梁军：《国际投资》，电子工业出版社 2007 年版。

［4］杜奇华：《国际投资》，电子工业出版社 2007 年版。

［5］王珏：《贸易与资本流动、理论范式与中国的实践》，中国经济出版社 2007 年版。

［6］杨德新：《中国海外投资论》，中国财政经济出版社 2008 年版。

［7］周建华：《国际投资学概论》，清华大学出版社 2007 年版。

［8］綦建红：《国际投资学教程》，清华大学出版社 2008 年版。

［9］时寒冰：《当次贷危机改变世界，中国怎么办》，机械工业出版社 2009 年版。

［10］余永定、张宇燕、郑秉文：《西方经济学》，经济科学出版社 1999 年版。

［11］［美］约翰·威廉森：《开放经济和世界经济》，三联书店 1990 年版。

［12］卢汉林：《国际投融资》，武汉大学出版社 1998 年版。

［13］李琮：《世界经济学大辞典》，经济科学出版社 1994 年版。

［14］李琮：《世界经济学新编》，经济科学出版社 2000 年版。

［15］滕维藻、黄耀明、张岩贵：《跨国公司战略管理》，上海人民出版社 1992 年版。

［16］陈志龙：《国际经济合作概论》，复旦大学出版社 1996 年版。

［17］任承彝：《国际投资理论与实务》，西南财经大学出版社 1998 年版。

［18］郭宁：《对外经济管理概论》，武汉大学出版社 1994 年版。

［19］薛荣久：《世贸组织与中国大经贸发展》，对外经济贸易大学出版社 1997 年版。

［20］杨荣珍：《世界贸易组织规则精解》，人民出版社 2001 年版。

［21］叶刚：《遍及全球的跨国公司》，复旦大学出版社 1989 年版。

［22］张汉林、卢进勇：《经济增长新引擎》，中国经济出版社 1998 年版。

［23］蒋瑛：《国际投资》，四川大学出版社 1995 年版。

［24］中华人民共和国对外经济贸易合作部：《中国对外经济贸易白皮书》，中国金融出版社 2001 年版。

［25］白铁梅：“国际贸易与直接投资的关系”，《世界经济研究》2003 年第 3 期。

［26］徐明琪：“中国企业国际化经营面临的挑战与对策”，《世界经济研究》2003 年第 2 期。

［27］王彦华：“政策调整：推进‘走出去’战略的重中之重”，《国际经济合作》2003 年第 4 期。

［28］黄云凡：“欧洲中小型企业的国际化”，《黑龙江对外经贸》2003 年第 7 期。

［29］王海平：“OLI 范式与跨国并购之动因”，《国际经济合

作》2002 年第 5 期。

［30］詹晓宁等：“多边投资框架：趋势与评价”，《国际经济合作》2002 年第 6 期。

［31］盛斌：“WTO 多边投资规则谈判中的发展问题”，《国际经济合作》2002 年第 8 期。

［32］钟伟：“利用外资变革前瞻：环境、途径与热点”，《国际经济合作》2002 年第 3 期。

［33］尹应凯：“试论发展中国家的对外直接投资”，《国际贸易问题》2002 年第 1 期。

［34］［美］邓宁：“外国直接投资将提高中国的竞争力”，《国际经济合作》2002 年第 10 期。

［35］汪芹：“中国企业跨国经营存在的问题及对策”，《国际经济合作》2002 年第 2 期。

［36］白远：“中国企业‘走出去’优势面面观”，《国际经济合作》2002 年第 5 期。

［37］鄢东：“跨国公司对华投资决策的新特点”，《国际经济合作》2002 年第 1 期。

［38］冼国明、葛顺奇：“促进关联：东道国外资竞争政策新趋势”，《国际经济合作》2002 年第 1 期。

［39］詹晓宁、葛顺奇：“多边投资框架与我国经济战略”，《国际经济合作》2002 年第 7 期。

［40］林康：“当代国际化经营展望”，《国际商报》1997 年 7 月 26 日。

［41］浦树柔：“跨国公司直接投资带来什么？”《国际商报》1997 年 3 月 16 日。

［42］储祥银：“跨国公司直接投资对东道国经济的利弊影响”，《国际商报》1996 年 7 月 27 日。

［43］唐海燕、张会清：“中国崛起与东亚生产网络重构”，《中国工业经济》2008 年第 12 期。

［44］刘刚、黄苏萍："跨国公司在华竞争战略变化动因与对策"，《中州学刊》2008 年第 3 期。

［45］赵优珍、屠全光："跨国公司 R&D 中心的驱动因素与区位选择互动分析"，《国际商务研究》2008 年第 2 期。

［46］王文治："外商直接投资与东道国产业发展"，《世界经济研究》2008 年第 5 期。

［47］杜兰芙、周静："论跨国公司在发展中东道国的技术溢出效应"，《国际贸易问题》2002 年第 7 期。

［48］郭红燕、韩立岩："外商直接投资、环境管制与环境污染"，《国际贸易问题》2008 年第 8 期。

［49］赵娜、张晓峒："外商直接投资与我国经济增长：基于 VAR 模型的动态效应分析"，《国际贸易问题》2008 年第 3 期。

［50］裴长洪、樊瑛："利用外资仍要坚持数量与质量并重"，《中国工业经济》2008 年第 3 期。

［51］伍红："中国外商投资企业内部交易税收制度供给的路径选择"，《经济与管理研究》2008 年第 8 期。

［52］孙刚、赵莹莹："外商直接投资对我国经济发展的影响"，《财经问题研究》2008 年第 11 期。

［53］赵晋平："改革开放 30 年我国利用外资的成就与基本经验"，《国际贸易》2008 年第 11 期。

［54］于蕾："开放 30 年来外商在华直接投资的区位结构演变及动因分析"，《世界经济研究》2008 年第 6 期。

［55］郭连成、李作双："全球投资自由化与中国经济发展的互动效应"，《财经问题研究》2008 年第 5 期。

［56］陈凌佳："FDI 环境效应的新检验"，《世界经济研究》2008 年第 9 期。

［57］吴雪明："坚持对外开放是中国的强国之路"，《世界经济研究》2008 年第 8 期。

［58］陈文敬："中国对外开放三十年回顾与展望"，《国际贸

易》2008 年第 2 期。

[59] 江小娟："中国吸收外资 30 年：利用全球资源促进增长与升级"，《经济与管理研究》2008 年第 12 期。

[60] 郝红梅："我国外商投资促进战略的调整背景和要点"，《国际贸易》2008 年第 1 期。

[61] 王小明："国际产业转移与我国制造业的发展战略"，《财经问题研究》2008 年第 7 期。

[62]［韩］金容善："加入世贸组织之后中国外资政策的变化与韩资企业的对华投资"，《国际贸易问题》2008 年第 3 期。

[63] 康荣平："中日企业海外发展初期比较研究"，《世界经济》2007 年第 8 期。

[64] 刘阳春："中国企业对外直接投资的特征研究"，《经济与管理研究》2008 年第 11 期。

[65] 梁军、谢康："中国'双向投资'的结构：阶段检验与发展趋势"，《世界经济研究》2008 年第 1 期。

[66] 宋弘威、李平："中国对外直接投资与经济增长的实证研究"，《学术交流》2008 年第 6 期。

[67] 胡博、李凌："我国对外直接投资的区位选择"，《国际贸易问题》2008 年第 12 期。

[68] 肖钢："FDI 对我国产业结构升级的时效分析"，《求索》2008 年第 2 期。

[69] 李佩璘："跨国公司并购与中国战略产业的发展"，《世界经济研究》2008 年第 7 期。

[70] 刘军、徐康宇："台商对大陆投资地区性聚集的实证研究"，《国际贸易问题》2009 年第 3 期。

[71] 张燕生："当前形势动荡对珠三角地区港资企业影响"，《国际贸易》2009 年第 2 期。

[72] 桑百川："30 年外商投资的贡献、经验与前景"，《国际贸易》2009 年第 1 期。

［73］贺晓琴："中国企业'走出去'的发展态势及其目标"，《世界经济研究》2008 年第 10 期。

［74］柴庆春："我国对外直接投资的现状及问题分析"，《国际贸易》2008 年第 1 期。

［75］马塾君、郑磊："中国对印度直接投资的动因分析"，《财经问题研究》2008 年第 12 期。

［76］张为付："影响我国企业对外直接投资因素研究"，《中国工业经济》2008 年第 11 期。

［77］UNCTAD World Investment Report，1993—2005.

［78］R. Vernon. International Investment and International Trade in Product Cycle, *Quarterly Journal of Economics*, 1966.

［79］S. H. Hymer. *The International Operations of National Firms*： *A Study of Direct Foreign Investment*, IT Press, 1976.

［80］Kojima, Kiyoshi. *Direct Foreign Investment* ： *A Japaness Model of Multinational Business Operation*, London：Croom Helm, 1978.

［81］J. H. Dunning. *Explaining the International Direct Investment Position of Countries*： *Towards a Dynamic or Development Approach*, Weltwirts Chaftliches Archiv, 1981.

［82］M. E. Porter. *The Competitive Advantage of Nations*, New York：Free Press, 1990.

［83］L. T. Wells. *Third World Multinationals* ： *The Rise of Foreign Investment from Developing Countries*, Cambridge：MIT Press, 1983.

［84］World Bank. *World Development Report 1998 /1999* ： *Knowledge for Development*,Washington DC：The World Bank,1999.

［85］World Bank. *China 2020* ： *Development Challenges in the New Century*, Washigton DC：The World Bank, 1997.

［86］World Bank. *World Development Report 2006* ： *Equity and Development*, Washington. DC：The World Bank, 2005.